똑똑한 기차여행을 위한 일일 코스의 모든 것

기차여행 컨설팅북

똑똑한 기차여행을 위한 일일 코스의 모든 것

기차여행
컨설팅북

변지우 · 윤세은 · 이정선 · 조연정 지음

알에이치코리아

프롤로그

왜 기차여행을 하는가?

우리나라에서 기차여행은 결코 만만치 않다. 복잡한 철도노선도는 한눈에 파악하기조차 어렵다. 정선, 보성, 예산처럼 고속철도의 혜택을 받지 못한 역에는 하루 몇 차례밖에 기차가 서지 않는다. 덜커덕거리는 차체가 엉덩이를 툭툭 쳐대는 느낌은 과히 편하지도 않다. 그럼에도 누군가는 기차여행을 꿈꾼다.

아무리 기차가 빨라졌다 해도 기차만이 주는 느림의 미학이 있다. 도시와 도시를 넘나들며 점차 주변 풍경이 바뀌고, 잠시 정차한 역에선 내릴까 말까를 늘 고민한다. 목적지가 있더라도 언제나 규칙을 깰 수 있는 여유가 존재하는 것이 기차여행이다.

전국의 기차역을 모두 거쳤다면 이는 전국 여행을 했다는 의미이기도 하다. 그리고 그 기차역 주변 도시는 한때의 스포트라이트를 비껴간 곳일 가능성이 높다. 고속도로가 놓이고 사람들이 자가용을 이용하기 시작하며 잊힌 과거의 도시. 그래서 어쩐지 애틋하고 아련한 기분에 빠져든다. 우리의 인생사를 바라보듯.

누가 기차여행을 하는가?

모든 것을 빨리 한꺼번에 보려는 여행자는 기차여행과 맞지 않다. 아마 열불 나고 짜증스러운 여행이 될 것이다. 대신 도시의 속살이 궁금하고 소도시의 한적한 풍경을 좋아하며, 다소의 걷기는 즐길 줄 알고 기차 한 대를 기다리기 위해 30분 정도는 가뿐히 보낼 수 있는 여행자여야 한다. 기차에 대한 아련한 추억이 있고, 덜커덕거리는 기차의 반동이 편안한 흔들의자처럼 느껴진다면 금상첨화겠다. 나이, 성별, 직업은 무관하다.

어떻게 기차여행을 하는가?

기차라는 가장 중요한 기준 이외에도 기억해두면 좋을 몇 가지 원칙이 있다. 우선 관광지는 가능한 한 기차역에서 반경 30km 이내에 한정한다. 그 이상 넘어가면 근처의 다른 기차역이 더 가깝거나 버스로 1시간 이상 걸릴 확률이 높다. 반경 30km 이내라 할지라도 버스 환승을 해야 하는 곳은 되도록 피한다. 어찌나 버스가 여유로운지 배차 간격이 1시간이면 그나마 다행이고 하루에 4~5대밖에 다니지 않는 경우도 허다하다. 자전거를 이용하기 좋은 지역이라면 기꺼이 대여한다. 걸어서 또는 버스로는 갈 수 없는 곳까지 덤으로 가볼 수 있다. 도보나 트레킹 코스가 있다면 도전해보자. 그 동네를 이해하는 데 걷기만큼 좋은 것도 없으며, 기차여행과도 잘 어울린다. 목적 역에 가는 도중 들를 수 있는 간이역도 찾아보자. 빼놓을 수 없는 기차여행의 묘미다.

기차여행 컨설팅북 100% 활용법

루트 짜는 법
유럽 여행보다 어려운 국내 여행 루트 짜기!

① 〈기차여행 컨설팅북〉에서 가보고 싶은 지역이나 기차역을 정한다.
② 철도노선도를 펼치고 가고 싶은 지역의 기차역을 지도에 표시한다.
③ 노선별, 지역별 가까운 곳을 기준으로 두세 지역을 묶는다.
　참고로 두세 지역 둘러볼 계획이라면 3박 4일 정도 휴가를 내는 것이 좋다.
④ 인터넷을 통해 세부 일정을 정리한다.
　코레일 사이트나 애플리케이션에서 기차 시간을, 지역 문화관광 사이트에서 주요 관광지 코스를 미리 확인할 수 있다.

 패스 선택법
알뜰하게 여행을 하려면, 자신의 여행 루트에 맞는 여행 티켓을 구입하는 것이 중요!

① 코레일 사이트에 들어간 후 모든 일정의 구간별 요금을 조회한다.
② 2박 3일 이상 여행할 경우, 내일로·하나로·다소니 등 자유여행패스 요금과도 비교한다. 기간, 연령 등 패스마다 이용 조건이 다르니 자세한 내용은 이 책의 Q&A 준비편 6번을 참고한다.
③ 티켓을 결정했다면 코레일 홈페이지 내 여행상품 페이지에서 한 번 더 비교한다. 코레일 여행상품 페이지에는 주요 관광지 코스를 엮은 다양한 기차여행 상품이 있으니 확인해보는 게 중요하다.

이 책을 보는 방법

하루 코스의 기준은?
이 책에는 기차를 타는 출발역은 표시되어 있지 않고, 하루 코스의 시작이 '도착역'부터 정리되어 있습니다. 도착역 오전 출발이 기준이며, 하루 일정은 대부분 오후 6시 정도에 마무리됩니다. 물론 교통수단이나 여행을 즐기는 스타일에 따라 개인차가 있을 수 있습니다.

추천 코스의 기준은?
단순히 가장 빠른 이동 경로로 코스를 구성한 것이 아니라 목적지로 가는 과정 또한 여행의 일부라는 점과 그 지역을 가장 돋보이게 하는 시간까지 고려해 추천 코스를 만들었습니다. 또 유명 관광지보다는 그 지역의 매력을 가장 잘 드러내는 곳을 여행작가의 눈으로 선별했습니다.

나만의 여행 코스를 만들어보세요!
〈기차여행 컨설팅북〉은 지역별 기차 이용법과 하루 기준 관광지 코스를 정리한 책입니다. 한 지역에서 여유롭게 머물러도 좋지만 이왕 떠나기로 마음먹었다면 다른 지역과 연계하는 1박 2일 이상 코스도 추천합니다. 철도노선도를 보며 코스를 정하면 되는데, 이때 각 구간마다 기차 시간을 반드시 체크해야 합니다. 또 여행 코스를 단순히 지역 위주로 정하기보다는 미식, 역사, 미술, 바다 등 나만의 여행 콘셉트를 정해 고르는 것도 좋습니다.

▶ 이 책의 모든 내용은 지은이가 직접 가서 보고 느낀 사실을 토대로 작성한 것입니다. 여행에 관한 모든 정보는 <u>2014년 6월</u>을 기준으로 한 것이며, 최신 정보를 싣고자 노력했으나 출간 후 독자의 여행 시점에 따라 변경될 수 있으므로 주의할 필요가 있습니다.
만약 새로운 정보나 바뀐 내용이 있다면 알에이치코리아 편집부에 알려주십시오. 많은 여행자가 좀 더 정확한 정보로 편리하게 여행할 수 있도록 빠른 시간 안에 수정하겠습니다.

알에이치코리아 편집부 02-6443-8917

1. 한눈에 쏙 들어오는 추천 코스 개념도

역에서부터 순서대로 이동하는 경로를 그림으로 안내합니다. 각 여행지 간의 위치 관계와 거리를 간략하게 보여줘, 오늘 여행할 곳의 개념을 쉽게 정리할 수 있습니다.

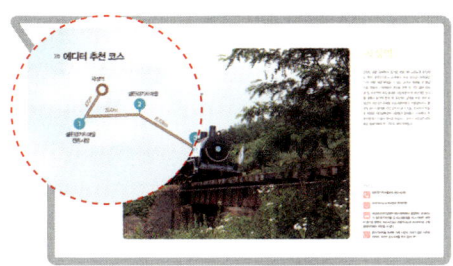

2. 여행지를 두 배로 즐기는 알짜배기 정보

각종 여행 정보를 얻을 수 있는 문의처의 전화번호와 웹주소는 물론, 지역을 아우르는 교통정보와 여행지 선택에 도움이 될 만한 한 마디 팁도 함께 담았습니다.

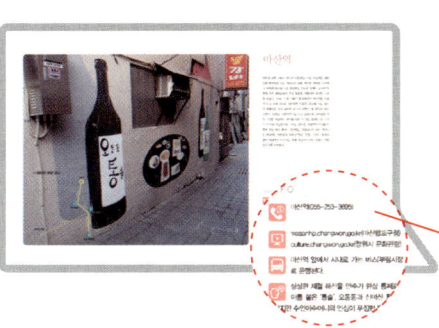

- 관광안내 문의 전화
- 관광안내 홈페이지
- 지역별 교통정보
- 한마디 팁

3. 친절하고 자세하게 안내하는 여행 스폿 정보

소개하는 장소별로 주소, 전화번호, 운영시간, 휴무일, 가격, 홈페이지, 가는 방법 정보를 꼼꼼히 안내합니다. 주소는 바뀐 주소 표기법에 따라 도로명주소로 표기했으나, 안전행정부에서 제공하는 '도로명주소 안내시스템 juso.go.kr'에서 신주소를 찾기 어려운 경우에는 구주소로 표기했습니다. 가는 방법은 여행 코스를 재구성할 독자들을 위해 기차역에서 이동하는 방법으로 통일했습니다.

4. 여행을 더욱 풍요롭게 해주는 플러스 여행지

번호 순서대로 짜인 하루 코스에는 담지 못했지만 건너뛰기엔 아까운 여행 스폿들을 함께 소개했습니다. 하루 일정이 짧다고 느낀다면, 플러스 여행지까지 넣어 더욱 여유롭고 알찬 여행을 즐길 수 있습니다. 또한, 독자의 마음대로 여행지를 추가하고 삭제하는 형식으로 하루 코스를 재구성할 수도 있습니다.

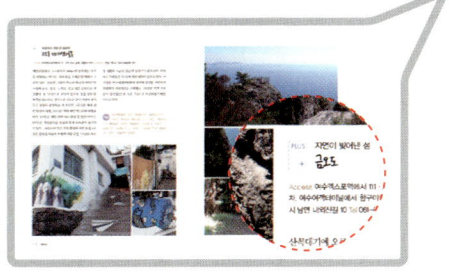

목차

Step by Step 기차여행 컨설팅

기본편_ 14 · 준비편_ 20 · 실전편_ 26 · 심화편_ 30

Part 1 경부선
서울역_ 036 · 수원역_ 044 · 천안역_ 050 · 대전역_ 054 · 옥천역_ 060 · 동대구역_ 066 · 신경주역_ 074 · 울산역_ 082 · 밀양역_ 088 · 구포역_ 096 · 부산역_ 100

Part 2 호남선
강경역_ 110 · 익산역_ 116 · 장성역_ 122 · 나주역_ 128 · 함평역_ 134 · 목포역_ 140

Part 3 전라선
전주역_ 148 · 남원역_ 156 · 곡성역_ 162 · 순천역_ 168 · 여수엑스포역_ 174

Part 4 장항선
온양온천역_ 184 · 예산역_ 192 · 삽교역_ 196 · 홍성역_ 202 · 대천역_ 208 · 서천역_ 214 · 군산역_ 222

Part 5 경전선

마산역_ 232 · 진주역_ 238 · 하동역_ 244 · 벌교역_ 252 · 보성역_ 256

Part 6 중앙선

양수역_ 262 · 원주역_ 268 · 단양역_ 274 · 풍기역_ 280 · 안동역_ 286

Part 7 동해남부선

송정역_ 296 · 기장역_ 300 · 포항역_ 304

Part 8 태백선

영월역_ 312 · 사북역_ 318 · 태백역_ 322

Part 9 기타

김천역(경북선)_ 330 · 점촌역(경북선)_ 334 · 가평역(경춘선)_ 340 · 춘천역(경춘선) 346 · 묵호역(영동선)_ 352 · 강릉역(영동선)_ 356 · 임진강역(경의선)_ 362 · 진해역(진해선)_ 366 · 청주역(충북선)_ 372 · 삼척역(삼척선)_ 376 · 정선역(정선선)_ 382 · 광주역(광주선)_ 388

테마별 추천 코스 컨설팅

나의 삼국유사 답사기_ 398
근대 골목 도보여행_ 399
기찻길 옆 미술관_ 400
남도 맛 기행_ 401
동해를 따라 달리는 바다열차_ 402

남쪽으로 떠나는 봄맞이 여행_ 403
아날로그 감성충전 여행_ 404
가을 풍경 속으로_ 405
선조의 지혜를 배우는 전통건축 기행_ 406
겨울 포구 여행_ 407

지역별로 빠르게 찾아보는 목차

서울·경기

서울역_ 036 · 수원역_ 044 · 양수역_ 262 · 가평역_ 340 · 임진강역_ 362

강원도

원주역_ 268 · 영월역_ 312 · 사북역_ 318 · 태백역_ 322 · 춘천역_ 346
묵호역_ 352 · 강릉역_ 356 · 삼척역_ 376 · 정선역_ 382

충청도·대전

천안역_ 050 · 대전역_ 054 · 옥천역_ 060
강경역_ 110 · 온양온천역_ 184 · 예산역_ 192 · 삽교역_ 196 · 홍성역_ 202
대천역_ 208 · 서천역_ 214 · 단양역_ 274 · 청주역_ 372

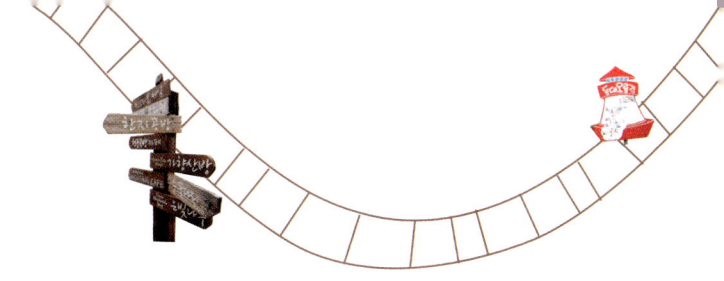

전라도 · 광주

익산역_ 116 · 장성역_ 122 · 나주역_ 128 · 함평역_ 134 · 목포역_ 140
전주역_ 148 · 남원역_ 156 · 곡성역_ 162 · 순천역_ 168 · 여수엑스포역_ 174
군산역_ 222 · 벌교역_ 252 · 보성역_ 256 · 광주역_ 388

●

경상도 · 대구 · 울산 · 부산

동대구역_ 066 · 신경주역_ 074 · 울산역_ 082
밀양역_ 088 · 구포역_ 096 · 부산역_ 100 · 마산역_ 232 · 진주역_ 238
하동역_ 244 · 풍기역_ 280 · 안동역_ 286 · 송정역_ 296 · 기장역_ 300
포항_ 304 · 김천역_ 330 · 점촌역_ 334 · 진해역_ 366

기차여행 컨설팅

기본편 Q&A

마지막 기차 탄 기억이 까마득한 당신. 요즘 기차가 어떻게 얼마나 달라졌는지, 무엇이든 물어보세요.

1. 열차 종류가 더 다양해진 것 같아요. 열차마다 어떻게 다른지 알려주세요.

현재 공식적으로 운행되고 있는 열차는 KTX, KTX-산천, 새마을호, 무궁화호, 누리로, ITX-청춘열차, 통근열차, 공항철도까지 모두 8종류입니다. 비둘기호는 2000년에, 통일호는 2004년에 운행이 중단되었고, 새마을호와 무궁화호 역시 수년 내에 같은 수순을 밟게 될 것으로 보입니다.

현재 대한민국 기차의 대세는 고속철도입니다. 고속철도가 운행되기 위해선 엄청난 속도를 감당해야 하는 초강도 차체와 더불어 전용 철로가 깔려야 합니다. 때문에 아직 전용 철로가 없는 구간에서는 제 아무리 고속열차라 해도 제 속도를 내지 못하는 것이지요. 2004년 개통된 서울과 부산을 잇는 경부고속철도 노선을 시작으로 전국적으로 점점 더 많은 노선이 생겨날 전망입니다. 그렇다고 모든 노선에 고속철도를 운행할 수는 없는 노릇. 향후 일반 철로 구간은 새마을호와 무궁화호를 대신해 누리로와 ITX-새마을(2014년 예정)이 책임지게 됩니다. 고속철도 덕분에 하루 기차여행이 가능해진 지역이 점점 늘고 있지만 비싼 요금이 걸림돌. 결국 시간이냐, 돈이냐 그것이 문제네요.

• 새마을호

생년월일_ 1969년 2월 10일
생김새_ 고풍스러운 스테인리스 차체의 유선형 열차
UP_ 관광호에서 1974년 새마을운동과 함께 새마을호로 재탄생. 고속철도 출범 전까지 전국에서 가장 빠른 열차
DOWN_ 무궁화호보다 비싼 요금, KTX보다 느린 속도
전망_ 2014년 후속 모델인 ITX-새마을과 혼용 운행되다 2014년 12월 31일 중단 예정

• 무궁화호

생년월일_ 1983년 12월 23일
생김새_ 산뜻한 주황색과 파란색으로 도색된 스테인리스 열차
UP_ 부담 없는 요금, 방방곡곡 무궁화처럼 전국 구석구석 달리는 열차
DOWN_ 역마다 정차하니 시간이 걸릴 수밖에
전망_ 2019년 12월 31일 운행 종료 예정

• KTX

생년월일_ 2004년 4월 1일
생김새_ 상어를 닮은 날렵한 스테인리스 차체
UP_ 순간시속 350㎞를 견디는 초강도 차체, 최대시속 303km 돌파
DOWN_ 좁고 불편한 좌석과 여전히 부담스러운 가격
전망_ 전국적으로 고속철도 구간은 점점 늘어날 전망

• KTX-산천

생년월일_ 2010년 3월 2일
생김새_ 둥그스름한 유선형의 알루미늄 차체
UP_ 우리나라 순수 기술력으로 만든 차세대 고속열차
DOWN_ KTX에 비해 잦은 고장과 빈번한 연착
전망_ 호남선과 전라선 위주로 점차 배차가 늘어날 전망

• 누리로

생년월일_ 2009년 6월 1일
생김새_ 세련된 알루미늄 전동열차
UP_ 고상홈(전철 승강장)과 저상홈(기차 승강장) 겸용의 친환경 전기동차
DOWN_ 아직까지 원활하지 않은 배차 간격
전망_ 무궁화호를 대체해 운행될 미래형 열차

• 통근열차

생년월일_ 2004년 4월 1일
생김새_ 과거 통일호가 떠오르는 친근한 디젤동차(CDC)
UP_ 2004년 통일호 열차 운행 중단으로 인한 통근 노선의 공백을 해결하기 위해 신설
DOWN_ 현재 문산역~도라산역(경의선)과 동두천역~백마고지역(경원선) 구간만 운행
전망_ 통근열차 노선은 광역전철이 대체하는 추세

• ITX-청춘열차

생년월일_ 2012년 2월 28일
생김새_ 전통 문양이 열차 앞머리에 그려진 알루미늄 차체
UP_ 춘천 가는 기차의 업그레이드 버전, 유일하게 2층 객차를 보유한 열차
DOWN_ 경춘선 전철이 경쟁 상대
전망_ 남이섬 등 춘천을 찾는 외국인 관광객에게 특히 인기

2. 최대 시속 300km까지 달린다는 고속열차, 어느 구간에서 탈 수 있나요?

고속철도 구간이 점점 늘고 있는 추세긴 하지만 아직 서울과 5대 광역시를 중심으로 한 대도시에서 주로 운행되고 있는 실정입니다. 서울~대전~동대구~신경주~울산~부산을 잇는 경부고속선, 용산~서대전~익산~광주송정~목포를 잇는 호남고속선, 용산~서대전~익산~순천~여수엑스포를 잇는 전라고속선이 기본 뼈대를 형성하고 여기에서 차례로 연장해 나가는 방식이지요. 대표적으로 최근 마산~진주(경전선) 구간에 고속열차가 다니게 되었고 2015년 울산과 포항(동해남부선)을 잇는 고속철도 구간이 더해질 예정입니다.

3 서울의 기차역만 해도 서울역, 용산역, 청량리역이 있는데 왜 이렇게 복잡하게 나뉘어 있죠?

만약 서울발 열차가 모두 한 역에서만 출발한다면 지금 서울역의 플랫폼으로는 어림도 없습니다. 설사 플랫폼이 갖추어져 있다 해도 엄청난 수의 승·하차객이 뒤엉키며 혼잡함은 이루 말할 수 없겠죠. 이러한 불편을 막기 위해 노선별·지역별로 나누어 서울역에서는 경부선과 장항선이, 용산역에서는 호남선과 전라선, 경춘선이 출발하며 청량리역에서는 중앙선, 태백선, 경춘선을 이용할 수 있도록 한 것입니다. 비단 서울만 그런 것이 아닙니다. 대전엔 대전역과 서대전역, 대구엔 대구역과 동대구역이 있는 것도 같은 이유에서입니다. 고속철도 노선이 개통되면서 KTX역과 일반 열차역으로 나뉜 경우도 있으니, 천안역-천안아산역, 김천역-김천구미역, 태화강역-울산역, 경주역-신경주역 등이 여기에 해당됩니다.

4 ITX-청춘열차는 경춘선(전철)과 어떻게 다른가요?

2012년 2월 28일 탄생한 최대 시속 180km 준고속열차 ITX-청춘열차의 개통으로 강촌, 가평, 춘천 등을 이제 더 빠르고 편리하게 갈 수 있게 되었습니다. 경춘선 전철이 과거 완행열차처럼 대부분의 역에서 정차하는 것과 달리 ITX-청춘열차는 정차하는 역의 개수가 훨씬 적고 속도도 빨라 소요 시간이 절반 가까이 줄었죠. 전철과 달리 지정 좌석이 있고 기차와 동일한 편의시설을 갖추고 있는 것도 장점입니다. 전체 8량 가운데 2층 객차 2량(4·5호차)은 오로지 ITX-청춘열차에서만 누릴 수 있는 색다른 기차여행 방법으로도 인기가 높습니다. 요금은 춘천을 기준으로 광역전철을 이용하면 청량리역에서 2650원, ITX-청춘열차는 6000원입니다(2013년 3월 기준). 내일로나 자유여행패스로는 ITX-청춘열차를 이용할 수 없습니다.

5 KTX를 탈 때 순방향과 역방향은 어떤 차이가 있나요?

역방향은 열차의 진행과는 반대 방향의 고정석으로 KTX 일반 좌석 절반이 여기에 해당됩니다. 열차를 회차하는 번거로움을 줄이고 좌석 간격을 최소화하기 위해 도입되었지만 개통 초창기, 처음 접한 역방향에 승객들이 거부감을 드러내기도 했습니다. 이 때문에 후속 모델인 KTX-산천에서는 역방향이 자취를 감췄죠. 고속철도 개통 후 10년이 지난 지금에 이르러서는 역방향에 대한 반감이 많이 줄었습니다. 오히려 순방향보다 요금이 5% 저렴해 역방향 좌석을 선호하는 승객들도 생겨나고 있는 상황입니다.

6 요즘은 기차표 검사를 따로 안 한다던데, 그래도 괜찮나요?

결론부터 말하자면 네, 괜찮습니다. 개찰구 앞에서 역무원이 승·하차객의 기차표를 하나하나 검사하던 시절도 있었습니다. 이것이 2004년 4월 1일 KTX 개통과 함께 자동개집표기 시대가 열렸으나 홈티켓과 모바일티켓 등이 널리 퍼지면서 그리 오래가지 못하고 막을 내렸습니다. 그러던 2009년 8월 3일 PDA를 이용한 최첨단 검표 방식이 도입되며 검표가 플랫폼 밖이 아니라 승객의 좌석에서 이루어지는 획기적인 변화가 일어납니다. 종합전산망에 의해 각 승무원들이 들고 다니는 PDA에 좌석 정보가 뜨고, 이를 통해 객차를 돌며 승객의 착석 여부를 확인할 수 있는 것이죠. 이러한 PDA 검표 방식을 통해 승객들의 승하차 시간이 줄었을 뿐만 아니라 과거 환송객들이 따로 플랫폼 입장 티켓을 끊어야 하는 번거로움도 해결되는 등 여러모로 편리해졌습니다.

7. 특실은 뭐가 다른가요? 또 모든 열차에 특실이 있나요?

비행기의 이코노미석과 비즈니스석이 기차에서는 일반실과 특실입니다. 우선 특실의 좌석은 일반실과 비교해 한눈에도 확연한 차이가 느껴집니다. 앞좌석과의 거리가 넉넉하고 좌석도 편안하며 1인석도 마련되어 있어 일반실에 비해 덜 번잡하고 여유롭습니다. 여기에 신문·도서·잡지와 같은 읽을거리와 수면안대·이어폰·물티슈 등 서비스 물품을 구비해두었고, 생수자판기에서 언제든 시원한 생수를 꺼내 마실 수 있습니다. 현재 KTX, KTX-산천, 일부 새마을호에 특실을 편성하고 있으며 일반실에 비해 15~40% 정도 비쌉니다.

8. 열차카페에는 어떤 편의시설이 있나요?

열차카페는 객차 한 칸에 각종 판매 및 편의시설을 운영하는 기차 서비스 공간입니다. 즉석도시락과 주전부리, 음료 등 간단한 요깃거리를 판매하며, 바 타입의 좌석에 앉아 일행과 담소를 나누기에도 좋습니다. 또한 노래방, 게임기, 컴퓨터, 안마의자 등 다양한 오락거리가 준비되어 있어 지루하지 않게 기차여행을 즐길 수 있습니다. 열차카페는 무궁화호 4호차와 새마을호 3호차 또는 4호차에 마련되어 있으며, 열차카페보다 간소한 형태인 스낵바를 KTX-산천 4호차에서 이용할 수 있습니다.

9 KTX 영화객실에 대해서 알려주세요

2007년 8월 개관한 KTX시네마는 '세계 최초의 달리는 열차영화관'이라는 타이틀을 앞세운 신개념 열차입니다. 경부선·호남선의 모든 KTX 1호차에 와이드 스크린과 15개의 음향기기가 설치되어 있으며 열차 운행 중 흔들림을 최소화하기 위한 특별한 설비를 갖추어 영화 감상에 최적화했습니다. KTX시네마에서는 매달 최신 영화를 선정·상영하는데요, 상행과 하행이 각각 다른 영화를 상영하고 있습니다. 영화 상영은 보통 열차 출발 후 15분 정도 지나 시작되며 대개 2시간이 넘지 않습니다. KTX 시네마 예약은 열차 출발 2주 전부터 가능하며, 열차 요금 이외에 영화요금 7000원(어린이 6500원)을 별도로 내야 합니다.

10 최근 지어진 기차역은 정말 규모가 어마어마하던데 어디가 어떻게 달라졌나요?

외형이 변했을 뿐 기차역의 주 기능은 크게 달라지지 않았습니다. 크게 기차표를 구입할 수 있는 매표 구역, 기차를 기다리는 휴게 구역, 그리고 기차를 타고 내리는 플랫폼 구역으로 구성되어 있습니다. 매점과 휴게실 정도이던 예전 편의시설과 달리 수유실, 놀이방, 여행센터, 기념품 판매소, 코레일 멤버십 라운지 등이 다양하게 마련되어 있어 복합문화공간으로서의 역할도 일정 부분 담당하고 있습니다. 서울역과 용산역 등 몇몇 대도시의 역은 쇼핑몰이나 백화점과도 연계되어 짬짬이 쇼핑을 즐길 수도 있습니다.

준비편

기차여행을 계획한 당신, 티켓 구매부터 여행 준비에 도움이 되는 유용한 정보까지 전부 알려드릴게요.

1. 기차표 종류가 다양한데 어떻게 다른가요?

기차표를 예매하고 발권하는 방법이 다양해지면서 기차표의 종류 또한 이전보다 많아졌는데요. 기차표는 기본적으로 코레일 홈페이지 www.letskorail.com, 역 매표소, 코레일 고객센터(1544-7788), 지정된 여행사(철도승차권 판매대리점), 그리고 스마트폰 애플리케이션(코레일톡)에서 예매와 발권이 모두 가능합니다. 우리가 흔히 알고 있는 실물 기차표는 역 창구나 역내 자동발매기 등 오프라인에서 발권 시 받을 수 있고, 스마트폰 승차권은 코레일 애플리케이션에서 예매, 발권할 수 있습니다. 코레일 홈페이지에서 예매 후 문자 메시지로 탑승 열차의 정보를 받으면 SMS티켓이 되고, 결제한 승차권을 개인 프린터로 출력하면 홈티켓이 됩니다. 이제 기차표도 원하는 대로 선택할 수 있답니다.

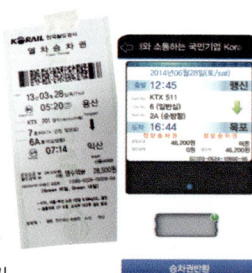

2. 기차표를 할인받는 방법이 있을까요?

자동발매기나 스마트폰 승차권, SMS티켓, 홈티켓으로 결제하면 추첨을 통해 10% 할인쿠폰을 지급합니다. 당첨된 할인쿠폰은 다음 열차 이용 시 사용할 수 있으며 유효기간은 3개월입니다. 앞서 설명한 것처럼 역방향 좌석은 5% 할인받을 수 있습니다. '파격가 할인'이라는 할인 제도도 생겼는데, 출발 시간대에 따라 최소 15%에서 최대 30%까지 요금을 할인받을 수 있습니다. 대신 할인되는 좌석의 수가 한정되어 있으니 서둘러야 하죠. 열차

출발 1개월 전부터 3일 전까지 애플리케이션과 SMS티켓, 홈티켓으로 즉시 발권 시에만 할인됩니다. 만약 어른 4명 이상이 탑승한다면 운임의 15%가 할인되는 가족석 할인을 추천합니다. 또 KTX에서 ITX-새마을호나 무궁화호로 환승 시에는 운임의 30%를 할인받을 수 있는데요, 환승역에서 최대 50분 이내에 출발하는 승차권을 미리 구입하는 경우에만 해당됩니다.

3 보다 저렴하게 기차를 타고 싶은데, 입석과 자유석은 어떤 좌석인가요?

일반실 전 좌석 매진 후 발매가 시작되는 입석은 좌석을 이용하지 않고 목적지까지 가야 하는 기차표입니다. 자유석은 조금 다른데요. 좌석 이용은 가능하나 번호가 지정되지 않아 선착순으로 빈자리에 앉을 수 있는 기차표입니다. KTX 17~18호차, 새마을호 5호차 등 지정된 객차를 이용해야 하며, 승차권에 표시된 열차의 앞과 뒤 1시간 이내의 열차에 자유롭게 승차할 수 있습니다. 단 주중(월~금요일, 공휴일 제외)에만 이용할 수 있고, 주말에는 전 좌석이 지정좌석제로 운영됩니다. 입석과 자유석은 일반실 운임보다 5% 정도 저렴하고, 역 창구나 자동발매기, 철도승차권 판매대리점에서 현장 발매로만 이용할 수 있습니다.

4 기차가 정시보다 늦게 도착한다면 환불받을 수 있나요?

천재지변으로 인한 지연이 아니라면 보상을 받을 수 있습니다. KTX와 ITX-청춘열차는 20분 이상 지연 시, 나머지는 40분 이상 지연 시 보상받을 수 있습니다. 지연된 열차의 승차권을 역에 제출하면 지연 시간  에 따라 정해진 금액만큼 환불을 받거나 할인된 운임으로 새로운 승차권을 구입할 수 있지요. 전국 모든 역에서 가능하지만, 철도회원이라면 보다 간편하게 코레일 홈페이지를 통해 반환과 할인 모두 신청할 수 있습니다. 보상 금액의 기준은 열차의 종류와 지연 시간에 따라 달라지며, 정확한 보상 금액은 코레일 홈페이지를 통해 확인할 수 있습니다. 단 KTX 특실과 자유여행패스는 보상에서 제외됩니다.

5 타야 할 기차를 놓쳤어요. 기차표를 변경할 수 있나요?

만약 기차를 제시간에 타지 못했다면 변경이 아닌, 발권한 승차권을 반환하고 새 기차표를 다시 발권해야 합니다. 이때 출발 이후 경과 시간에 따라 15~70%의 수수료를 제하고 운임을 돌려받을 수 있습니다. 하지만 기차가 목적지 역에 도착한 이후에는 무효 처리되어 반환은 불가능합니다. 출발 시간 전에는 홈페이지나 고객센터, 애플리케이션, 역 매표소 등 어디서든 예약한 승차권을 취소하거나 발권한 승차권을 반환할 수 있지만 출발 이후 반환은 역 창구에서만 가능하니 기차를 놓쳤다면 지체 없이 창구로 달려가세요. 열차 출발 전 취소 역시 시간에 따라 수수료가 발생하는데요, 최소 400원부터 운임의 5~10%까지 부과됩니다. 참고로 예약한 승차권을 출발 시각까지 발권하지 않으면 15%의 수수료와 함께 자동 취소되니 주의하세요.

6 기차여행에 유용한 자유여행패스에 대해 알려주세요.

가장 널리 알려진 패스가 바로 '내일로'입니다. 만 25세 이하 승객을 대상으로 매년 여름(6~8월)과 겨울(12~2월) 시즌에 운영되며, 이용 횟수에 상관없이 일정기간 동안 새마을호, 무궁화호, 누리로를 마음껏 이용할 수 있습니다. 나이 제한이 있어 청춘들만이 누릴 수 있는 특권이기도 하지요. 내일로의 성인 버전도 있습니다. 만 26세 이상을 대상으로 3일간 새마을호, 무궁화호, 누리로를 무제한으로 탈 수 있는 '하나로'와 같은 조건의 2인용 패스(동반자는 나이 제한이 없음)인 '다소니'가 있지요. 내일로, 하나로, 다소니 모두 입석이나 자유석을 이용하는 패스입니다. 각각의 이용요금은 내일로 5만6500원(5일권), 6만2700원(7일권) 하나로 5만6000원, 다소니 8만9000원으로 정해진 기간 동안 많이 타는 게 이득이지요. 이외에 KTX 가족석 우선 예약과 운임 할인을 받을 수 있는 가족愛카드와 1일~10일권으로 구성된 외국인 전용 KR 패스도 준비되어 있으니 최소 비용으로 최대 효과를 낼 수 있는 맞춤형 자유여행패스를 잘 활용하길 바랍니다.

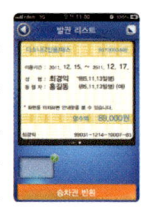

다소니 패스

하나로 패스

7. 기차여행에 필요한 정보는 어디서 얻을 수 있나요?

목적지를 정했다면 먼저 그 지역의 문화관광 사이트를 찾아보길 추천합니다. 대부분 시청이나 군청 등 지방자치단체의 홈페이지와 연결되어 있습니다. 반드시 둘러봐야 할 대표적인 관광지부터 맛집, 숙박, 교통 등도 확인할 수 있고 지역 축제 등 최신 소식도 체크할 수 있죠. 지도와 관광정보 책자를 우편으로 보내주는 서비스도 큰 도움이 됩니다. 한국관광공사에서 운영하는 관광 정보 사이트 '대한민국 구석구석'도 참고하세요. 전국 각지의 관광지 정보는 기본, 무엇보다 여행작가, 블로거, 대학생 기자단이 소개하는 생생한 여행 팁이 유용합니다. 기차여행에 대한 최신 정보를 얻고 싶다면 다음이나 네이버의 대형 카페 가입은 필수입니다.

8. 기차여행에 유용한 애플리케이션을 알려주세요

• train_코레일톡

코레일에서 운영하는 기차표 예매, 발권 애플리케이션으로 원하는 좌석까지 지정할 수 있습니다. 각종 할인도 적용 가능하고, KTX 가족석이나 영화객실도 예약할 수 있습니다. 가장 큰 장점은 언제 어디서든 빠르고 손쉽게 예매와 발권, 취소, 반환이 모두 가능하다는 점입니다. 자주 이용하는 구간을 미리 저장해두는 간편 예매 기능도 꽤 유용합니다.

• bus/subway_전국버스/하철이

'전국버스'는 서울에서 제주까지 가장 많은 지역의 버스노선을 지원하는 버스 이용 정보 애플리케이션입니다. 내 위치에서 가장 가까운 버스정류장을 찾아내고, 버스정류장이나 버스 번호를 입력하면 목적지와 도착 시간, 배차 간격 등을 알 수 있습니다. '하철이' '지하철 내비게이션' 등 지하철 이용 정보 애플리케이션도 도움이 됩니다. 목적지까지 최단 시간이나 최소 환승으로 이동하는 경로와 배차 시간, 요금까지 한눈에 볼 수 있답니다.

• map_다음지도/네이버지도

여행 중엔 지도가 절실할 때가 많습니다. '다음 지도' '네이버 지도'는 길 찾기에 더없이 좋은 지도 애플리케이션입니다. 지도에서 현재 자신의 위치와 목적지 간의 이동 경로를 확인할 수 있고 동시에 이동 거리와 소요 시간, 교통 요금까지 알 수 있지요. 특히 로드뷰와 항공뷰를 이용하면 실제 거리 풍경을 통해 더욱 편하게 길을 찾을 수 있습니다. 주변 맛집 등 편의시설과 버스나 지하철 노선, 도보나 자전거 코스까지 검색할 수 있습니다.

• information_대한민국 구석구석/유네스코 세계문화유산

'대한민국 구석구석'은 한국관광공사에서 선보이는 국내 여행 정보 애플리케이션입니다. 전국에 숨어 있는 관광지와 맛집, 숙박, 관광안내소 등 여행에 필요한 정보들을 찾아볼 수 있는데요, 특히 지역별로 검색하거나 테마별로 관광 코스를 선택할 수 있어 유용합니다. 한국관광공사의 또 다른 애플리케이션 '유네스코 세계문화유산'도 쏠쏠합니다. 양동마을, 하회마을, 해인사 등 주요 유적지들의 관광 정보와 깊이 있는 역사 이야기까지 알 수 있답니다. 스마트폰 유저 관광객이라면 QR코드도 활용해보세요. 관광안내소나 버스정류장, 주요 관광지 등 도시 곳곳에 다양한 정보를 담은 QR코드를 설치한 지역도 많습니다.

 지방에서도 후불 교통카드를 사용할 수 있나요?

서울이야 대부분의 후불 교통카드와 선불카드를 사용할 수 있지만 다른 도시들은 사정이 조금씩 다릅니다. 주요 광역 도시를 비롯해 가장 많은 곳에서 이용 중인 티머니, 캐시비 등 대부분의 선불카드는 도시에 따라 사용 가능 여부가 달라지는데요, 해당 도시에서만 이용할 수 있는 충전식 카드를 현지에서 구입하면 매번 현금을 내는 것보다 버스 이용이 훨씬 편하답니다. 경주를 비롯해 버스노선이 잘되어 있는 도시들은 대체로 환승도 가능하지만, 소도시일 경우 환승이 안 되는 경우도 많습니다.

지하철도 마찬가지입니다. 현재 지하철은 서울과 수도권 외

에 부산, 대구, 광주, 대전에서 이용할 수 있는데요, 사용 가능한 후불 교통카드와 선불카드는 역시 도시마다 다릅니다. 부산의 경우 지하철 이용이 많다면 차라리 1일권을 구입하는 게 경제적일 수 있습니다. 4500원으로 탑승 횟수 제한 없이 하루 동안 사용할 수 있거든요. 택시의 기본요금도 지방마다 다르고 카드 결제가 안 되는 경우가 많으니 되도록 현금을 챙기는 게 좋습니다.

10 <u>현금을 꼭 가져가야 하나요?</u>

도시가 작을수록 신용카드보다는 현금이 우선입니다. 기차역이 시내에 인접하지 않은 도시의 경우 목적지로 이동하기 위해 역에서부터 버스나 택시를 타야 하는데 현금만 받는 경우도 많고, 심지어 카드 단말기가 없는 식당이나 숙박업소도 종종 있으니 어느 정도 현금을 가져가는 게 좋습니다. 소도시일수록 ATM을 찾기가 어려울 수도 있습니다. 서울에선 흔히 볼 수 있는 시중은행들이 지방에서는 아예 없거나 거리가 상당히 먼 경우가 많은데
대부분 기차역이나 버스터미널, 읍내에 은행 또는 ATM이 자리하고 있으니 출발 전 현금을 먼저 찾은 후 움직이길 추천합니다. 또, 농협이나 우체국은 아무리 작은 시골 마을에도 하나쯤은 있으니 현금이 급히 필요한 경우엔 은행보다는 가장 가까운 농협이나 우체국을 찾는 게 빠르답니다.

실전편 Q&A

기차여행 중인 당신, 예상치 못하게 발생할 수 있는 문제들에 대한 해결 노하우를 알려드릴게요.

1. 내릴 역을 지나쳤다면 다시 티켓을 구매해야 하나요?

실수로 내릴 역을 지나쳤다면 그 사실을 알아챈 순간 다음 역에서 내린 후 반대 방향 승강장으로 이동합니다. 하지만 이미 구입한 티켓은 모두 사용했기 때문에 반대 방향으로 가는 좌석 티켓을 구입하는 것이 원칙입니다. 이렇게 역을 지나치는 게 걱정이라면, 객실 내에서 진행하는 '깨우미 서비스'를 이용하는 것도 방법입니다. 깨우미 서비스는 고객이 열차승무원에게 요청했을 경우, 도착 5분 전에 알려주는 서비스입니다. 아쉽게도 현재 깨우미 서비스는 KTX 특실, 새마을호 특실을 예약한 고객만 이용할 수 있습니다.

2. 장기간 기차여행 시 가져가면 유용한 물건이 있을까요?

한여름 오랫동안 기차에 있다 보면, 모기와 각종 벌레의 공격을 피하기 어렵습니다. 이때 몸에 바르는 모기약을 준비하면 요긴하게 사용할 수 있습니다. 그리고 좁은 화장실에서 몸 구석구석을 씻을 수 없기 때문에 물티슈도 유용합니다. 마지막으로 야간열차를 이용한다면, 수면안대나 목베개도 꽤 유용합니다. 야간열차 운행 시 고객이 편안한 휴식과 수면을 취할 수 있도록 새마을 객차의 경우 객실에 설치된 조명등 조정으로 조도를 낮추며, 무궁화호 객차에도 객실 조도 조절 기능을 확대해 설치했습니다. 하지만 이마저도 수면에 방해가 될 정도로 예민한 사람이라면, 수면안대를 준비하는 게 좋습니다.

3 기차 안에서 디지털 기기(휴대전화, 디지털카메라)를 충전할 수 있나요?

물론 가능합니다. 화장실마다 콘센트가 있어서 이를 이용할 수 있으며, 열차카페 내에 있는 코인 형식의 컴퓨터도 대안입니다. 보통 컴퓨터는 코인 없이 사용할 수 없지만 컴퓨터가 늘 켜져 있기 때문에 USB 충전기가 있다면 언제나 충전이 가능합니다. KTX를 이용한다면 5·8·13호차에 있는 휴대전화 유료 충전기를 이용하는 수밖에 없습니다. 30분 충전하는 데 1000원이며, 디지털카메라 배터리 충전도 가능합니다. 그 외의 열차를 이용할 땐 콘센트 위치를 참고해서 좌석을 예약하면, 디지털 기기 이용에 큰 도움이 될 것입니다. 조만간 무선충전 시대가 온다고 하니 이런 고민도 곧 해결되지 않을까요.

설치 위치

새마을호, 무궁화호
객실 출입문 측 벽면, 좌석 1·2·3·4번과 65·66·67·68번

KTX–산천
특실 모든 의자, 일반실 전/후부 의자

4 배낭이나 짐을 맡길 곳은 없나요?

가장 많이 하는 방법은 역무실에 부탁하는 것입니다. 친절한 역무원은 짐을 맡아주기도 하지만 이 또한 역무원의 의무가 아니기 때문에 거절을 하거나 혹 역무원이 잠시 자리를 비운 사이에 짐을 분실해도 역무원에게 잘잘못을 따질 순 없습니다. 이보다 조금 더 안전한 해결법은 물품 보관함입니다. 대부분의 큰 역에는 신용카드나 지폐로 비용을 지불하고 이용할 수 있는 물품 보관함이 있습니다. 하지만 이 또한 작은 역에서는 찾아볼 수 없습니다. 이 경우 베테랑 여행자들은 역 주변에 있는 파출소나 대형마트를 찾습니다. 파출소에 공손하게 짐을 부탁하거나 대형마트를 찾아, 마트 내 물품 보관함을 이용하면 해결할 수 있기 때문입니다.

5 열차에 물건을 놓고 내렸어요. 어떻게 찾나요?

여행 중에 가장 당황스러운 순간이 물건을 잃어버렸을 때일 겁니다. 기차를 타고 가는 중에 소지품을 분실한 사실을 알아챘다면, 그 즉시 승무원에게 알리는 게 좋습니다. 물건은 못 찾더라도 당황한 상태에서 대처 요령을 안내받을 수 있어 좀 더 현명하게 상황 판단을 할 수 있습니다. 만약 질문처럼 이미 열차에서 내린 후 알아챘다면 가장 근처에 있는 기차역 유실물센터로 전화해 문의할 수 있습니다. 잃어버린 물건에 대해 상세하게 설명한 후 습득 여부에 따라 코레일 유실물센터에서 물품을 찾을 수 있습니다. 또한 실시간으로 유실물 습득 상황을 확인할 수 있는 방법도 있습니다. 코레일 홈페이지의 고객 참여 마당에 유실물 찾기 코너가 마련되어 있는데, 유실물센터에서 습득한 물건들이 사진과 함께 어느 역에서 발견됐는지 등의 정보와 함께 올라옵니다.

6 기차에서 무선인터넷 사용이 가능한가요?

우리나라만큼 무선인터넷 인심이 후한 곳도 없습니다. 물론 달리는 열차에서도 무선인터넷을 사용할 수 있습니다. KTX에 한해서이며, 아쉽게도 무제한은 아닙니다. 하루에 기기당 20MB 무료로 제공하고 있습니다. KTX에서 제공하는 무선인터넷은 LTE보다 속도가 느리긴 하지만 웹서핑이나 미디어 파일을 다운로드할 때 체감하는 속도는 답답하거나 불편함이 없는 정도입니다. 10분 정도 웹서핑을 하다 보면 주어진 무선인터넷 할당량을 모두 사용하게 되는데 이후 이용을 원할 경우 유료로 사용 가능합니다. KTX에서는 30분에 1000원이며 하루 종일 이용하는 금액은 2000원이니, 일일권을 사용하면 지루한 줄 모르고 기차여행을 즐길 수 있습니다.

7 관광안내소에 가면 어떤 정보를 얻을 수 있나요?

많은 국내 여행 책자에서 관광안내소의 중요성에 대해 이야기합니다. 이곳에 가면 지도는 기본이고, 현지인들의 생생한 맛집 정보, 오늘 진행하는 축제나 이벤트까지 가장 최신 정보를 얻을 수 있습니다. 지역에서 진행하는 시티투어가 있다면 이곳에서 설명을 듣고 예약까지 한번에 할 수도 있습니다. 지역에 따라 관광안내소의 규모가 다양한데, 공간이 넓은 경우에는 한편에서 지역 특산품을 판매하기도 하고, 유모차나 휠체어를 구비해 필요한 사람들에게 대여해주기도 합니다. 또한 무료 인터넷 이용, 지역 관련 시청각 자료 감상, 짐 보관, 따뜻한 차 한잔까지 제공받는 경우도 있습니다. 참고로 부산 오륙도에 있는 관광안내소는 일부러라도 한 번쯤 찾길 권합니다. 벽이 통유리로 되어있어 부산 바다가 한눈에 들어오는 게 유명 관광지만큼이나 훌륭한 전망을 자랑합니다.

8 도시와 달리 시골에선 대중교통만으로 다니기가 어렵지 않나요?

아직도 지방에는 몇 번 버스가 아닌 어디행 버스로 부르고 운영하는 곳들이 적지 않습니다. 지명이 모두 낯설기 때문에 어디로 가는 버스를 타야 할지 모를 뿐, 지역 주민들에게 확실하게 묻고 몇 번 타보면 쉽게 익숙해집니다. 다만, 버스가 자주 오는 것이 아니기 때문에 배차 시간은 지루하게 느껴질 수 있습니다. 오히려 시골에서는 택시를 만나는 게 더 힘든 경우도 있기 때문에 택시가 버스의 대안이 되진 못합니다. 낯선 지역으로 여행을 갈 땐 하루 일정을 넉넉하게 잡는 것이 중요하고, 미리 다음 관광지로 향하는 버스 시간을 확인하고 관광을 즐긴다면 완벽한 국내 여행을 즐길 수 있습니다. 꼼꼼하게 확인하는 것이 번거롭다면, 유명 관광지를 한번에 볼 수 있는 시티투어 버스가 있는지 아니면 자신만의 교통수단으로 자전거를 빌리는 것도 방법입니다.

심화편

이제 기차여행쯤은 가뿐한 당신, 좀 더 색다르고 깊이 있는 기차여행을 원한다면 아래 내용을 놓치지 말 것.

1 간이역의 기준은 무엇인가요? 가볼 만한 간이역을 소개해주세요.

인적이 드문 작은 기차역인 간이역은 이용객과 수송화물이 적고, 규모나 시설이 작고 간소하지요. 한국철도공사 직원이 배치되어 있으면 배치 간이역, 없으면 무배치 간이역으로 분류하는데요. 일반적으로 가까운 역의 역장이 관리한다고 보면 됩니다. 또 역사 없이 승강장 시설만 갖추고 이용객을 받는 임시승강장도 간이역으로 볼 수 있습니다. 문화콘텐츠닷컴의 조사 결과에 따르면 우리나라에는 732개의 역 중 160개 정도의 간이역이 있는데요, 역장이 있는 간이역은 28개, 역장이 없는 간이역은 114개, 운전 간이역은 18개 정도라고 합니다. 경부선, 경전선, 호남선 등에 간이역이 가장 많이 있고 대부분 무배치 간이역이에요.

간이역은 기차의 추억과 낭만을 그대로 담은 여행지로, 소박하지만 옛 기차의 모습을 볼 수 있습니다. 철도를 사랑하는 네티즌들이 꼽은 가장 예쁜 간이역은 경북 군위군에 있는 중앙선 화본역입니다. 작지만 소박한 간이역의 정취를 느낄 수 있는 곳이죠. 영동선에는 70년 넘은 간이역인 도경리역도 있습니다. 삼척의 아름다운 자연과 오래된 목조 건물의 조화가 그림 같아서 사진 찍는 장소로 인기가 좋아요. 이외에도 포도나무가 있는 동해남부선의 덕하역, 시골 풍경이 인상적인 전라선 봉덕역 등도 한번쯤 가볼 만한 간이역입니다.

2. 시티투어버스 활용 노하우를 알려주세요.

시티투어버스는 말 그대로 버스를 타고 도심의 주요 관광지를 돌아보는 여행 방법을 말해요. 일정 금액을 내면 관광명소를 편하게 둘러볼 수 있는 장점 때문에, 이용객이 점점 늘어나는 추세입니다. 서울이나 부산, 광주 등 대도시는 물론 운행하는 지역도 생각보다 많으니 이용해보세요. 미리 홈페이지에 신청하거나 기차역 내 시티투어버스 안내소에서 표를 구입한 후 시간에 맞춰 움직이면 됩니다. 이왕이면 지역별 문화관광 홈페이지를 찾아봐서 연계된 업체를 선택하는 것이 안전합니다.

〈추천 시티투어〉

• 서울시티투어
종류_ 1층버스 도심고궁코스, 야간코스
　　　 2층버스 서울파노라마코스, 야간코스
가격_ 1층버스 어른 1만2000원, 학생 1만원
　　　 야간 어른 6000원, 학생 4000원
　　　 2층버스 어른 1만5000원, 학생 1만원
　　　 야간 어른 1만2000원, 학생 7000원
문의_ 02-777-6090 www.seoulcitybus.com

• 부산시티투어
종류_ 순환형코스, 테마형코스-역사문화탐방코스, 해동용궁사코스, 을숙도자연생태코스, 야경코스(부산역 승하차 가능), 스카이라인투어
가격_ 어른 1만원, 학생 5000원
문의_ 1688-0098 www.citytourbusan.com

• 삼척시티투어
종류_ 대금굴코스, 해양바이크코스
　　　 (삼척역 승하차 가능)
가격_ 어른 6000원, 학생 3000원
문의_ 033-570-3545 citytour.samcheok.go.kr

• 여수시티투어
종류_ 항일암코스, 역사유적코스, 야경코스(여수엑스포역 승하차 가능)
가격_ 어른 5000원, 초중고생 2500원
문의_ 061-666-1201~2 ystour.kr

3 기차 타면서 듣기 좋은 음악을 추천해주세요.

기차를 타고 창밖으로 지나가는 풍경을 바라보면 고민도 사라지고, 스트레스는 어느새 멀리 지나가 버립니다. 이런 기차의 감성을 더 가까이 느끼기에 음악만 한 것이 없는데요. 이어폰에서 들리는 선율에 빠지고, 기차 밖 풍경에 또 빠지다 보면 어느새 기차 여행을 즐기고 있는 자신을 발견하게 될 거예요. 기차여행을 하면서 듣기에 좋은 음악이라고 하면, 기차를 주제로 한 노래가 생각날 텐데요. 사실 그건 그때그때 다릅니다. 어떤 음악을 선택하느냐는 각자의 취향에 따라 다르겠지만, 누구나 들어도 괜찮은 보편적인 노래 몇 곡은 플레이리스트에 추가해도 괜찮을 거예요.

• 페퍼톤스의 〈Sounds Good!〉

신나고 경쾌한 펑크록을 들으며 기분 UP! 특히 '새벽 열차'라는 곡은 힘든 순간을 잠시 잊고 새벽 열차의 신선한 공기를 마시며 새롭게 시작하자는 가사 내용을 담고 있습니다.

• 〈클래식 피아노와 함께 떠나는 기차 여행〉

드뷔시의 아라베스크, 그리그의 노르웨이의 춤 등 유명 작곡가의 피아노 명곡을 연주한 컴필레이션 앨범. 잔잔한 피아노 선율과 기차 풍경이 어우러져 마음을 고요하게 해줍니다.

• 팻 메스니 그룹의 〈Still Life(Talking)〉

짜임새 있는 연주와 세련된 멜로디가 귀를 즐겁게 해주는 재즈 앨범. 'Last Train Home'은 어디선가 들려오는 기차 소리에 아련한 추억이 떠오르는 기분을 느낄 수 있어요.

4 시즌열차나 관광열차 등 특정한 때에 이용할 수 있는 열차를 알려주세요.

코레일에서 운영하는 코레일관광개발에서는 시즌마다 색다른 열차를 선보입니다. 벚꽃이나 철쭉 등을 볼 수 있는 봄꽃열차, 가평으로 떠나는 어린이날 특별열차, 보성 차밭과 담양 죽녹원을 둘러보는 관광열차, 슬로시티 청산도 전용 열차, 강릉 동해 삼척을 잇는 58km의 아름다운 동해안 해안선을 달리는 바다열차, 강원도의 설경을 볼

수 있는 눈꽃열차 등 계절의 변화를 제대로 느낄 수 있는 관광열차의 종류가 많습니다. 또한 특별한 행사가 있을 때 상시 열차를 운행하니, 코레일관광개발www.korailtravel.com에서 다양한 상품을 확인한 후 예약하면 됩니다. 저렴한 가격에 기차여행을 즐길 수 있는 알뜰 상품이 많으니 꼭 한번 이용해보세요.

5. 기차+자전거 여행을 하고 싶은데요. 자전거 가지고 기차를 탈 수 있나요?

코레일에서는 2011년부터 녹색자전거열차를 운행하고 있습니다. 이 열차는 자전거 전용 객차가 따로 설치되어 있어 기차여행과 자전거여행을 동시에 즐길 수 있는 것이 장점이죠. 1월부터 11월까지 총 15회 운행하고, 시즌에 따라 코스가 달라집니다. 자전거길로 유명한 옥천 금강 코스, 낙동강 코스, 영산강 코스, 충추 자전거길, 양평 자전거길 등 자전거로 여행하기에 좋은 곳 위주로 운행합니다.

녹색자전거열차는 출발 전에 자전거를 점검해주고, 열차 내에서는 자전거 라이딩 시 지켜야 할 기본 에티켓과 안전교육도 합니다. 더불어 안전한 라이딩을 위한 사전 스트레칭 체조도 알려주고요. 무궁화호의 경우는 열차카페 내에 있는 자전거 거치대를 이용하면 자전거를 가지고 기차를 탈 수 있습니다. 일반 자전거 5대와 접이식 자전거 1대를 거치할 수 있고, 이용요금은 무료입니다. KTX나 새마을호는 승무원에게 얘기해서 제일 뒷좌석 표를 끊으면 접이식 자전거의 경우 뒤에 거치할 수 있습니다.

서울 수원 천안 대전 옥천 동대구 신경주 울산 밀양 구포 부산

- **경부선**
- 호남선
- 전라선
- 장항선
- 경전선
- 중앙선
- 동해남부선
- 태백선
- 기타

하루
+ 추천 코스 +

경부선

서울역

낯선 곳으로 떠나야만 여행은 아니다. 서울에서 일상을 지내더라도 하루를 어떤 식으로 보내는지, 어떤 시선으로 풍경을 대하는지에 따라 여행이 될 수 있다. 지구 반대편에서 재배된 커피도, 외국 여행에서나 맛볼 수 있던 색다른 디저트도 쉽게 만날 수 있는 곳이 서울이지만 봄이나 가을처럼 걷기 좋은 날에는 궁 투어를 떠나길 추천한다. 특히 궁 주변에는 화랑이 밀집되어 있는데, 데이트나 산책 코스로도 손색이 없다. 최근 인기가 상승 곡선을 그리고 있는 서촌을 중심으로 여행을 시작한다. 서촌은 경복궁 서쪽에 있는 마을을 일컫는 별칭으로 지리상 인왕산 동쪽과 경복궁 서쪽 사이, 즉 청운동과 효자동, 사직동 일대를 뜻한다. 경복궁부터 그 주변에 있는 통의동과 효자동까지 둘러보면 조용하고 한적한 색다른 서울을 느낄 수 있을 것이다.

INFO

 서울역(02-392-1324)

 visitseoul.net(서울시 관광정보)

 서울역 앞에 있는 버스환승센터에서 강북은 물론 강남으로 향하는 다양한 버스를 만날 수 있다. 하지만 서울 시내는 언제나 길이 막히기 때문에 시간을 조금이라도 아끼고 싶다면 지하철이 정답이다.

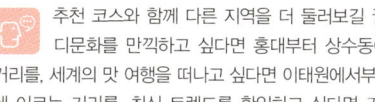 추천 코스와 함께 다른 지역을 더 둘러보길 권한다. 인디문화를 만끽하고 싶다면 홍대부터 상수동에 이르는 거리를, 세계의 맛 여행을 떠나고 싶다면 이태원에서부터 경리단에 이르는 거리를, 최신 트렌드를 확인하고 싶다면 가로수길과 도산공원 주변을 가보길 바란다.

| 01 | 서울의 가장 높은 곳에서 프러포즈
N서울타워

+하루 추천 코스+

Access 서울역 앞 버스환승센터에서 420번 버스 승차, 국립극장 하차 **Address** 서울시 용산구 남산공원길 126 **Tel** 02-3455-9377 **Open** 10:00 ~23:00 **Fee** 전망대 어른·청소년 9000원, 어린이 7000원 케이블카 어른·청소년 왕복 8500원, 편도 6000원, 어린이 왕복 5500원, 편도 3500원 **Web** nseoultower.com

대부분의 수도에는 전망대가 있다. 전경을 바라볼 수 있다는 것만큼 매력적으로 관광객을 끌어들이는 방법도 드물기 때문이다. 서울도 마찬가지. N서울타워는 연인들이 영원한 사랑을 맹세하며 자물쇠를 채우는 장소로 매체에 많이 소개되기도 했다. 10년 전 남산타워를 생각하면 안 된다. 이곳은 이름을 N서울타워로 바꾸고 리뉴얼했다. 실내에는 미국의 햄버거 레스토랑을 연상시키는 수제버거 가게 '더 베스트 버거 인 서울'이 들어왔고, 서울의 야경을 바라보며 미슐랭 출신 스타 셰프의 손맛을 볼 수 있는 레스토랑 'N 그릴'도 생겼다. 사랑을 기념하는 방법도 자물쇠가 아니라 작은 타일을 구입해 둘만의 메시지를 적는 식으로 진화했다. 이미 첫사랑과 남산에서 모든 걸 즐겼다며 안 가보기엔 N서울타워는 너무나 색다른 장소로 변모했다.

tip 3층에 자리 잡은 기프트 숍 더 방에서는 남산에서만 만날 수 있는 특별한 기념품을 판매하고 있다. 외국인 친구들과 이곳을 찾는다면 남산이 그려진 화투나 네임태그를 선물해보는 건 어떨까. 구경하는 것만으로도 충분히 재미있는 기프트 숍이니 꼭 들러보길 권한다.

| 02 | 연인을 질투하는 거리
덕수궁 돌담길

Access 서울역에서 지하철 1호선 승차, 시청역 하차(1번 출구) Address 서울시 중구 세종대로 99 Tel 02-771-9951 Open 09:00~20:00 Close 매주 월요일 Fee 어른 1000원, 청소년·어린이 무료 Web deoksugung.go.kr

덕수궁 돌담길은 대한민국 사람이라면 누구나 아는 유명한 거리이다. 수많은 노래에 등장했으며 연인이 이곳을 걷고 나면 얼마 안 돼 헤어진다는 이야기도 전해져 내려온다. 그렇다고 외면하기에 이 길은 너무나 아름답다. 사계절 가로수가 옷을 갈아입으며 새로운 모습을 보여주기 때문. 또한 덕수궁과 더불어 인근에 서울시립미술관, 정동극장을 비롯한 문화시설이 자리 잡아 외국인 관광객에게도 인기이다. 100년이 넘은 건물들과 아름다운 가로수, 오래된 맛집, 걷기 편안하게 꾸며진 길 덕분에 이곳은 항상 많은 사람들로 넘쳐난다. 천천히 걸으며 주변을 둘러보고 나 자신을 돌아보기에 좋은 덕수궁 돌담길은 서울 사람들에게 언제나 최고의 안식처이자 산책로이다.

tip 서울의 5대 궁(경복궁, 창덕궁, 창경궁, 덕수궁, 경희궁)을 모두 관람할 계획이라면 통합관람권을 구입하는 게 낫다. 구매일로부터 1개월간 사용 가능한 관람권으로 4대 궁(경복궁, 창덕궁, 창경궁, 덕수궁) 및 종묘 매표소에서 구입할 수 있다. 가격은 어른 1만원. 기타 시간제 관람권이나 1년간 유효한 관람권도 있으니 덕수궁 홈페이지를 통해 미리 확인하면 알뜰한 궁 투어를 즐길 수 있다.

| 03 | 아이들을 위한 체험 미술관
서울시립미술관

Access 서울역에서 지하철 1호선 승차, 시청역 하차(1번 출구)
Address 서울시 중구 덕수궁길 61 Tel 02-2124-8800 Open 10:00~21:00 Close 매주 월요일, 1월 1일 Web sema.seoul.go.kr

| 04 | 조선 시대에 완성한 첫 번째 궁
경복궁

Access 서울역에서 지하철 1호선 승차 후 종로3가역에서 3호선으로 환승. 경복궁역 하차(5번 출구) Address 서울시 종로구 사직로 161 Tel 02-3700-3900 Open 09:00~18:00(입장마감은 17:00) Close 매주 화요일 Fee 어른 3000원, 어린이 무료 Web royalpalace.go.kr

미술관에서 가장 호강을 하는 것은 눈이다. 하지만 그 미술관이 서울시립미술관이라면 얘기가 조금 다르다. 이곳에는 조각공원과 함께 다양한 프로그램이 운영되고 있기 때문이다. 평소에는 미술감상이나 실기 등 연령대별로 다양한 미술 커리큘럼이 계획되어 있으며, 일일 투어 프로그램인 '미술관 데이트'도 비정기적으로 진행된다. 미술관 데이트는 초등학생과 중학생이 참가할 수 있는 프로그램으로 이용 2일 전에 예약하면 선착순으로 무료다. 미술관 관람은 물론 자화상을 그리거나 미디어 아트를 즐기는 등 장난꾸러기 아이들도 집중하게 만드는 재미있는 체험 프로그램으로 진행된다.

조선 시대에 만들어진 다섯 개의 궁궐 중 첫 번째로 완성한 경복궁. '큰 복을 누리라'는 뜻이지만 조선 초기 혼란한 정치 상황 속에서 경복궁은 궁궐로서 그 역할을 제대로 하지 못했다. 세종 때에 이르러서야 정치 상황이 안정되고 조선 왕조의 중심지로서 그 역할을 하게 된다. 임진왜란 때 불에 타서 사라지게 되는데 조선 말 고종 때 흥선대원군의 지휘 아래 새로 지으면서 왕실의 위엄을 높이고자 했지만 곧 건청궁에서 명성황후가 시해되는 사건이 일어난다. 신변의 위협을 느낀 고종이 경복궁을 떠나 러시아 공사관으로 피신하게 되니, 단청의 색이 채 마르기도 전에 또다시 빈집이 되는 비운을 겪는다. 근정전을 바라보고 왼쪽으로 나가면 경회루와 만난다. 인공 연못 위에 지어진 2층 누각 건물로, 남아 있는 목조 건축물 중에서 크기로도 또 아름답기로도 손에 꼽히는 곳 중 하나이다.

서울역

| 05 | 해학과 재치가 돋보이는 미술관
대림미술관

Access 서울역 앞 버스환승센터에서 7016·1711·7022번 버스 승차, 경복궁역 하차 **Address** 서울시 종로구 자하문로4길 21 **Tel** 02-720-0667 **Open** 화~금·일요일 10:00~18:00, 토요일 10:00~20:00 **Close** 매주 월요일, 설날·추석 연휴 **Fee** 어른 5000원, 청소년 3000원, 어린이 2000원 **Web** daelimmuseum.org

| 06 | 걷는 속도를 조절할 줄 아는 동네
서촌 통인시장

Access 서울역 앞 버스환승센터에서 7016·1711·7022번 버스 승차, 통인시장종로구보건소 하차 **Address** 서울시 종로구 필운대로6길 3 **Tel** 02-722-0911 **Open** 09:00~18:00 **Close** 첫째 주 월요일

경복궁과 접해 있는 통의동 주택가에 위치하고 있어 놀멍 쉬멍 걸으멍 찾기에 좋은 대림미술관. 트렌드를 앞서가는 젊은 기획전으로 늘 주목받는 공간이다. 건물은 1967년 이래 한 가족의 보금자리였던 곳을 프랑스 건축가 뱅상 코르뉴가 개조해 완성했다. 코르뉴는 파리 피카소 미술관의 개조를 맡았던 건축가인데, 그는 대림미술관을 기존 가옥과 주변 환경 등 이미 존재하는 것들을 고려해 전문적이고 효율적인 공공의 장소로 개조했다는 평가를 받았다.

한국 근현대 역사를 고스란히 간직한 서촌은 어린 시절 뛰어다니던 옛 골목 그대로이다. 사대부 집권 세력이 살던 북촌보다 중인들이 모여 살던 서촌은 이유 없이 사람을 끌어당기는 정겨운 분위기 때문에 자꾸 찾게 된다. 지하철 3호선 경복궁역에서 나와 효자로를 건너 마음이 가는 골목을 따라 자신만의 지도를 만들며 걷는 것이 이 여행의 포인트. 길을 잃었다가 찾았다가를 반복하다 배가 고파지면 통인시장으로 향하면 그만이다. 통인시장은 기름떡볶이로 유

tip 대림미술관에서 별도로 운영하는 D 멤버십에 가입하면 대림미술관 전시 3회 관람, 재즈 콘서트 2회 관람, 커피 1회 제공의 기회를 1만원에 누릴 수 있다. 멤버십 카드는 미술관 1층에서 구입 가능하다.

명세를 얻었는데, 고추장이나 간장으로 양념한 떡볶이를 기름에 볶은 것으로 중독성이 강하다. 최근에는 원하는 반찬을 골라 담는 뷔페식 '도시락 카페'가 인기이다. 엽전 모양의 동전 10개를 5000원에 구입한 뒤, 식판을 들고 각 코너에서 반찬으로 교환하는 시스템으로 운영된다. 물물교환하는 재미가 있어 최근 찾는 이가 부쩍 늘었다.

서울 맛집

● 갤러리와 브런치의 만남 **고희**

Address 서울시 종로구 창성동 100 Tel 02-734-4907 Open 11:00~22:00 Menu 브런치 메뉴 1만7000원, 아메리카노 6000원

그릇을 만들고 판매하는 쇼룸이자 효자동에서 가장 맛있는 한 끼를 먹을 수 있는 식당이며 매달 새로운 작가들의 작품을 소개하는 갤러리이기도 한 카페. 고희는 복합적인 즐거움을 누릴 수 있는 문화 공간이다. 커피의 일본식 발음을 빌려와 상호로 삼으며 그 안에 큰 기쁨이라는 뜻을 담았다. 카페 주변에 있는 미술관을 관람한 후 친구들과 감상을 나누거나 홀로 작품의 여운을 곱씹기에도 좋은 분위기다. 방금 내린 신선한 커피나 차 그리고 직접 구운 건강한 빵을 맛볼 수 있어 이를 함께 즐길 수 있는 브런치가 가장 인기다.

수원역

수원역 앞은 늘 수많은 인파와 차들로 북적인다. 경기도 교통의 관문이자 수도권 철로의 허브인 수원역의 현재는 복잡다단한 도심 한복판 그대로다. 하지만 조금만 벗어나면 시간은 급작스럽게 200여 년 전으로 거슬러 올라간다. 조선 제22대 왕 정조의 꿈과 열망이 서린 곳. 18세기 과학과 문화의 보고인 수원화성이다. 6km 남짓의 둘레를 따라 40여 개의 성문과 누각으로 이루어진 수원화성은 낮에는 근엄한 근위대장의 풍모를, 밤에는 요염한 무희의 자태를 뽐내 하루 종일 걸어도 지루할 새가 없다. 또한 백남준아트센터, 지앤아트스페이스 등이 자리한 경기도 용인이 지척이니 메마른 일상을 촉촉이 적시기에도 안성맞춤. 2010년 KTX 노선까지 확충되면서 수원역으로의 발길이 더욱 가벼워졌다.

INFO

 수원역 광장(031-228-4672), 팔달문(031-228-2765), 연무대(031-228-2763), 화성행궁(031-228-4480)

 tour.suwon.go.kr(수원시 문화관광), tour.yongin.go.kr(용인시 문화관광)

 수원역 맞은편 버스정류장에서 수원화성이나 용인으로 가는 버스가 자주 있다.

 수원화성과 용인까지 돌아보려면 다리품 팔 각오를 단단히 해야 한다. 편안한 운동화와 가벼운 복장은 필수.

01 조선 성곽 문화의 꽃
수원화성

+하루 추천 코스+

Access 수원역 북측 정류장에서 60 · 660 · 700-2 · 7 · 7-2번 버스 승차, 장안문 하차 Address 경기도 수원시 팔달구 정조로 910 Tel 031-228-4677 Open 3~10월 09:00~18:00, 11~2월 09:00~17:00 Fee 어른 1000원, 청소년 700원, 어린이 500원 Web swcf.or.kr

개혁군주였던 정조는 기득권층이 득의양양하던 수도 한양의 한계를 절감하고 뜻을 펼칠 새로운 도시를 건설하니, 그곳이 바로 수원화성이다. 당대의 새로운 건축 기법인 거중기를 도입해 공사 기간을 혁신적으로 단축하고, 화성 안에 행궁을 중심으로 십자형으로 신작로를 내는 등 이상적인 도시를 만들고자 했다. 수원화성은 둘레가 5.7km로 다 돌아보려면 두세 시간이 족히 걸린다. 하이라이트만 보고 싶다면 화홍문(북수문)에서 방화수류정, 연무대로 이어지는 코스를 추천한다. 특히 북포루 지점이 수원화성의 길게 이어진 성벽과 누각의 모습을 담는 포토 포인트다. 활쏘기에 능했던 정조를 떠올리며 흉내 내 볼 수 있는 국궁체험장도 연무대에 마련되어 있다. 연무대에서 팔달산까지 화성열차도 운행되는데, 속도가 빠르지 않아 부드러운 바람을 맞으며 화성전체를 둘러볼 수 있다. 하루 12회 운행, 편도 1500원.

tip 매년 10월 정조대왕이 사도세자의 능을 참배하기 위해 행차하던 모습을 그대로 재현한 정조대왕능행차가 수원화성문화제의 일환으로 거행된다. 시민 퍼레이드 포함, 참여 인원만 2400여 명에 달하는 대규모 행사로 만석공원, 장안문, 화성행궁, 팔달문을 지나 영동사거리에서 마무리된다.

02 정조대왕의 마지막 꿈
화성행궁

 PLUS 수원화성의 A부터 Z까지
수원화성박물관

Access 수원역 북측 정류장에서 11·13·13-3·36·39번 버스 승차, 화성행궁 하차 **Address** 경기도 수원시 팔달구 정조로 825 **Tel** 031-228-4480 **Open** 3~10월 09:00~18:00, 11~2월 09:00~17:00 **Fee** 어른 1500원, 청소년 1000원, 어린이 700원 **Web** swcf.or.kr

Access 수원역 북측 정류장에서 660·7·7-2·700-2번 버스 승차, 화성박물관 하차 **Address** 경기도 수원시 팔달구 창룡대로 21 **Tel** 031-228-4242 **Open** 09:00~18:00 **Close** 첫째 주 월요일 **Fee** 어른 2000원, 청소년 1000원, 어린이 무료 **Web** hsmuseum.suwon.ne.kr

행궁은 왕의 지방 행차 시 기거하던 별궁을 말한다. 화성행궁은 정조가 아버지인 사도세자의 능을 수원 화산으로 이장하며 건립한 것으로 이후 수원화성을 축성하며 확장, 완성했다. 정조가 어머니 혜경궁 홍씨의 회갑연을 이곳에서 성대하게 치른 것으로도 유명하다. 일제강점기 때 대부분 소실된 것을 20세기 들어 복원한 것이라 고색창연한 맛은 좀 떨어지지만, 정궁 못지않은 600여 칸의 규모가 지어질 당시의 위용을 잘 말해준다. 정조는 왕위를 물려준 후 이곳에서 계속 그의 위업을 이어나가길 바랐다고 한다. 매주 주말이면 무예24기, 궁중무용, 장용영(정조의 친위부대)의 수위의식 등이 펼쳐진다.

tip 화성행궁에서 팔달문에 이르는 골목에 행궁공방거리가 조성되었다. 골목 양옆으로 압화공예, 칠보공예, 천연염색 등의 공방과 전통 찻집, 떡카페 등이 즐비하다.

수원화성의 전반적인 축성 과정을 보여주는 '화성축성실'과 화성행궁 행차와 혜경궁 홍씨의 회갑연 등 화성에서 이루어진 행사를 재연해놓은 '화성문화실'이 상설 전시로 마련되어 있다. 화성 복원을 가능케 한 〈화성성역의궤〉도 볼 수 있으며 거중기를 발명한 정약용과 공사를 총감독한 채제공의 여러 문서도 전시되어 있다.

03 성곽 안동네 사람들과 함께
대안공간 눈

Access 수원역 북측 정류장에서 60 · 660 · 700-2 · 7 · 7-2번 버스 승차, 장안동 하차 Address 경기도 수원시 팔달구 화서문로 82-6 Tel 031-244-4519 Open 12:00~20:00 Close 월요일 Fee 무료 Web www.spacenoon.co.kr

성곽의 아름다움에 감탄하며 사진 찍기에 여념 없는 관광객 옆으로 무심하게 홍화문을 건너 하교하는 학생들의 모습이 겹쳐진다. 문화재와 함께 살아가는 수원 성곽 안동네 사람들, 그들의 삶을 조금이나마 가까이서 느낄 수 있는 곳이 행궁동 벽화골목이다. 2010년과 2011년 두 차례에 걸쳐 국내외 작가들과 수원 주민들이 참여해 벽화골목을 완성했다. 거대한 금빛 물고기가 헤엄치는 금보여인숙이 벽화골목의 랜드마크. 골목 중간쯤 자리한 대안공간 눈에서 벽화골목을 기획 · 추진했다. 40여 년 된 주택을 개조해 문화공간으로 꾸민 대안공간 눈에는 두 개의 전시실과 카페 및 아트숍도 마련되어 있다. 특히 아트숍에서 판매하는 브로치, 지갑, 가방 등은 모두 이 지역 어르신들의 솜씨다.

04 백남준이 오래 사는 집
백남준아트센터

Access 수원역 북측 정류장에서 10 · 66 · 66-4번 버스 승차, 상갈파출소 · 백남준아트센터 하차 Address 경기도 용인시 기흥구 백남준로 10 Tel 031-201-8571~2 Open 10:00~18:00 Close 둘째 · 넷째 주 월요일 Fee 어른 4000원, 청소년 2000원, 어린이(7세 이하) 무료 Web njpartcenter.kr

국제적으로 유명한 덕분에 고(故) 백남준의 이름과 TV를 쌓아 올려 만든 그의 작품은 눈에 익숙하지만 그의 작품 세계는 여전히 난해하다. '백남준이 오래 사는 집'이란 별칭에 걸맞게 백남준아트센터는 기꺼이 그의 예술 세계로 인도하는 '흰 토끼'를 자처한다. 평생 그의 모티브가 된 테크놀로지를 상징하듯 유리로 된 현대적인 외관의 건물 안에는 자연스러운 동선을 따라 여러 개의 전시관이 자리하고 있다. 〈TV정원〉〈TV피아노〉 등 대표작뿐 아니라 그의 영향을 받은 작가들의 작품까지 일목요연하게 잘 정리되어 있어 한 발짝 그에게 다가갈 수 있다. 선문답 같은 그의 수많은 질문과 이를 통해 구현된 작품들을 보고 있노라면 한 사람이 상상해낼 수 있는 세계의 깊이는 어디까지인지 자못 궁금해진다. 건축 · 예술에 관한 서적이 잘 비치되어 있는 도서관과 커피 향 가득한 카페테리아도 들러볼 만하다.

tip 일정 규모 이상의 미술관이나 박물관에선 대부분 도슨트 투어를 마련하고 있다. 전문 지식을 가진 도슨트가 관람객의 눈높이에 맞춰 설명해줄 뿐만 아니라 따로 비용도 들지 않으니 이보다 더 좋을 수 없다.
투어 일정 : 주중 14:00 16:00, 주말 11:00 13:00 14:00 16:00.

PLUS 작은 마을을 닮은 미술관
지앤아트스페이스

Access 수원역 북측 정류장에서 10·66·66-4번 버스 승차, 상갈파출소·백남준아트센터 하차 Address 경기도 용인시 기흥구 백남준로 7 Tel 031-286-8500 Open 갤러리·레스토랑 18:00~20:00, 어린이 창작 스튜디오 10:00~18:00, 숍 10:00~19:00 Fee 무료 Web zienart.com

인접한 야트막한 야산 앞에서도 존재감이 거의 드러나지 않을 정도로 주변과 잘 조화된 외관이 역설적으로 강한 인상을 남긴다. 건물을 높이 세우는 대신 땅을 파고들어 넓은 마당을 만들고 그 주변으로 갤러리와 숍, 레스토랑&카페(하이드파크), 어린이 창작 스튜디오를 잘게 쪼개어 배치했다. 전시 관람 후 한잔의 차를 마시고 아카데미에서 문화강좌를 듣고 쇼핑을 하는 등 마치 작은 마을을 산책하는 것과 같은 기분을 만끽할 수 있다. 한강 선유도공원, 광주 의재미술관 등으로 잘 알려진 건축가 조성룡 씨가 설계했다.

수원 맛집

● 시원한 생맥주를 부르는 맛 **진미통닭**

Address 경기도 수원시 팔달구 팔달문로3번길 39 Tel 031-255-3401 Open 12:00~01:00 Close 화요일 Menu 후라이드치킨·양념치킨 1만4000원

수원천을 따라 걷다 보면 코끝을 찌르는 고소한 냄새에 발걸음이 멈춰진다. 일명 통닭거리로 불리는 이 거리에서 가장 인기 있는 집은 오래된 간판에서 내공이 짐작되는 '진미통닭'이다. 닭을 잘게 잘라 밀가루옷을 입히고 바싹 튀겨내는 딱 옛날 방식 그대로다. 닭모래집 튀김이 별미로 곁들여진다. 생맥주를 절로 찾게 되는 맛이다. 최근 배달 가게를 부근에 따로 열었다.

● 중국식 별미 만두 **수원만두**

Address 경기도 수원시 팔달구 창룡대로8번길 6 Tel 031-255-5526 Open 11:30~21:30 Menu 군만두 5500원, 쇠고기탕면 5000원

중국집에 특이하게도 자장면과 짬뽕이 없다. 대신 만두만 네 종류. 군만두, 찐만두, 물만두, 왕만두가 이 집의 대표 메뉴다. 화교가 손수 만든 만두에선 씹을 때마다 진한 육수가 배어 나온다. 특히 만두피가 바삭하고 쫄깃한 군만두가 인기. 만두 이외에 잡채밥, 탕수육, 쇠고기탕면 등 요리도 있는데 그중 담백한 고기국물의 쇠고기탕면이 별미다.

》》 에디터 추천 코스

천안역
_천안아산역

기차 여행에서 빼놓을 수 없는 주전부리인 호두과자. 이젠 기차역뿐 아니라 어디서나 맛볼 수 있게 되었지만 제 맛을 즐기려면 뭐니 뭐니 해도 호두과자의 고향, 천안에 가야 한다. 겉은 바삭하고 속은 더욱 달콤한 호두과자를 들고 천안 여행을 시작해보자. '천안삼거리'라는 민요가 전해지듯 예로부터 수도권과 경상도, 전라도를 잇는 교통의 요지였던 천안. 1919년 유관순 열사가 태극기를 휘날리던 아우내 장터, 호국선열의 얼이 살아 숨 쉬는 독립기념관은 뜻 깊은 과거로의 여행이 될 것이다. 아라리오갤러리와 리각미술관 등 지역에 단단히 뿌리내린 예술 공간도 놓치지 말자.

INFO

 천안아산역(061-749-3107), 천안역 동부 광장(061-749-3107)

 cheonan.go.kr/EgovPageLink.do?link=/tour/index(천안시 문화관광)

 대부분의 여행지는 천안역에서 가깝다. 천안아산역에서 내렸다면 통로로 연결되는 아산역에서 지하철을 타고 천안역으로 이동, 다음 행선지로 가는 것이 편리하다.

천안의 명물 호두과자를 '레일데이'인 매달 11일에 천안역 및 주변 호두과자 판매점에서 20% 할인된 가격에 구매할 수 있다.

| 01 | 격변의 역사를 되짚다
독립기념관

Access 천안역 1번 출구에서 381 · 382 · 383 · 390 · 391 · 400번 버스 승차, 독립기념관 하차 Address 충남 천안시 동남구 목천읍 삼방로 95 Tel 041-560-0114 Open 하절기 09:30~18:00, 동절기 09:30~17:00 Close 월요일 Fee 무료 Web i815.or.kr

독립기념관에는 외세의 침입으로부터 민족의 자주와 독립을 지키기 위한 우리 조상들의 헌신과 노력이 총망라되어 있다. 하늘을 찌를 듯한 '겨레의 탑'과 웅장한 청동 기와지붕의 '겨레의 집'은 다소 위압적이고 딱딱하게 느껴지지만 막상 관람을 시작하면 생각이 달라진다. 7동의 전시관에는 고조선부터 일제강점기, 근현대까지 어마어마한 양의 유물과 모형이 전시되어 있고 내용도 충실해 관람하다 보면 어느새 시간이 훌쩍 지나간다. 흑성산 끝자락에 안온하게 둘러싸여 있는 기념관은 드넓은 숲길과 잔디밭, 야영장 등이 있어 산책하기에도 좋다. 이곳 서쪽 숲엔 1995년 대대적인 폭파작업과 함께 역사의 뒤안길로 사라진 조선총독부 건물의 잔해도 전시되어 있다. 움푹 파인 지형에 조선총독부를 상징하는 첨탑을 비롯해 기둥과 부조들이 파편처럼 흩어져 있는 모습이 비탄의 한 시대를 상징하는 듯하다.

| 02 | 아시아 현대 미술의 터미널로
아라리오갤러리

| PLUS + | 조각 미술관에서 갖는 티타임
리각미술관

Access 천안역 1번 출구에서 2·11·15·22~25·51·62·70·71·530·531·870번 버스 승차, 종합터미널 하차 **Address** 충남 천안시 동남구 만남로 43 **Tel** 041-551-5100 **Open** 11:00~19:00 **Fee** 어른 3000원, 청소년·어린이 2000원, 8세 이하 무료 **Web** arariogallery.co.kr

Access 천안역 1번 출구에서 15·51번 버스 승차, 공원관리소(종점) 하차 **Address** 충남 천안시 동남구 태조산길 245 **Tel** 041-565-3463, 070-4111-3463 **Open** 11:00~18:00 **Fee** 무료 **Web** ligak.co.kr

아라리오갤러리는 종합버스터미널과 백화점이 밀집된 번화가에 자리하고 있다. 1989년 아라리오화랑으로 개관한 이후 2002년 기존 건물을 재건축하며 지상 5층, 약 3000㎡ 규모의 현대 미술 전문 갤러리로 재탄생했다. 이곳의 전시는 매회 참신하고 다양한 기획으로 기대를 저버리지 않는다. 갤러리 전속 작가 제도를 도입해 역량 있는 신진 작가를 발굴, 소개하는 것 또한 주목할 점. 현대 미술이 난해하다는 편견은 잠시 접어두고 가벼운 마음으로 작품이 들려주는 이야기에 집중해보자.

천안 시내를 빠져나와 버스로 20여 분 달리면 주변 풍광은 이내 한가로운 교외로 바뀐다. 태조산 아랫동네에 자리 잡은 리각미술관은 달라진 풍경만큼이나 마음이 넉넉해지는 곳이다. 육중한 무게감의 조각을 주로 선보이는 이종각 선생이 1993년 개관한 개인 미술관으로, 지역의 예술 애호가들 사이에는 이미 널리 알려졌다. 푸른 잔디의 야외 전시장엔 역동적 형태의 청동 조각이 놓여 있고, 실내 전시장에선 드로잉 작품을 감상할 수 있다. 미술관 1층의 카페M은 이곳을 찾는 또 다른 이유. 태조산을 바라보며 마시는 커피 한잔이 근사한 오후를 선사한다.

천안 맛집

● 그냥 지나치면 섭섭한 그 맛 **천안호두과자**

학화호도과자(천안역점) Address 충남 천안시 동남구 대흥로 233 Tel 041-551-3370 Open 07:00~21:00 Menu 호두과자 소(24개) 5000원, 중(50개) 1만원
천안옛날호두과자(천안역점) Address 충남 천안시 동남구 대흥로 239 Tel 041-561-5000 Open 06:30~22:30 Menu 흥타령호두과자(24개) 1만원

호두과자는 제과기술자였던 고 조귀금·심복순 부부가 1934년 '학화호도과자'라는 이름으로 처음 세상에 선보였다. 그 후 천안에는 무수히 많은 호두과자 전문점이 생겨났는데 천안역 앞에만 해도 대여섯 곳이 넘는다. 그중 원조인 '학화호도과자'와 수제 팥앙금을 고집하는 '천안옛날호두과자'에 손님들이 몰린다.

대전역
_서대전역(호남선)

대전은 국토의 중앙에 위치해 전국 어디서든 교통이 편리하다. 서울에서 KTX로 1시간도 채 걸리지 않으니 그만큼 여행에 할애할 수 있는 시간이 넉넉하다. 비록 유서 깊은 문화재나 숨 막히는 절경은 아닐지언정 걷다 보면 멈추게 되고, 그러다 어느새 머물고 싶어지는 쾌적한 도시, 대전. 시원하게 흐르는 도심 하천과 왁자지껄한 전통시장이 자리한 구도심엔 드문드문 작은 갤러리와 카페가 있어 소소한 즐거움을 준다. 또한 신시가지는 곳곳의 넓고 푸르른 공원과 깨끗한 도로, 높은 빌딩으로 한껏 멋을 부리고 여행자를 맞이한다. 대전의 또 다른 이름은 '과학 도시'다. 우리나라 최고의 과학기술대학 KAIST와 대덕연구단지가 자리하고 1993년에는 대전과학엑스포가 열렸다. 엑스포 마스코트인 '꿈돌이'는 1990년대 학교를 다닌 이들이라면 누구나 공감하는 추억거리가 아닐까.

INFO

 대전역(042-221-1905), 서대전역(042-523-1338)

 tour.daejeon.go.kr(대전시 문화관광)

 대전역이나 서대전역 앞에서 각 관광지로 향하는 버스나 지하철을 편리하게 이용할 수 있다. 특히 버스정류장마다 부착된 버스노선도는 매우 유용하다.

대전시의 발전과 함께 했다고 해도 과언이 아닌 빵집 '성심당'. 대부분 맛있지만 특히 국산 팥이 들어간 빵 종류는 명불허전이다. 최근 대전역 안에 분점을 열었다.

01 젊음과 낭만의 거리
대흥동 문화거리

Access 대전역에서 은행동 로데오거리 방면으로 800m **Address** 대전시 중구 대흥로 121번길 20(프랑스문화원 대전 분원)

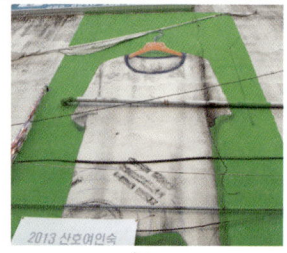

대전의 구도심인 중구 대흥동에 최근 몇 년 사이 젊은 예술가들이 하나 둘 모여들었다. 싼 임대료라는 무시 못할 장점 이외에도 구도심 특유의 정서가 그들을 끌어 당겼던 까닭이다. 소극장, 갤러리, 문화원 등이 생겨났고 특색 있는 카페와 주점 등도 늘어갔다. 근대문화재인 옛 농산물검사소를 개조해 만든 대전창작센터(042-255-4700)와 실험적인 작가들의 작품을 선정해 전시하는 스페이스 씨(070-4124-5501)는 젊은 작가들의 대표적인 소통 창구다. 프랑스문화원 대전 분원(042-532-5254)이 이곳 대흥동에 둥지를 튼 것도 우연이 아니다. 옛 여인숙을 개조해 갤러리와 게스트하우스·문화아카이브로 꾸민 산호여인숙(070-8226-2870), 여행자들의 놀이터를 표방하며 1평 갤러리·프리마켓 등을 운영하는 여행카페 도시여행자(070-

7517-1997)처럼 독특한 문화공간도 생겨났다. 매년 8월 대흥동 일대에선 뜨거운 문화예술축제가 펼쳐진다.

tip 대전의 속살이 궁금하다면 2007년 창간한 문화잡지 〈월간 토마토〉에 주목하자. '사람, 공간 그리고 기록'이라는 모토 아래 대전의 문화·예술을 널리 알리고 있다.

02 문자추상을 닮은 담백한 미술관
이응노미술관

Access 대전역에서 606번 버스 승차, 시립미술관 하차 Address 대전시 서구 둔산대로 157 Tel 042-611-9821 Open 3~10월 10:00~19:00, 11~2월 10:00~18:00, 수요일 10:00~21:00 Close 월요일 Fee 어른 500원, 청소년·어린이 300원, 매달 마지막 수요일 무료(기획전·특별 전시 별도) Web ungnolee.daejeon.go.kr

서울 평창동에 있던 이응노미술관이 2006년 대전에 새 미술관을 짓고 그 이듬해 이사를 왔다. '문자추상'이라는 고암 이응노 선생의 독특한 화법을 프랑스 건축가 로랑 보두앵이 건축 언어로 재해석해 탄생시킨 절제되고 담백한 미술관. 동양의 모티브와 서양의 화법이 만나 이룩한 고암 선생의 작품처럼 이응노미술관은 익숙한 듯 낯설다. 낮은 경사와 단을 이용해 자연스럽게 이어지는 관람 동선을 따라 미술관을 산책하듯 거닐면 고암 선생의 작품은 물론 주변 공원과 어우러진 여유로운 도시 풍경을 만날 수 있다.

| 03 | 맹그로브 숲으로의 짧은 여행
한밭수목원 열대식물원

Access 대전역에서 606번 버스 승차, 시립미술관 하차 Address 대전시 서구 둔산대로 169 Tel 042-472-4973 Open 09:00~18:00 Close 월요일 Fee 무료 Web daejeon.go.kr/treegarden

총면적 38만6000㎡, 중부권 최대 도심 수목원을 자처하는 한밭수목원. 가족 나들이객으로 늘 북적이는 공원 한쪽에 2011년 열대식물원이 새로 문을 열었다. 1600㎡ 면적의 매끈한 유리 온실 안에는 '지구의 탄소 저장소'라 불리는 맹그로브종을 비롯해 198종 9300여 본의 진귀한 열대식물이 화려한 꽃과 싱그러운 잎사귀를 뽐낸다.

tip 열대식물원 2층에는 유기농 커피와 음료, 우리 밀로 만든 빵 등을 판매하는 '건강 카페'가 마련되어 있다. 대전시에서 지원하는 사회적 기업으로, 장애우들의 소중한 일터다.

| 04 | 맨발의 자유
계족산 황톳길

Access 대전역에서 2번 버스 승차 후 와동현대아파트에서 74번 버스 환승, 장동산림욕장 하차 Address 대전시 대덕구 산디로 79-70 Tel 042-623-9909(장동산림욕장) Fee 무료

보문산의 녹음, 구봉산의 단풍과 더불어 대전팔경이라 불리는 계족산 노을. 여기에 또 하나 놓칠 수 없는 즐거움이 있으니, 바로 산을 빙 둘러 조성된 14km에 이르는 황톳길이다. 자전거나 유모차로 오를 수 있을 정도로 경사가 완만하고 맨발로 황토를 밟는 호사도 누릴 수 있다. 황톳길에서 옆길로 빠져 계족산성으로 올라갈 수도 있는데, 웅장한 석벽 아래 풍경이 제법 시원하게 펼쳐진다.

PLUS+ 대학자의 마지막 배움터
남간정사 (우암사적공원)

Access 대전역 건너편 중앙시장에서 311번 버스 승차, 우암사적공원 하차 Address 대전시 동구 충정로 53 Tel 042-673-9286 Open 05:00~21:00 Fee 무료

남간정사는 '북벌론'으로 잘 알려진 조선 중기의 대학자 우암 송시열(1607~89년)이 후학을 양성하고 학문을 집대성하기 위해 지은 집이다. 숲이 우거진 골짜기에 자리 잡아 계곡에서 내려온 청정한 물이 대청 밑을 통해 집 앞 연못으로 흘러가도록 했다. 건축과 자연의 관계 맺음에 대한 대학자다운 접근이 아닐 수 없다. 비록 옛 풍광이 많이 사라져 아쉬움을 남기지만 춘삼월 연못 주변의 목련과 벚꽃이 만들어낸 운치만은 여전하다.

대전 맛집

● 전국에서 찾아오는 빵집 **성심당**

Address 대전시 중구 대종로480번길 15 Tel 042-256-4114 Open 08:00~22:00 Menu 튀김소보로 1500원

1944년 문을 연 대전의 대표 빵집. 과거에 머무르지 않고 끊임없는 메뉴 개발과 영업 확장을 통해 수준 높은 외식 문화를 선보이고 있다. 그래도 예나 지금이나 변치 않는 게 있다면 이곳에서만 맛볼 수 있는 '튀김소보로'. 색다른 소보로 맛에 한 번, 알차게 씹히는 팥소에 두 번 반하게 된다.

● 배고픈 여행자의 밥 **신도칼국수**

Address 대전시 동구 대전로825번길 11 Tel 042-253-6799 Open 09:30~20:30 Close 둘째 · 넷째 주 월요일 Menu 칼국수 4000원, 곱빼기 5000원

푸짐한 한 그릇이 단돈 4000원이라니, 배고프고 가난한 여행자들에게 이만큼 고마운 곳도 없다. 칼국수의 걸쭉하고 뽀얀 국물이 인상적인데, 맛을 보니 영락없는 사골국물이다. 고단백의 영양분이 목구멍을 타고 내려가 아랫배를 따뜻하게 데워준다.

옥천역

여행지마다 꼭 필요한 준비물이 있기 마련이다. 해변에 갈 땐 수영복, 산에 갈 땐 운동화처럼 옥천에 갈 때도 반드시 동행해야 할 것이 있다. 바로 자전거. 옥천은 자연과 문화가 어우러진 청정 고을이다. 금강의 맑은 물이 옥토를 이루고 수려한 자연환경과 유구한 전통문화를 간직해온 만큼 겹겹이 쌓인 세월의 흔적을 찬찬히 보는 데 자전거만큼 좋은 게 없기 때문. 게다가 자전거여행이 편리한 지역이다. 우선 옥천까지 가는 기차에는 자전거칸이 따로 있어 어느 곳에서 출발하더라도 자전거 운반하기가 어렵지 않다. 역 앞에 있는 자전거 투어 안내소에서는 옥천의 다양한 자전거 코스까지 친절하게 설명해준다. 자전거를 타고 금강을 따라 달리다 보면, 같이 오지 못한 사랑하는 사람들 얼굴이 떠오를 것이다.

INFO

 옥천역(043-730-3114)

 tour.oc.go.kr(옥천 문화관광)

 옥천행 기차에는 자전거를 실을 수 있는 칸이 따로 준비되어 있어 개인 자전거를 가져가도 좋고, 역 앞 자전거 대여소 '사랑의 자전거(043-733-0816)'에서 빌려도 된다. 이곳에서 자전거 코스에 대한 설명도 들을 수 있다.

 정지용 시인의 작품을 본떠 만든 향수 100리길, 향수 30리길 등 다양한 코스가 기다리고 있으니, 매번 새로운 자전거 코스에 도전해보는 것도 좋다.

| 01 | '향수'의 고장
정지용 생가 |

+ 하루 추천 코스 +

Access 옥천역 앞 옥천버스터미널에서 옥천-청산행, 옥천-보은행, 옥천-안남행 버스 승차, 구읍사거리 하차 **Address** 충북 옥천군 옥천읍 하계리 40-1 **Tel** 043-730-3588 **Open** 09:00~18:00 **Close** 매주 월요일, 1월 1일, 설날·추석 연휴 **Web** jiyong.or.kr

옥천을 여행할 때 대부분 가장 먼저 들르는 곳이 시인 정지용의 생가일 것이다. 아담한 초가집 앞으로는 실개천이 흐르고, 한편에는 물레방아가 돌아간다. 2005년 생가 옆에 정지용 문학관이 세워지면서 그의 생애와 문학을 심도 있게 이해할 수 있는 기회가 마련되었다. 생가의 툇마루에 걸터앉아 자신도 모르게 느껴지는 아련한 그리움으로 향수를 흥얼거리다 보면, 그의 시심이 더욱 가깝게 느껴지는 듯하다.

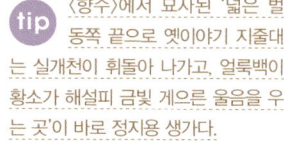

tip 〈향수〉에서 묘사된 '넓은 벌 동쪽 끝으로 옛이야기 지줄대는 실개천이 휘돌아 나가고, 얼룩백이 황소가 해설피 금빛 게으른 울음을 우는 곳'이 바로 정지용 생가다.

| 02 | 신세계 속에 펼쳐진 풍경과 시의 만남
장계관광지

Access 옥천역 앞 옥천버스터미널에서 옥천-청산행, 옥천-보은행, 옥천-안남행 버스 승차, 장계 하차 Address 충북 옥천군 옥천읍 장계리 산7-1 Tel 043-740-3219 Open 09:00~18:00 Close 매주 월요일, 1월 1일, 설날, 추석

금강을 주제로 건축가, 디자이너, 아티스트, 문학인 등 100여 명의 예술인이 참여해 모두가 꿈꾸는 이상향인 '멋진 신세계'를 열었다. 비록 지금은 초기의 위풍당당한 모습도 사라지고 대관람차도 철수한 상황이지만 그래도 꼭 가보길 추천한다. 캠핑할 수 있는 공간이 있고, 공원 곳곳에는 웃음이 나올 만큼 재밌고 신선한 건물과 조형물 그리고 작가들의 시구를 만날 수 있다. 특히 대청호를 배경으로 아름다운 시를 감상할 수 있는 일곱걸음 산책로는 봄에 더욱 아름다운 풍경을 연출해 여행자들에게 즐거움을 선물한다. 장계관광지 내에 있는 잔잔한 대청호 수면 위의 붉은 노을은 장계관광지의 방점이다.

tip 장계관광지로 향하는 길은 벚꽃이 아름답기로 유명한 37번 국도를 따라가게 된다. 즉, 벚꽃비가 내리는 시기가 장계관광지를 찾기 가장 좋은 시기!

| 03 | 강과 기암괴석이 빚어낸 한 폭의 산수화
둔주봉

Access 옥천역 앞 옥천버스터미널에서 옥천-안남행 버스 승차, 덕실 하차 Address 충북 옥천군 안남면 연주길 46 Tel 안남면사무소 043-730-4544

옥천에 갔다면 놓치지 말고 둔주봉을 가봐야 한다. 이곳에 오르면 한반도와 똑같이 닮은 지형을 볼 수 있는데, 옥천군 안남면 연주리다. 이 마을은 휘돌아 나가는 금강과 어우러져 삼면이 바다인 한반도의 형태가 되는 것. 둔주봉에 올라 한반도 지형을 보기 위해서는 솔향이 가득한 소나무 숲을 지나야 한다. 힘든 오르막 없이 산책을 즐기며 호젓한 산길을 걷는 여유로움을 만끽하다 보면 어느새 정자에 다다른다. 그때 거짓말처럼 한반도 지형이 나타나는 것. 그 순간 절로 나오는 탄성 외에 더 이상 말로 표현할 수 없는 감동이 몰려온다.

tip 한반도 지형을 보려면 둔주봉 정상이 아닌 전망대까지만 오르면 된다. 안남면사무소에서 둔주봉 전망대까지 왕복 약 2~3시간 정도 소요된다.

| 04 | 묵묵하고 유장하게 흐르는 물줄기

금강유원지

Access 옥천역 앞 옥천버스터미널에서 옥천-금암리행 버스 승차, 금강휴게소 하차
Address 충북 옥천군 동이면 금강로 596 Tel 043-730-3408

휴게소는 목적지로 향하는 과정일 뿐 목적지가 되는 경우는 드물다. 하지만 그곳이 금강휴게소라면 얘기가 달라진다. 전북 장수 뜬봉샘에서 발원한 금강은 무주와 진안을 거쳐 충남 금산을 지나고 충북 영동의 북서부 일대를 적시면서 옥천군으로 흘러든다. 금강휴게소 주변의 금강유원지에서는 아름다운 산세와 시원하게 흐르는 강줄기를 볼 수 있다. 이곳에는 모터보트장, 야영장, 낚시터 등의 다양한 시설까지 갖추고 있어 이것저것 즐기는 것이 여행의 맛이라고 느끼는 사람들에게 매력적인 나들이 장소다. 경부고속국도 전 구간에서 가장 아름다운 휴게소로 꼽히는 금강휴게소. 상행과 하행이 공동으로 이용하는 휴게소라 방향을 돌리기에도 좋으며, 옥천역부터 자전거를 이용해서 일부러 찾는 이도 많다.

tip 금강휴게소 근처에는 식도락가들이 즐겨 찾는 토속 음식점 토계촌이 있다. 옻나무 껍질과 닭을 함께 삶아낸 참옻닭이 인기 메뉴로 속이 약하고 차가운 사람들에게는 보양식으로 최고다. 043-733-7836

옥천 맛집

● 국물 가득한 쫄면 한 그릇 **둥미당**

Address 충북 옥천군 옥천읍 금구리 157-5 Tel 043-732-1827
Open 10:00~22:00 Menu 물쫄면 5000원, 비빔쫄면 5000원

현지에서 물어 발견한 옥천의 별미 중 하나, 물쫄면. 분식집이면 기본으로 준비되어 있는 게 쫄면이지만 이곳의 쫄면은 국물을 후루룩 불며 먹는 것이 색다르다. 멸치국물에 삶은 쫄면을 넣고 야채와 달걀 고명에 고춧가루를 솔솔 뿌려 얼큰한 뒷맛이 자꾸 젓가락을 움직이게 한다. 물쫄면 때문에 옥천을 찾을 정도로 맛있다고 하긴 어렵지만, 이 지역에서만 만날 수 있는 특별한 맛이니 꼭 경험해보길 추천한다.

● 고속도로 휴게소의 숨겨진 별미 도리뱅뱅 **실크로드**

Address 충북 옥천군 동임녀 조령리 568-1 Tel 043-731-2233 Open 10:00~22:00 Menu 도리뱅뱅 정식 1만원

금강휴게소에서 민물낚시를 실컷 즐겼다면 싱싱한 생선요리가 맛보고 싶을 것이다. 갓 잡아 올린 피라미를 바삭하게 튀겨낸 후 매콤달콤한 양념고추장을 골고루 발라 지져낸 도리뱅뱅을 추천한다. 도리뱅뱅이라는 애칭은 피라미를 프라이팬 위에 둥글게 빙 돌려서 내는 모양에서 유래했다고 한다. 식감이 바삭하고 고소한 피라미에 매콤달콤한 양념이 더해져 밥도둑 간장게장의 위상을 위협할 정도. 금강 주변에 도리뱅뱅을 하는 음식점은 많지만 풍광과 함께 즐길 수 있는 곳을 원한다면 실크로드가 정답이다.

● 가격은 저렴, 맛은 명품! 수제 도토리묵집 **옥천묵집**

Address 충북 옥천군 옥천읍 향수7길 8 Tel 043-732-7947 Open 11:00~20:00(일요일 휴무) Menu 도토리묵밥 6000원, 도토리전 4000원

오후 2시에 찾아도 줄이 길게 늘어서 있는 옥천묵집. 이곳에서 맛볼 수 있는 메뉴는 도토리묵밥, 칼국수, 도토리전 정도로 단출하지만 국산 도토리가루만을 이용하기 때문에 명품이라고 불릴 정도다. 그릇 가득 넘치도록 담아주는 도토리묵밥에, 아삭한 오이와 함께 상큼한 맛을 내는 도토리무침이나 고소한 맛에 자꾸만 손이 가는 도토리전을 더하면, 가게를 나서는 순간부터 그리워지는 옥천의 별미를 완벽하게 경험할 수 있다.

동대구역
_대구역

대구는 다양한 얼굴을 가진 도시다. 그만큼 대구를 찾아야 할 이유도 많다. 팔공산 자락을 따라 대구올레길을 타박타박 걸어도 좋고, 이국적인 근대건축물을 찾아 골목을 뒤지는 재미도 쏠쏠하다. 밤이 되면 동성로를 중심으로 화려한 거리가 펼쳐지고, 모던한 갤러리부터 소소한 길거리 벽화까지 '아트 대구'의 행보도 예사롭지 않다. 진골목, 근대문화골목 등 골목마다 얽힌 사연도 흥미롭다. 걸음을 옮길 때마다 달라지는 이 모든 풍경이 여행자들을 끌어당긴다. 그 면면을 가볍게 지나치기엔 너무도 아까워 대구에서의 발걸음은 느릴수록 좋다.

INFO

 동대구역 광장(053-939-0080)

 tour.daegu.go.kr/kor(대구시 관광안내, 시티투어), gu.jung.daegu.kr/alley(골목투어), businfo.daegu.go.kr(버스노선 안내)

 시내에 자리한 동대구역과 대구역은 지하철과 버스 이용이 쉽다. 대구 시내 주요 관광지를 잇는 대중교통 노선이 잘 정비되어 있어 기차 여행객에겐 더없이 친절한 도시다.

 관광안내소에서 갤러리, 근대건축, 전통시장 등 테마별로 상세한 코스를 담은 가이드 맵을 챙길 것. 전문 가이드와 함께 하는 골목투어와 시티투어도 추천.

| 01 | 숲길 따라 올레길을 걷다
팔공산 대구올레길

하루 추천 코스

Access 동대구역 지하도 정류장(육교 아래)에서 급행 1번 버스 승차, 방짜유기박물관 하차 **Address** 대구시 동구 도장길 29(방짜유기박물관) **Web** cafe.naver.com/culture803(대구올레 카페)

팔공산 자락의 숨은 비경을 보고 싶다면 대구올레길을 걸어보자. 대구녹색소비자연대가 직접 발굴한 다섯 가지 코스를 시작으로 현재 여덟 코스의 대구올레길을 걸을 수 있다. 울창한 숲길과 계곡은 물론 문화유적지나 산골 마을까지 팔공산 구석구석을 만날 수 있는 여행법이다. 방짜유기박물관에서 출발해 도장마을을 거쳐 북지장사에 이르는 대구올레 1코스는 올레길 중 가장 짧고 걷기 편한 코스다. 동화사의 말사인 북지장사로 향하는 도중 소나무 수백 그루가 빽빽하게 들어선 솔숲이 1코스의 백미. 이외 신숭겸 장군 유적지와 파계사를 잇는 2코스, 신라 시대 때 창건된 대형 사찰 동화사를 지나는 7코스 등이 준비되어 있다. 코스별로 왕복 2~4시간 정도 소요되며, 대중교통으로 접근하기도 쉽다. 각 코스의 약도나 교통편 등 자세한 사항은 '대구올레 카페' 사이트에서 확인할 수 있다.

tip 지극하게 빌면 소원을 들어준다는 갓바위와 동화사, 파계사, 부인사 등 이름난 사찰이 많은 팔공산. 대구올레길 외에도 10여 개의 등산 코스와 케이블카를 찾는 관광객도 많다. 특히 케이블카 전망대에 서면 동화사를 비롯한 팔공산 풍경과 멀리 대구 시내까지 조망할 수 있다. 요금(왕복 기준)은 어른·청소년 9000원, 어린이 5000원. Tel 053-982-8801(팔공산 케이블카)

| 02 | 시간이 멈춘 낮은 골목길
진골목

Access 동대구역 지하도 정류장(육교 아래)에서 401번 버스 승차, 약령시 하차 또는 지하철 1호선 동대구역에서 승차, 중앙로역 하차 **Address** 대구시 중구 진골목길 25(정소아과의원)

동성로에서 대로변 하나를 건너면 전혀 다른 분위기의 거리가 나타난다. 낡은 외벽의 키 낮은 건물들, 드문드문 보이는 행인. 이곳에 옛 대구의 풍경을 간직한 진골목이 있다. 대구 사투리로 '길다'는 뜻의 '진' 골목은 양반들의 행차를 피해 평민들이 이동하던 좁은 골목길로, 1930년대엔 대구 최고 부자였던 서병국 씨와 그의 친인척이 살던 달성 서씨 집성촌이었다. 해방 이후엔 재력가들이 주로 거주하던 곳이다. 으리으리했던 저택들은 이제 식당 등으로 바뀌며 새로운 시대를 받아들였지만 붉은 벽돌로 쌓은 담벼락, 녹슨 철문과 창틀은 여전하다. 대구에서 가장 오래된 2층 양옥집 정소아과의원과 한때는 정치인, 문인들의 발길이 끊이지 않았던 미도다방, 아치형 현관과 붉은 벽돌이 인상적인 서양식 주택 대구화교협회(현 한국대구화교초등학교) 등을 볼 수 있다. 골목투어 애플리케이션이나 문화관광해설사가 동행하는 대구시 골목투어(2코스)를 활용하면 좋다.

tip 진골목은 약령시한의약박물관을 지나 한약방과 한의원이 몰려 있는 약전골목으로 이어진다. 조선 효종 때부터 시작해 한때는 중동 상인까지 찾아올 정도로 거대했던 한약재 시장 약령시가 이곳에서 열렸다. 담쟁이넝쿨로 뒤덮인 고딕 양식의 구 제일교회와 김원일 작가의 〈마당 깊은 집〉 배경지까지 진골목에서의 시간여행은 계속된다.

03 근대문화를 꽃피우다
이상화·서상돈 고택

Access 동대구역 지하도 정류장(육교 아래)에서 401번 버스 승차, 약령시 하차 또는 동대구역에서 414-1번 버스 승차, 엘디스리젠트호텔 하차 Address 대구시 중구 서성로 6-1 Open 10:00~17:30 Close 월요일 Fee 무료

진골목과 약전골목을 지나면 '뽕나무골목'이라고도 부르는 또 다른 근대문화골목이 시작된다. 일제강점기 시절, 계산동 일대엔 어지러운 시국을 고민하던 지식인들과 예술가들이 모여 살았다. 화가 이인성, 소설가 현진건, 독립운동가 이상정, 서예가 박기돈 등이 머물던 이곳은 근대문화의 중심지나 다름없었다. 아쉽게도 그들의 흔적은 대부분 사라지고, 지금은 민족시인 이상화와 국채보상운동 주창자인 서상돈의 고택만이 남아 있다. 이상화 시인의 유족들이 기증한 유품이 고택 내부에 전시 중이고, 두 고택 모두 옛 모습 그대로 잘 보존되어 있다.

tip 이상화 고택 옆 근대문화체험관 '계산예가'에선 당대 예술인들의 생활공간과 활동상을 발굴해 관람객들에게 계산동의 변천사를 보여주고 있다. 운영시간은 10:00~18:00이며, 입장료는 무료.

04 그림처럼 아름다운 근대건축물 투어
청라언덕

Access 동대구역에서 156·521번 버스 승차, 곽병원 하차 또는 동대구역 지하도 정류장(육교 아래)에서 급행 1번 버스 승차, 곽병원 하차 Address 대구시 중구 서성로 10(계산성당)

대구 최초 서양의학병원인 계명대 동산의료원이 자리한 청라언덕. 이곳에 100여 년 전 세 명의 선교사가 거주했던 이층집들이 있다. 옛 모습 그대로 언덕에 남아 대구 시내에서 가장 이국적인 풍경을 만들고 있다. 새카만 기와와 빨간 벽돌, 스테인드글라스가 조화를 이룬 '선교사 스윗즈 주택'은 선교박물관으로, 1900년대 미국에서 유행하던 방갈로 풍의 '선교사 챔니스 주택'은 의료박물관으로 운영되고 있다. '선교사 블레어 주택' 또한 지을 당시의 형태와 구조를 고스란히 지니고 있다. 약전골목에 있던 제일교회가 이곳으로 옮겨왔고, 3·1 운동 당시 대구 학생들이 서문시장에 모이기 위해 지난 90계단도 볼 수 있다. 청라언덕에 오르기 전, 계산오거리에 자리한 계산성당도 놓치지 말아야 할 근대건축물이다. 뾰족한 첨탑과 장미 문양의 창 등 고딕 양식의 건축미를 잘 보여주고 있다.

| 05 | 작가들이 머무는 재래시장
방천시장

Access 동대구역에서 156번·414-1번 버스 승차 후 칠성시장이나 강남약국에서 403번 버스 환승, 방천시장 하차 또는 지하철 1호선 동대구역 승차 후 2호선 반월당역 환승, 경대병원역 하차 Address 대구시 중구 달구벌대로

| PLUS | 아트 대구의 현재
봉산문화거리

Access 동대구역에서 156번 버스 승차 후 농협중앙회에서 305번 버스 환승, 봉산문화거리 하차 또는 지하철 1호선 동대구역 승차, 반월당역 하차 Address 대구시 중구 봉산문화길 77(봉산문화회관) Open 10:00~19:00(갤러리에 따라 다를 수 있음) Fee 무료(갤러리와 전시에 따라 유료) Web bongsanart.com(봉산문화협회)

서문시장, 칠성시장과 함께 대구 3대 전통시장으로 불리던 방천시장. 1000개가 넘던 점포는 시간이 흐르면서 60여 개로 줄었다. 손님이 사라져버린 시장을 살리기 위해 2009년 대구시와 지역 작가들, 그리고 상인들이 힘을 합쳐 '별의 별 프로젝트'를 진행했고, 그 결과 예술을 접목한 새로운 방천시장이 탄생됐다. 싱싱한 먹거리를 파는 시장이면서 동시에 작가들의 작업실과 공방, 갤러리도 만날 수 있다. 시장 옆 신천대로 둑길엔 가수 김광석을 테마로 한 '김광석 다시 그리기 길'이 있다. 그에게서 영감을 받은 작가 27명의 작품들이 100m 남짓한 거리에 가득하다.

대구의 인사동이라 불리는 봉산문화거리. 1980년대부터 형성되기 시작해 봉산문화회관, 화랑, 화방, 골동품점, 인쇄소, 표구사 등이 이곳에 몰려 있다. 서울 다음으로 큰 규모의 미술 시장을 형성하고 있는 대구답게 현대 미술을 비롯한 지역 작가들의 알찬 전시가 지속적으로 열리며, 매년 10월엔 봉산미술제도 진행한다.

| 06 | 대구를 물들이는 해넘이 명소
앞산공원

Access 동대구역에서 414-1번 버스 승차 후 달성공원 앞에서 300번 버스 환승. 앞산공원 하차 또는 지하철 1호선 동대구역 승차 후 현충로역에서 하차한 다음 대구교통방송 건너편에서 300번 버스 환승. 앞산공원 하차 **Address** 대구시 남구 앞산순환로 574-87 **Fee** 케이블카(왕복) 어른·청소년 8000원, 어린이 7000원

대구 시민들의 휴식처인 앞산공원. 도심에 자리한 공원이란 게 무색할 정도로 공기 맑은 삼림욕장과 다양한 등산로, 여섯 코스의 자락길까지 갖췄다. 무엇보다 앞산공원의 가장 큰 매력은 전망대에서 내려다본 대구 도심의 전경. 정상 부근까지 운행하는 케이블카에서 바라보는 낙조도 아름답다.

 앞산공원에서 앞산네거리 방향으로 내려오다 보면 남명삼거리를 중심으로 갤러리와 카페, 레스토랑으로 가득한 골목이 있다. 동성로보다는 한적하지만 맛이나 트렌드에 있어선 절대 뒤지지 않는 숨은 번화가다.

동대구 맛집

● 대구식 납작만두의 원조 **미성당**

Address 대구시 중구 남산로 75-1 **Tel** 053-255-0742 **Open** 10:00~21:00 **Menu** 납작만두 3000원, 쫄면 3500원

반달 모양의 얇은 만두피는 보기와 다르게 꽤 쫀득하다. 한입 베어 물면 불향이 가득 퍼지는 게 입맛을 제대로 돋운다. 만두피를 채우는 속은 당면과 채소. 가게 구석에서 쉴 새 없이 구워내는 납작만두는 고춧가루와 간장, 파를 팍팍 뿌려 먹는다. 양배추와 오이가 아삭하게 씹히는 매콤한 쫄면도 추천. 근처 서문시장에 분점이 있다.

● 오랜 손맛으로 끓여낸 육개장 **진골목 식당**

Address 대구시 중구 진골목길 9-1 **Tel** 053-253-3757 **Open** 10:30~21:00 **Menu** 육개장 6000원, 호박전 6000원

육개장이 맛있기로 소문난 이곳은 옛집을 고스란히 살린 풍경이 고수의 손맛을 짐작케 한다. 정갈한 밑반찬과 함께 육개장이 나오는데 마늘, 대파 등을 듬뿍 담아 우려낸 개운한 국물에 속이 든든해진다. 육개장의 밥은 국수로 바꿀 수 있다. 여기에 호박전을 빼놓으면 섭섭하다. 오직 늙은 호박만으로 두껍게 부친 호박전은 부드러운 식감과 호박 특유의 진한 풍미를 자랑한다.

에디터 추천 코스

1 양동마을
2 대릉원
3 월성지구
4 경주 교동 최씨고택
5 국립경주박물관
6 동궁과 월지
+ 분황사
+ 남산
○ 신경주역

# 신경주역
_경주역(중앙선)

경주는 도시 자체가 거대한 역사박물관과 같다. 신라의 수도 서라벌로 불렸던 시절부터 지금까지 오랜 세월 동안 지켜온 눈부신 흔적들이 여전히 경주를 빛나게 한다. '지붕 없는 박물관'답게 도심 곳곳이 그 가치를 인정받아 유네스코 세계유산에 등재되어 있다. 첨성대, 계림을 거쳐 월지까지 이어지는 월성지구, 사연 깊은 고택들을 고스란히 간직한 양동마을, 골짜기마다 숨은 유적지로 가득한 남산 등 어느 것 하나 귀하지 않은 곳이 없다. 그렇다고 그저 역사를 배우러 오는 곳은 아니다. 경주는 사계절에 따라 색과 풍경이 미묘하게 변하는 매력적인 도시다. 봄가을엔 색 고운 유채꽃과 단풍이 번지고, 여름엔 어느 고택 마루에 걸터앉아 더위를 달랠 수 있고, 한겨울이면 더욱 또렷해지는 경주의 야경이 기다리니 매 순간이 그림처럼 아름답다.

INFO

 신경주역 내(054-771-1336)

 guide.gyeongju.go.kr(경주 문화관광, 시내버스 안내)

 신경주역에서 출발하는 버스는 대릉원, 첨성대 등 시내권 관광지와 보문관광단지, 양동마을, 불국사 등 주요 관광지로 향한다. 배차시간이 긴 경우, 시내버스 대부분의 노선이 지나는 경주역으로 나와 환승하는 방법을 추천한다.

 주요 문화재나 관광지들이 서로 가까이 있어 자전거나 스쿠터, 도보로 여행하기 좋다. 스쿠터·자전거 대여점은 역, 터미널, 대릉원, 보문단지 등 시내 곳곳에 있다.

| 01 | 지난 역사를 새긴 고택들
양동마을

+ 하루 추천 코스 +

Access 신경주역에서 203번 버스 승차, 양동마을 하차 **Address** 경북 경주시 강동면 양동마을길 93 **Tel** 070-7098-3569 **Open** 09:00~18:00 **Fee** 어른 4000원, 청소년 2000원, 어린이 1500원 **Web** yangdong.invil.org

조선 시대의 경주를 만날 수 있는 양동마을. 이곳은 한때 경주 손씨와 여강 이씨의 집성촌으로, 조선 시대 가옥 150여 채가 후손들에 의해 지금껏 잘 보존되고 있다. 덕분에 관광객들은 500여 년 전 단아하게 쌓은 옛 흔적들을 눈으로 확인할 수 있게 됐다. 조선 시대 성리학자 회재 이언적이 살았던 향단과 낙향 후 후진 양성을 위해 지은 우재 손중돈의 고택 관가정 등 대부분이 중요문화재이며, 후손들이 실제 기거하는 고택도 많다. 가지런한 초가지붕 사이로 구불구불 이어지는 토담길, 설창산 자락에 둘러싸인 고즈넉한 마을 풍경은 갓 쓴 선비의 새하얀 도포 자락처럼 수수하기만 하다. 마을 입구에 자리한 양동점방을 비롯해 음식점과 전통 한옥 민박집이 운영 중이며, 생활예절을 가르치는 유교문화교실 등 다양한 체험 프로그램도 준비되어 있다.

tip 양동마을 홈페이지나 마을 내 정보화센터에서 지도를 받거나 주요 건축물의 위치를 알려주는 안내 단말기를 대여하면 보다 편하게 둘러볼 수 있다. 단말기 대여 예약은 경주 문화관광 홈페이지에서 가능. 테마별로 구성된 여섯 가지 탐방길 코스를 따라다녀도 좋다. 각 코스별로 20분~1시간 정도 소요된다.

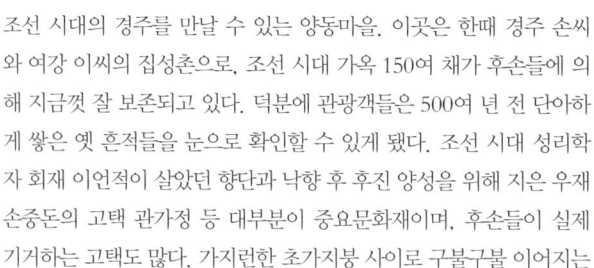

PLUS 자락마다 숨은 신라의 흔적
남산

Access 신경주역에서 아무 버스나 승차 후 경주고속터미널에서 500번 버스 환승, 삼릉 하차 **Address** 경북 경주시 남산순환로 **Tel** 054-777-7142(경주남산연구소) **Web** kjnamsan.org(경주남산연구소)

발길 닿는 곳마다 유적지가 펼쳐지는 남산. 왕릉, 불상, 탑, 석등 등이 무려 700여 점에 달하는데, 예부터 선신들이 머무는 곳이라는 전설과 신라인들의 불심 깊은 신앙이 남산 곳곳에 서려 있다. 신라 시조인 박혁거세 탄생 설화와 관련된 나정, 1000년의 세월 동안 꽃피운 불교문화의 흔적들, 신라의 마지막을 상징하는 포석정지까지 신라의 연대기를 만날 수 있는 곳이기도 하다. 남산을 오르는 길은 여러 갈래다. 그중 송림으로 둘러싸인 삼릉에서 시작해 삼릉계곡과 금오산 정상을 지나 용장마을로 내려가는 코스가 가장 대표적이다. 몸체만 남은 웅장한 자태의 냉곡 석조여래좌상, 거대한 바위에 여섯 부처를 새긴 선각육존불, 바위산을 기단으로 삼은 용장사곡 삼층석탑 등 시대별로 다양한 유물들을 볼 수 있고, 특히 배병우 작가의 소나무 연작 배경지인 아늑한 노송 숲이 삼릉 코스의 백미다. 등산보다 답사에 더 관심이 있다면, 삼릉계곡을 되돌아 내려와 포석정지를 둘러보는 코스를 추천한다. 포석정지는 돌에 길을 내어 물을 흘려보내고 그 위에 잔을 띄워 술을 즐기던 인공 수로로, 신라 왕실의 향락이나 종교적인 목적의 제사를 위한 공간으로 추측된다. 포석정지를 지나 근처 나정과 오릉까지 걸으면 보다 알찬 남산 코스가 완성된다.

tip 경주남산연구소에선 주말과 공휴일에 남산 유적답사 가이드를 무료로 진행하고 있다. '경주남산 달빛기행'을 비롯해 총 일곱 개 코스로 나뉘며, 코스에 따라 4~6시간 정도 소요된다. 경주남산연구소 홈페이지에서 신청 가능. 남산안내소도 유용하다. 삼릉 입구인 서남산주차장에 자리한 안내소에는 문화재의 위치와 등산로를 알려주는 남산 지도와 남산에 대한 각종 자료들이 비치되어 있다.

02 고분 사이로 산책을 즐기다
대릉원

Access 신경주역에서 70번 버스 승차, 금성사거리 하차 Address 경북 경주시 계림로 9 Tel 054-772-6317 Open 09:00~22:00 Fee 어른 2000원, 청소년 1200원, 어린이 600원

도심 한가운데 자리한 드넓은 고분군. 미추왕릉, 황남대총, 천마총 등 약 23기의 고분을 거느린 유적지인 동시에 푸른 잔디와 고목, 연못 등으로 꾸며진 공원이기도 하다. 고분 중 내부를 공개하고 있는 천마총은 신라시대 대표적인 돌무지 덧널무덤으로 5~6세기경 어느 왕의 무덤으로 추정된다. 발굴 당시 금관, 금제 허리띠, 귀걸이 등 다수의 유물이 출토됐고, 그중 천마도(하늘을 나는 말의 그림)가 그려진 말다래(흙 등이 튀지 않도록 말안장 양쪽에 늘어뜨린 장치)에서 이름을 따와 '천마총'이라 부른다. 현재 천마도는 국립중앙박물관이 소장하고, 천마총에선 이곳에서 출토된 주요 유물과 당시 고분의 내부 구조를 볼 수 있다.

03 첨성대, 계림, 월성을 만나다
월성지구

Access 신경주역에서 61번 버스 승차, 신라회관 하차 Address 경북 경주시 첨성로 140-25 Open 첨성대 09:00~22:00 Fee 무료

대릉원 맞은편에서 시작하는 월성지구는 신라 왕궁의 터인 월성을 중심으로 첨성대, 계림, 월지 등이 모여 있는 경주의 대표적인 역사유적지구다. 그 시작점은 첨성대. 동양에서 가장 오래된 천문 관측대로, 직선과 곡선이 어우러진 건축미와 신라인들의 과학정신을 엿볼 수 있다. 첨성대는 계림과 월성으로 이어진다. 경주 김씨의 시조 김알지의 탄생 설화가 서려 있는 계림은 경주 시내에서 가장 오래된 숲으로, 2000살이 넘은 회화나무부터 버드나무, 은행나무, 단풍나무, 소나무 등 다양한 고목

들이 빽빽하게 들어서 있다. 숲 가운데 냇물이 흐르는 한적한 공원의 풍경. 계절에 따라 색이 변하는 고목 아래 피크닉을 즐기는 이들이 많다. 드라마 촬영지이기도 한 월성은 반달 모양을 닮았다 하여 반월성이라 부르기도 하는데, 옛 신라의 궁성이 있던 자리다. 현재는 조선 시대 얼음 저장고였던 석빙고와 성을 보호하기 위해 둘레에 팠던 도랑인 해자터만이 남아 있다.

tip 월성지구에선 자전거로 이동하는 게 편하다. 대릉원 주차장에서 자전거를 대여해 첨성대, 월성, 경주국립박물관, 교촌한옥마을, 월지, 분황사까지 둘러보는 코스를 추천. 단, 계림 내에선 자전거를 탈 수 없다.

 명문가의 가르침을 마주하다
경주 교동 최씨 고택

Access 신경주역에서 61번 버스 승차, 신라회관 하차 Address 경북 경주시 교촌안길 27-40 Open 4~9월 09:00~18:00, 10~3월 09:00~17:00

단정한 고택들이 옛 모습 그대로 남아 있는 교동 일대 교촌한옥마을. 이곳에 '최부잣집'으로 잘 알려진 '경주 교동 최씨 고택'이 있다. 경주 최씨 종가로 1700년경에 지어졌다고 전해지는데, 한때는 8칸에 이를 정도로 부유하고 그럼에도 베푸는 삶을 엄격하게 실천한 명문가였다. 현재 안채엔 집안의 남은 살림살이를 관리하는 할머니가 기거하고, 최씨 고택의 지난 역사를 상세히 들려주는 해설사가 상주하고 있다. 이외에 교촌한옥마을에선 경주 최씨 가양주인 교동법주, 향교 건축물로는 경북 지역에서 규모가 가장 크다는 경주향교, 최완선생 생가 등을 볼 수 있다.

| 05 | 경주 역사 관광의 출발점
국립경주박물관

Access 신경주역에서 아무 버스나 승차 후 경주고속버스터미널에서 11·600·601·603번 버스 환승, 국립경주박물관 하차 **Address** 경북 경주시 일정로 186 **Tel** 054-740-7500 **Open** 09:00~18:00(3~12월 매주 토요일 ~21:00) **Close** 월요일, 1월 1일 **Fee** 무료(특별전시관은 유료) **Web** gyeongju.museum.go.kr

| PLUS + | 오래된 신라 석탑의 정취
분황사

Access 신경주역에서 아무 버스나 승차 후 경주고속버스터미널에서 10번 버스 환승, 분황사 하차 또는 신경주역에서 700번 버스 승차, 분황사 하차 **Address** 경북 경주시 분황로 94-11 **Tel** 054-742-9922 **Open** 08:00~18:00 **Fee** 어른 1300원, 청소년 1000원, 어린이 800원 **Web** bunhwangsa.org

신라는 물론 선사시대까지 약 10만여 점의 유물을 보유하고 있는 국립경주박물관. 상설 전시관인 고고관, 미술관, 월지관에선 금관, 금제 허리띠, 기마인물형 토기 등 각 시대별 대표적인 유물들을 전시 중이며 성덕대왕신종, 고선사지 삼층석탑 등 중요 문화재들이 야외전시관에 자리하고 있다. 찬란했던 신라의 면면들을 눈앞에서 생생하게 볼 수 있는 기회로, 경주 관광을 더욱 알차게 꾸며줄 좋은 역사 가이드다.

경주 하면 불국사라지만 신라 시대 사찰 코스에서 빼놓을 수 없는 곳이 바로 분황사다. 원효대사, 자장대사 등 고승들이 머물렀던 유서 깊은 곳이자 다른 사찰에서 보기 힘든 모전석탑(돌을 벽돌 모양으로 다듬어 쌓은 탑)을 볼 수 있다. 모전석탑은 현재 남아 있는 신라 석탑 가운데 가장 오래된 탑으로 선덕여왕 3년 분황사 건립 당시 만들어졌다. 원래는 7층 혹은 9층 석탑으로 추측되며, 임진왜란 등을 거치면서 지금의 모습인 3층 석탑으로 경내에 자리하고 있다. 건립 당시엔 거대한 규모의 사찰이었으나 이후 대부분의 전각이 소실되고 지금은 호국룡의 전설이 깃든 신라 시대 우물 삼룡변어정, 약사여래입상을 모신 보광전, 추사 김정희의 친필이 음각된 화쟁국사비편 등이 남아 있다. 바로 옆에 황룡사지터가 자리하고 있다.

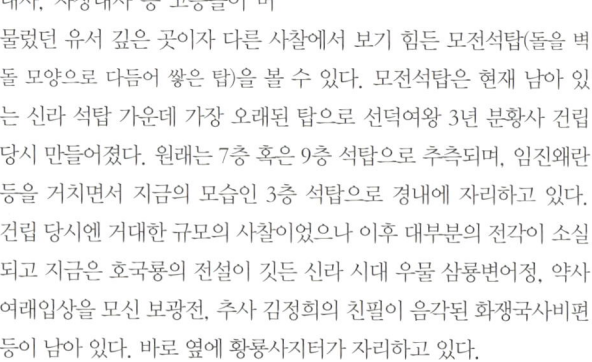

| 06 | 신라의 달밤을 비추다
동궁과 월지

Access 신경주역에서 아무 버스나 승차 후 경주고속버스터미널에서 11번 버스 환승, 동궁과 월지(안압지) 하차 또는 신경주역에서 700번 버스 승차, 동궁과 월지(안압지) 하차 **Address** 경북 경주시 원화로 102 **Tel** 054-772-4041 **Open** 09:00~22:00 **Fee** 어른 2000원, 청소년 1200원, 어린이 600원

안압지라 불렸던 이곳은 얼마 전 발굴된 토기 파편을 통해 '동궁과 월지'라는 원래의 이름을 되찾았다. 신라 문무왕 시대, 왕자가 거처하는 동궁의 연못이었던 월지는 낮보다 밤이 더 화려하고 소란하다. 〈삼국사기〉에 따르면 연못을 파고, 그 가운데 산을 만들어 꽃과 나무를 심었다고 전해지는데, 나라에 경사가 있거나 귀한 손님을 맞을 때 연회를 열던 곳이다. 호화로웠던 신라의 풍류를 엿볼 수 있는 이곳은 특히 야경이 아름다워 해가 질 때쯤 관광객들이 몰리기 시작한다. 해가 지고 조명이 켜지면, 월지를 둘러싼 풍경이 새카만 연못에 고스란히 비친다. 그 황홀경을 보고 있자면 천 년을 이어온 신라의 밤이 다시 시작되는 듯하다.

신경주 맛집

● 건강까지 생각하는 고소한 맛 **경주원조콩국**

Address 경북 경주시 첨성로 113 **Tel** 054-743-9644 **Open** 06:00~20:00 **Menu** 콩국 4000~5000원, 생콩우거지탕 8000원

검은깨, 검은콩, 꿀 그리고 쫀득한 찹쌀 도넛을 넣은 걸쭉한 콩국. 빛깔부터 진한 국물과 고소한 콩의 풍미가 한 그릇 가득 담겨 있다. 들어가는 재료에 따라 콩국의 메뉴는 세 가지다. 곱게 간 국내산 생콩과 우거지, 등뼈를 함께 푹 고아 우려낸 구수한 생콩우거지탕도 별미다.

● 골라 담는 푸짐한 한 접시 **성동시장 백반집**

Address 경북 경주시 원화로281번길 11 **Open** 09:00~22:00 **Menu** 백반 5000원

쉽게 말하면 뷔페형 백반집이다. 무침, 볶음, 튀김, 전, 김치 등 20여 가지의 반찬들이 가지런히 놓여 있고, 손님들은 먹고 싶은 반찬을 접시에 담는다. 여기에 따끈한 밥과 국을 더하면 풍성한 한 끼가 된다. 집집마다 주인장 손맛을 내세운 작은 백반집들이 시장 안쪽에 모여 있고, 반찬이나 가격은 비슷하다.

울산역
_태화강역(동해남부선)

울산은 고래의 고장이자 우리나라 제1의 산업도시이다. 울산의 근대화가 일제강점기 시절의 포경 즉, 고래잡이와 함께 이루어졌다면 현대화는 조선업의 발달이 주축되어 이루어졌다. 1986년 국제적인 포경 금지로 고래 산업은 사양길에 접어들고 바다의 지나친 개발로 환경오염이라는 부작용을 낳기도 했지만 울산시민들은 이를 전화위복의 기회로 삼았다. 고래박물관과 고래탐사선 등 고래는 문화의 영역에서 되살아났고, 태화강 살리기와 같은 범시민적인 캠페인을 통해 바다의 낭만과 내륙의 자연이 공존하는 생태도시로 거듭난 것. KTX 신역사 건립과 고속철도 노선의 개설로 울산을 찾는 외지인들의 발걸음은 한결 더 가벼워졌다. 수도권에서 차로 4시간 이상 걸리던 것이 절반으로 줄어들었다. 낮에 짙푸른 동해를 한눈에 담고 저녁엔 군침 도는 언양불고기를 맛보는 당일치기 여행이 가능해진 것이다.

INFO

 울산역(052-229-6352, 254-7718), 태화강역 광장(052-229-6350, 258-8830, 277-0101)

 guide.ulsan.go.kr(울산시 문화관광)

 태화강역은 울산 시내에 자리한 반면, 울산역은 언양읍과 더 가깝다. 울산역에서 울산 시내까지는 버스로 30분 이상 소요된다. 다행히 버스가 자주 다니는 편이다.

 바위 섬 너머로 솟구치는 해를 맞이할 수 있는 대왕암공원은 대표적인 일출 명소.

| 01 | 울산의 끝에서 만난 바위 섬
대왕암공원

하루 추천 코스

Access 울산역에서 5002번 버스 승차, 일산해수욕장 하차 **Address** 울산시 동구 등대로 110 **Tel** 052-230-9224 **Fee** 무료

삼국을 통일한 후 죽어서도 용이 되어 나라를 지키겠다는 문무대왕의 뜻을 품은 경주 대왕암. 그리고 그 왕비의 기품을 닮은 문무대왕비의 해중 왕릉 울산 대왕암. 동해의 짙푸른 물빛에 감싸인 대왕암공원은 전설이 깃든 이 바위 섬 주변에 조성되었다. 100년 넘은 아름드리 소나무 1만5000여 그루가 빼곡한 공원 안으로 들어서니 바닷가라기보다는 차라리 첩첩산중에 온 기분. 폭신한 흙길을 따라 걷는 600m의 산책길 끝엔 옛 울기등대가 서 있다. 방어진항을 오가는 선박의 길잡이로 1906년부터 80년 동안 쓰였다. 키도 작고 투박하지만 아련한 노스탤지어를 자극한다. 울기등대를 지나면 망망대해가 펼쳐지고 그 너머 다리와 연결된 대왕암이 보인다. 꿈틀거리는 용을 닮았는지는 해석하기 나름이지만 거센 파도를 헤치고 우뚝 솟은 자연의 힘 앞에선 감탄하지 않을 도리가 없다. 돌아 나올 때는 몽돌해변이 있는 남쪽 해안 코스와 용굴이 있는 북쪽 해안 코스 중 취향대로 고르면 된다.

tip 대왕암공원 입구에 있는 일산해수욕장. 반달 모양으로 곱고 흰 모래가 펼쳐져 있고 수심이 1~2m로 얕아 가족 여행객이 해수욕하기에 좋다. 여름이면 엄청난 피서 인파가 몰리는 곳.

02 백로와 연어가 사는 울산의 젖줄
태화강 대공원

Access 울산역에서 327 · 337 · 807 · 5001번 버스 승차, 태화로터리 하차 Address 울산시 중구 신기4길 9-4

서울에 한강이 있다면 울산에는 태화강이 있다. 울산을 동서로 가로질러 동해로 빠져나가는 태화강을 중심으로 울산의 역사는 발전해왔다. 울산의 젖줄이었던 태화강은 한때 중공업단지의 오수 유입으로 수질이 악화되기도 했으나 범시민적 캠페인을 통해 지금은 백로, 고니 등이 날아드는 철새 서식지이자 연어가 회귀하는 생태공원으로 되살아났다. 자전거도로와 산책로, 인조잔디구장 등 레저 시설이 잘 조성되어 있고 야외 전시나 각종 문화 이벤트도 종종 열린다. 태화강변을 따라 4km의 대나무 군락이 조성된 십리대숲은 도심의 고요한 명상 장소가 되어준다. 줄을 당겨 강을 건너던 옛날식 뗏목을 복원해 강 건너편 태화강전망대로 쉽게 갈 수 있다. 태화강전망대에선 태화강의 시원한 풍경이 한눈에 들어온다.

PLUS 울산 고래잡이의 모든 것
장생포 고래박물관

Access 울산역에서 1104 · 1114 · 117 · 708번 버스 승차 후 버스터미널에서 246번 버스 환승, 고래박물관 하차 Address 울산시 남구 장생포고래로 244 Tel 052-256-6301~2 Open 09:30~18:00 Close 월요일, 공휴일 다음 날 Fee 어른 2000원, 청소년 1500원, 어린이 1000원 Web whalemuseum.go.kr

울산에서만 만날 수 있는 국내 유일의 고래박물관. 1986년 포경이 금지된 이래 사라져가는 포경유물을 수집 · 보존 · 전시하고 고래와 관련된 각종 정보를 제공하고 있다. 장생포를 중심으로 한 한국의 포경 역사와 세계의 포경 역사를 다룬 제1전시관, 한국계 귀신고래의 모형과 소리를 재현하고 고래해체장 건물 일부와 고래기름 착유장을 원형대로 복원 · 전시한 제2전시관 그리고 어린이체험관으로 이루어져 있다. 야외에는 1985년까지 실제 고래를 잡던 포경선 제6진양호와 귀신고래가 우리나라 동해를 지난다는 걸 나타내는 천연기념물 제126호 '극경회유해면(克鯨廻遊海面)' 석비가 서 있다.

tip 직접 바다에 나가 고래를 관찰할 수 있는 고래바다여행선(whale.ulsanamgu.go.kr)이 4월부터 10월까지 운항된다. 장생포항에서 출항해 방어진과 대왕암을 거쳐 간절곶 앞바다까지 총 65km를 달린다. 어른 2만원, 어린이 1만원.

| 03 | 선사시대 타임캡슐을 만나다
울산암각화박물관

Access 울산역에서 327 · 337 · 807 · 1703 · 5004번 버스 승차 후 언양에서 308 · 313 · 318번 버스 환승, 반구대입구 하차 반구대팜스테이마을 방면으로 2.45km 또는 울산역에서 택시요금 약 1만원 Address 울산시 울주군 두동면 반구대안길 254 Tel 052-229-6678 Open 09:00~18:00 Close 월요일, 1월 1일 Fee 무료 Web bangudae.ulsan.go.kr

문자가 만들어지기 이전 선사시대 생활상을 짐작해볼 수 있는 매개체가 바로 바위에 새겨 넣은 그림, 즉 암각화다. 울주군 대곡천변에서 발견된 국보 제285호인 반구대암각화와 국보 제147호 천전리각석은 전 세계에서도 학술적 가치가 높은 바위그림. 울산암각화박물관에선 암각화의 종류와 제작 기법, 도구, 판독법 등에 대한 정보를 제공하는 한편 반구대암각화와 천전리각석의 실물 모형, 암각화 유적 등을 소개하고 있다. 반구대암각화에 그려진 고래를 본떠 고래 형상으로 디자인되었다.

 tip 울산암각화박물관에서 천전리각석까지는 대곡천 상류로 올라가면 된다. 반구대암각화는 그 반대 방향에 있다. 수천 년 전 세상을 만나기 위해 모두 20분 이상 깊은 숲 속과 계곡으로 걸어 들어가야 한다.

| 04 | 고래가 새겨진 바위
반구대암각화

Access 울산역에서 327 · 337 · 807 · 1703 · 5004번 버스 승차 후 언양에서 308 · 313 · 318번 버스 환승, 반구대입구 하차 반구대팜스테이마을 방면으로 4km 또는 울산역에서 택시요금 약 1만원 Address 울산시 울주군 언양읍 반구대안길 285

대곡천변의 너비 8m, 높이 2m의 암벽에 총 75종 200여 점의 선사시대 생활상이 새겨져 있다. 특히 60여 종의 고래와 관련된 그림은 세계적으로도 유례가 드물다. 배를 타고 물고기를 잡는 어부나 사슴, 멧돼지 등을 사냥하는 그림을 통해 어로나 사냥이 원활하게 이루어지길 기원하던 고대인의 마음을 엿볼 수 있다.

| PLUS | 신라인들이 남긴 글귀
| + | **천전리각석**

Access 울산역에서 327·337·807·1703·5004번 버스 승차 후 언양에서 308·313·318번 버스 환승, 반구대입구 하차 각석계곡 방면으로 3.5km 또는 울산역에서 택시 요금 약 1만원
Address 울산시 울주군 두동면 천전각석길 70-52

천전리각석에서는 반구대암각화와 같은 선사시대뿐 아니라 신라 시대의 흔적도 발견할 수 있다. 너비 10m, 높이 3m의 암벽 상부에는 선사시대 사냥 그림과 다양한 기하학 문양이, 하부에는 신라 시대 명문(銘文), 기마행렬도 등이 새겨져 있다. 바위 면이 아래를 향하여 15도 정도 기울어져 있고 햇볕이 잘 들지 않아 오랜 세월 보존될 수 있었다.

울산 맛집

● 입 안에 퍼지는 육즙의 향연 **언양원조불고기**

Address 울산시 울주군 헌양길 120 **Tel** 052-262-3131 **Open** 10:30~21:30 **Menu** 언양불고기(170g) 1만7000원

● 팔딱거리는 방어진 활어가 한 그릇에 **진주횟집**

Address 울산시 동구 중진길 55 **Tel** 052-234-8686 **Open** 09:30~22:30 **Menu** 물회·회밥 1만3000원(매운탕 포함)

양념에 재운 한우고기를 둥글납작하게 석쇠에 구워 내오는 언양불고기는 차라리 떡갈비나 너비아니에 가깝다. 언뜻 양이 적은 것 같지만 조금 떼어 먹어보면 입 안에 가득 퍼지는 한우의 진한 맛에 깜짝 놀라고 만다. 남녀노소 누구나 좋아할 맛. 1960년대 이후 이 근처에만 30여 곳의 언양불고기 전문점이 생겨나 성업 중이다. 여러 매스컴에 소개되며 유명해진 언양원조불고기는 택시기사도 보증한 맛집.

어선이 정박해 있는 항구를 바라보며 먹는 생선의 맛은 각별하다. 싱싱한 활어라면 더더욱. 방어진항에는 갓 잡은 해산물을 팔고 있는 어시장이 자리해 있고 한쪽엔 횟집이 즐비하다. 2층에 마련된 진주횟집은 전망도 일품이거니와 살얼음과 초고추장 양념을 얹은 쫀득한 물회가 제대로 나온다. 시원 칼칼한 매운탕도 딸려 나오니 부족함이 없다.

밀양역

볕을 빽빽하게 품은 도시 밀양(密陽)은 이름대로 풍요로운 정취가 느껴지는 곳이다. 도시를 둘러싼 산세가 수려하고 시내를 가로지르는 밀양강이 평야를 적시는, 게다가 지금껏 별다른 부침 없이 그 풍요로움을 이어온 작은 고장이다. 덕분에 풍류를 즐겼음직한 누각이나 고택들이 하나같이 절경을 갖추고, 세월을 등에 업은 문화재들도 고스란히 남아 있다. 영남루, 표충사, 재약산, 얼음골 등 밀양팔경과 3대 신비가 그렇게 완성됐다. 무엇보다 〈밀양〉〈똥개〉 등 영화 촬영지라는 사실 하나만으로도 밀양은 충분히 매력적인 도시다. 역을 나서면 영화 속 장면들이 떠오른다. 그 낯익은 감성을 따라 여행이 시작된다.

INFO

 밀양역 광장(055-356-1353)

 tour.miryang.go.kr(밀양시 문화관광, 시티투어버스), bis.miryang.go.kr(밀양시 버스정보시스템)

 밀양역 앞 버스정류장이 종점이라 시내 관광지로 향하는 대부분의 버스를 이용할 수 있다. 단, 표충사, 얼음골 등 시외 관광지는 밀양시외버스터미널에서 출발한다.

 시내 관광지들은 하루면 충분히 돌아볼 수 있지만, 시외권까지 욕심을 낸다면 대중교통 시간을 미리 체크해야 한다. 시외버스의 배차 간격이 길거나 일정하지 않기 때문. 시내와 시외를 오가는 시티투어버스를 이용하면 좀 더 편하다.

| 01 | 영화 속 장면을 마주하다
〈밀양〉 영화 세트장

Access 밀양역에서 영남루 방면으로 650m **Address** 경남 밀양시 중앙로 118-5 **Tel** 055-356-1044 **Open** 09:00~18:00 **Close** 월·화요일 **Fee** 무료

영화 〈밀양〉의 촬영지로, 현재는 밀양시에서 영화세트장으로 복원해 영화에 쓰였던 소품과 스틸 컷 등을 전시하고 있다. 이곳을 비롯해 영화 촬영지가 몰려 있는 거리는 배우들의 이름을 따 '전도연 거리' '송강호 거리'라 부르는데, 대부분 영화 속 모습과 크게 다르지 않고 촬영지임을 알리는 안내판도 걸려 있어 찾아가기 어렵지 않다. 준 피아노 학원 맞은편 골목 안에 자리한 밀양남부교회를 비롯해 삼문동사무소, 밀양역 광장, 영남루 등 영화 〈밀양〉의 촬영지들이 구석구석 숨어 있다.

02	바랜 감성을 간직한 골목길

삼문동

Access 밀양역에서 1·2번 버스 승차,
삼문동 공설운동장 하차 Address 경남
밀양시 소전3길 14(빛된교회)

오래된 골목 풍경 덕에 출사지
로 잘 알려진 삼문동. 특히 '빛된
교회'를 중심으로 미로처럼 구
불구불 이어지는 골목길은 영화
〈똥개〉 촬영지로, 덕분에 골목
은 주민보다 외지인들이 더 많이 눈에 띈다. 녹슨 철문, 연탄을 파는
허름한 점방, 예스러운 여인숙과 목욕탕, 바랜 영화 포스터 등 한적한
골목을 누비다 보면 지나버린 시간을 헤매는 기분이다. 영화 〈똥개〉
속 어수룩하고 정감 있는 캐릭터가 이곳을 꼭 닮았다.

| 03 | 밀양 시민들의 휴식처
영남루

Access 밀양역에서 1·2번 버스 승차, 영남루 하차 Address 경남 밀양시 중앙로 324 Tel 055-356-2452 Open 09:00~18:00 Fee 무료

| 04 | 밀양을 굽어보는 성곽길
밀양읍성

Access 밀양역에서 1·2번 버스 승차, 영남루 하차 Address 경남 밀양시 영남루1길 16-11

밀양의 대표적인 관광지이자 시민들도 즐겨 찾는 영남루는 조선 시대 후기 대표적인 목조 건물로 평가받는다. 침류각과 능파각이라 불리는 부속 누각을 좌우 양쪽에 거느리고, 누각 사이를 나무 계단으로 이은 독특한 배치 구조가 볼거리다. 밀양강변 절벽에 자리한데다 건물의 사방을 트고 마루를 높게 지어 시원한 강바람을 맞으며 쉬어가기 좋다. 실제 이곳에 돗자리를 펴고 몽중한을 즐기는 밀양 시민들도 많다. 당대 명필가와 문장가들의 시문과 현판이 누각 기둥과 들보에 걸려 있고, 특히 밀양강변과 영남루를 중심으로 조명이 켜지는 야경이 아름답다. 영남루 맞은편엔 단군을 모신 천진궁이 자리하고, 작곡가 박시춘 생가와 밀양읍성, 무봉사, 아랑각이 영남루 후문과 연결된다.

영남루를 지나 돌계단과 야트막한 숲길을 오르면 절벽을 따라 길게 늘어선 성곽길이 나온다. 밀양을 지키기 위해 돌로 쌓아 만든 밀양읍성. 조선 성종 때 축조된 밀양읍성은 현재 일부만이 복원된 상태다. 성곽길 가장 높은 곳에 자리한 망루에 서면 밀양 시내가 한눈에 내려다보이는데, 발아래 펼쳐지는 도시 풍경을 따라 걷기 좋은 산책 코스다.

PLUS + 폐교를 무대로 만들다
밀양연극촌

Access 밀양역에서 4번 버스 승차, 밀양연극촌 하차 **Address** 경남 밀양시 부북면 창밀로 3097-16 **Tel** 055-355-2308 **Open** 상시 **Fee** 무료(공연 관람은 유료) **Web** stt1986.com

극작가이자 연출가인 이윤택 예술감독과 연희단거리패의 연극인들은 폐교가 된 월산초등학교를 밀양연극촌으로 단장했다. 야외극장, 실내 스튜디오 극장 등 다양한 무대를 통해 매주 토요일 연희단거리패의 신작이나 레퍼토리 작품을 선보이고, 매년 여름 '밀양여름공연예술축제'도 진행한다. 연극 공연뿐 아니라 연극 캠프, 워크숍 등 일반인들이 참여할 수 있는 문화체험 프로그램도 준비되어 있으니, 밀양 여행 중 잠시 연극을 관람하는 여유를 즐겨보자. 밀양연극촌 주변으로 여름이면 만개해 장관을 연출하는 연꽃 단지가 있고, 근처 가산 저수지와 5월에 이팝나무가 절정에 이른다는 위양지를 거쳐 다시 밀양연극촌으로 돌아오는 약 7.5km의 도보 코스도 추천할 만하다.

05 고승들의 발자취를 품다
표충사

Access 밀양역에서 1·2번 버스 승차 후 밀양시외버스터미널에서 표충사 방면 버스 환승, 표충사 하차 Address 경남 밀양시 단장면 표충로 1338 Tel 055-352-1150 Open 07:30~18:00 Fee 어른 3000원, 청소년 2000원, 어린이 1500원

사명대사의 유적지로 알려진 표충사는 신라 무열왕 때 원효대사가 창건한 사찰로, 오래된 역사만큼 고색창연한 기품과 거대한 규모를 지니고 있다. 사명·서산·기허 대사의 영정을 봉안한 표충서원과 사명대사와 관련된 유물들을 소장한 박물관(월요일 휴관), 삼층석탑, 석등 등을 볼 수 있으며, 그중 대광전은 화려하면서도 섬세한 조선 후기의 건축 양식을 잘 보여주고 있다. 표충사를 둘러싼 재약산과 어우러진 경내 풍경이 사계절 내내 아늑하다. 표충사를 시작으로 가을이면 억새가 춤을 춘다는 사자평과 두 물줄기가 만나 폭포를 이룬다는 금강계곡까지 둘러보는 코스를 추천.

tip 표충사나 얼음골 등 밀양 외곽 관광지는 밀양시외버스터미널을 이용해야 한다. 대부분 1시간에 1~2대 정도 운행한다. 만약 표충사에서 얼음골 등 주변 관광지로 이동하고 싶다면, 분기점인 금곡에서 버스를 갈아타야 한다. 요금은 터미널에서 승차권을 구입하거나 버스 탑승 시 기사에게 현금으로 내면 된다. Tel 1688-6007(밀양시외버스터미널)

 PLUS

시원한 한여름 트레킹
얼음골

Access 밀양역에서 1·2번 버스 승차 후 밀양시외버스터미널에서 얼음골 방면 버스 환승. 얼음골 하차 **Address** 경남 밀양시 산내면 얼음골1길 13-14 **Tel** 055-356-5640 **Open** 09:00~18:00 **Fee** 어른 1000원, 청소년 700원, 어린이 400원

나라에 일이 생기면 땀을 흘린다는 표충비와 두드리면 종소리를 낸다는 만어사 경석과 더불어 밀양의 3대 신비로 불리는 재약산 얼음골. 6월 중순부터 바위틈에서 얼음이 얼기 시작해 삼복더위에 결빙이 절정에 이른다. 반대로 겨울철에는 바위틈에서 더운 김이 올라오는 이상 기온 지대로, 천연기념물로 지정됐다. 얼음골 주변 풍경을 따라 가볍게 트레킹을 해도 좋다. 시례 호박소, 가마볼 협곡, 오천평반석 등 영남 알프스라 불리는 재약산, 가지산, 백운산의 숨겨진 비경들을 즐길 수 있다.

밀양 맛집

● 학창 시절 즐겨 먹던 맛 **아줌마 우동**

Address 경남 밀양시 중앙로 289-24 **Tel** 055-354-7510 **Open** 11:00~19:30 **Close** 월요일 **Menu** 우동 3000~3500원, 즉석떡볶이 3500원

● 속 풀어주는 따끈한 돼지국밥 **단골집**

Address 경남 밀양시 중앙로 347 **Tel** 055-354-7980 **Open** 05:00~20:00 **Menu** 돼지국밥 6000원

삼문동 허름한 골목 안에 숨겨진 오래된 맛집. 메뉴도 우동과 즉석떡볶이로 단출하다. 얼큰한 우동은 한 그릇을 다 비울 때까지 바삭한 튀김 고명이 특히 고소하고, 라면 사리와 떡이 뒤섞인 새빨간 떡볶이 국물은 달큼하다. 평범해 보이지만, 돌아서면 생각나는 추억의 분식점 맛으로 단골손님이 많다.

돼지국밥으로 유명한 도시답게 곳곳에 맛집들이 즐비하다. 그중에서도 이곳은 돼지국밥에 김치와 독특한 향취의 방아잎을 넣어주는 게 특징이다. 잘 익은 배추김치와 부추김치가 양념 역할을 해 국물이 개운하고, 두툼하게 썰어 담은 다양한 부위의 돼지고기는 씹을수록 쫄깃하다.

》》 에디터 추천 코스

1 구포시장
구포역
2 낙동강 하구 생태길
3 을숙도

구포역

부산의 북부 지역, 낙동강 하구에 위치한 구포는 자연이 살아 있는 관광지이다. 행정지역으로는 부산광역시에 속하지만 화려한 부산 중심의 관광지와는 다르게 자연과 어우러진 친환경 관광지이다. 구포역은 조선 시대 물류의 요충지로, 큰 창고와 나루터가 있어 배가 끊임없이 드나들며 사람들로 북적거린 곳이다. 경부선 철도가 개통되면서부터는 교통의 요충지 역할을 하고 있다. 구포는 낙동강 하구를 따라 걷는 생태길이 유명한데, 생태길을 따라 걷다 보면 구포의 경치에 흠뻑 빠지게 된다. 부산에서도 손꼽히는 재래시장인 구포시장은 볼거리와 먹을거리가 많아 꼭 들러야 할 곳. 부산의 옛 모습을 보고 싶다면, 구포에서 걸으면서 찬찬히 경험해보자.

INFO

 관광안내전화(1333), 부산광역시관광협회(051-463-3111), 부산광역시 관광진흥과(051-888-3501)

 tour.busan.go.kr(부산시 문화관광)

 기차역 구포역 맞은편에 지하철 구포역이 있다. 부산지하철 3호선으로 관광지로 이동할 때 이용하면 된다. 버스도 잘 정비되어 부산 북부에 있는 웬만한 지역은 다 통과하기 때문에 이용하기 편리하다. 버스노선과 자세한 시간은 부산시 버스정보관리시스템(bus.busan.go.kr)에서 확인 가능하다.

구포역은 새마을호와 무궁화호가 지나가는 역이다. KTX 부산역 전 역으로, 부산 북부를 여행하려면 이곳에서 하차해야 한다. 구포시장, 낙동강 등이 구포역 근처에 있어서 특별히 대중교통을 이용하지 않고 도보로 이동해도 그리 멀지 않다.

01	사람 냄새 폴폴 나는 재래시장

구포시장

하루 추천 코스

Access 구포역에서 110 · 130 · 126 · 307번 버스 승차, 구포시장 하차 Address 부산시 북구 구포시장1길 17 Tel 051-333-9033

구포역에서 도보로 10분 거리에 있는 구포시장은 규모가 제법 큰 재래시장이다. 시장 입구부터 과일, 채소를 파는 상인들로 북적거리는 것이 사람 냄새 나고 정이 있는 옛 시장의 모습이다. 구포시장은 낙동강의 줄기를 따라 부산의 북부에 위치하고 있는데, 지리적으로 부산의 초입이어서 조선 시대부터 낙동강 주변에 있는 여러 지역의 물품이 모여 시장을 이루었다고 한다. 과일, 채소는 물론 부산 바다에서 직접 잡은 신선한 수산물과 해산물을 파는 시장 골목, 약재와 약초를 파는 거리 등 있을 건 다 있어서 구석구석 돌아보는 재미가 있다. 시장 골목을 지나다 보면 상인들이 구수한 부산 사투리로 손님을 맞는 모습도 자주 볼 수 있다.

02	낙동강 따라 거닐다

낙동강 하구 생태길

Access 구포역에서 약 22km 도보 이동 Tel 051-505-2224 Web www.gtour.or.kr

낙동강 하구 생태길은 을숙도에서 시작해 맥도생태공원, 낙동대교, 구포역, 구포나루까지 이어지는 코스로 걸어서 6시간 정도 소요된다. 포장된 도로보다는 흙길이 많아서 걷기 편하다. 낙동강의 현재 모습과 자연환경을 직접 느낄 수 있는 길로, 문화관광부에서 선정한 '이야기가 있는 문화생태탐방로'의 친환경적인 관광 상품으로 주목받고 있다. 번잡한 도심보다 한가로이 이 길을 거닐며 관광지의 모습을 그대로 느끼고 싶다면 강을 따라 걸어보는 것도 좋은 방법일 듯. 낙동강을 따라 길을 걸으며 마음을 정화하고 경치도 감상하면서 여유를 즐길 수 있다.

03 철새들이 찾아오는 섬
을숙도

Access 구포역에서 126번 버스 승차 후 하단교차로에서 220번 버스 환승. 을숙도 하차 Address 부산시 사하구 낙동남로 1233번길 20 Tel 051-220-6041

낙동강 하구에 있는 작은 섬인 을숙도는 겨울이 되면 철새들이 찾아오는 서식지로 유명하다. 아무리 날씨가 추워도 물이 얼지 않고 먹을거리가 풍부하기 때문. 천연기념물 제179호로 지정된 물이 맑은 섬으로 자연문화재인 두루미, 흰꼬리수리, 저어새, 황새 등이 찾아와 겨울 한철을 보낸다. 을숙도는 섬 전체가 공원으로 정리되어 있어 다 둘러보는 데 시간이 꽤 걸린다. 낙동강하구에코센터는 각종 조류들의 박제 표본이 전시되어 있으며 을숙도 조각공원은 자연생태를 주제로 한 20여 작품이 있다. 둘 다 입장료는 무료이다. 최근에는 이곳을 찾는 철새 수가 줄어들었지만 그래도 겨울에 가면 많이 볼 수 있다.

구포 맛집

● 감칠맛 나는 중국식 만두 *금룡*

Address 부산시 북구 구포만세길 75 Tel 051-332-1261 Open 09:00~21:30 Menu 물만두 · 군만두 · 짜장밥 · 볶음밥 5000원

구포역에서 나오자마자 바로 보이는 금룡은 화교가 운영하는 곳으로 40년 넘게 만두를 팔고 있다. 노릇노릇 구워진 군만두를 한입 베어 물면 고기와 부추가 들어 있는 만두소가 입맛을 당긴다. 육즙이 가득한 찐만두도 맛볼 수 있다. 만두를 주문하면 같이 나오는 오이절임은 느끼한 입 안을 개운하게 해준다. 중국집인데도 자장면과 짬뽕 등 면 요리를 팔지 않는 것이 독특하다.

● 구포시장의 별미 *이원화 구포국시*

Address 부산시 북구 구포시장1길 6 Tel 051-333-9892 Open 09:00~20:00 Menu 구포국수 · 비빔국수 3500원, 회비빔국수 4500원

구포시장 입구에서 좀 들어가면 30년 넘게 구포국수를 팔고 있는 이원화 구포국시가 보인다. 구포국수는 뜨거운 육수에도 면이 퍼지지 않고 쫄깃한 것이 특징이다. 이곳에서는 주인이 구포국수 공장을 직접 운영하고 있어 예전 그 맛을 그대로 느낄 수 있다. 매콤한 비빔국수는 입맛을 자극해서 계속 먹게 되는데, 무한 리필되는 멸치국물과 같이 먹으면 더 맛있다. 구포국수 면을 따로 판매하고 있어 직접 사거나 택배로 배달받을 수도 있다.

〉〉〉 에디터 추천 코스

- 2 보수동 책방골목
- 부산역
- 6 영화의 전당
- 8 문텐로드
- 7
- 5 광안대교
- 3 국제시장
- 4 해운대해수욕장
- 감천동 문화마을
- 1 태종대
- 오륙도해맞이공원

3.96km / 2.61km / 4.83km / 7.01km / 14.13km / 9.67km / 9.27km / 3.28m / 2.5km

부산역

부산은 경남 지역의 중심이며 대한민국 제2의 수도이다. 볼거리도 많고 먹을거리도 다양해 부산을 찾는 사람들이 점점 늘고 있다. 경부선의 중심인 부산역은 KTX, 새마을호, 무궁화호가 모두 운행되며, 기차역이 부산 시내 중심에 있어 지하철이나 다른 관광지로 이동하기에 편리하다. 해운대나 광안리해수욕장, 그리고 태종대는 부산 바다를 잘 볼 수 있는 곳으로 꼭 들러봐야 하는 장소이다. 부산 사람들의 소박함을 만나고 싶다면 감천동 문화마을과 자갈치시장을 둘러볼 것. 부산의 생생한 모습을 제대로 느낄 수 있다. 부산의 중심 거리인 남포동 BIFF 광장, 보수동 책방골목, 국제시장 등 부산은 구석구석 구경할 곳이 많다.

INFO

 관광안내(1333), 부산광역시관광협회(051-463-3111), 부산광역시 관광진흥과(051-888-3501)

 tour.busan.go.kr(부산시 문화관광)

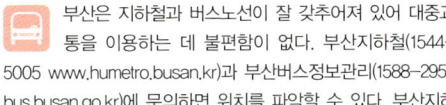 부산은 지하철과 버스노선이 잘 갖추어져 있어 대중교통을 이용하는 데 불편함이 없다. 부산지하철(1544-5005 www.humetro.busan.kr)과 부산버스정보관리(1588-2952 bus.busan.go.kr)에 문의하면 위치를 파악할 수 있다. 부산지하철이나 버스 애플리케이션을 다운받는 것도 한 방법이다.

부산은 코스를 잘 짜면 대중교통을 이용해서도 불편 없이 여행할 수 있다. 직접 알아보고 지하철과 버스를 번갈아 이용해야 하는데, 이런 점이 번거롭다면 시티투어 버스를 이용하면 된다. 코스를 선택하고 1만5000원 정도 내면 하루 종일 관광명소를 돌기 때문에 편하게 여행할 수 있다.

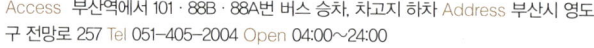

| 01 | 자연이 빚어낸 장관
태종대

+하루+
추 천
코 스

Access 부산역에서 101 · 88B · 88A번 버스 승차, 차고지 하차 Address 부산시 영도구 전망로 257 Tel 051-405-2004 Open 04:00~24:00

부산에서 가장 남쪽에 있는 태종대는 울창한 소나무 숲과 삼면이 바다로 둘러싸인 기암절벽으로 빼어난 해안 절경을 자랑한다. 태종대는 태종무열왕인 김춘추가 전국을 순회하던 도중 발견한 장소로, 풍경에 반해서 이곳에서 활을 쏘며 즐겼다고 한다. 오랜 세월 동안 바닷물이 부딪쳐 만들어낸 기암괴석과 벼랑의 모습이 거대한 자연 작품을 보는 듯하다. 울창한 소나무 숲에서 깊고 푸른 바다의 풍경을 바라보고 있노라면 자연의 위대함 앞에서 저절로 겸손해진다. 태종대는 둘레가 꽤 긴데, 천천히 걸어서 둘러보거나 입구에서 안내 열차를 타고 이동하면 된다.

| 02 | 50년 역사의 골목 안 책의 향기 |

보수동 책방골목

Access 부산역에서 40·81번 버스 승차, 보수동 책방골목 하차
Address 부산시 중구 대청로 65(동원서점) Open 11:00~20:00
Close 매달 첫째·셋째 일요일 Web bosubook.com

| 03 | 보물찾기를 좋아하는 쇼퍼들의 천국 |

국제시장

Access 부산역에서 40·81번 버스 승차, 보수동 책방골목 하차 후 329m 도보 이동 Address 부산시 중구 국제시장2길 12
Tel 051-245-7389

한국전쟁 당시 피란민이 생계를 위해 헌책을 사고 팔면서 형성된 부산의 대표적인 헌책방 골목이다. 200m의 좁은 골목 양옆으로 50여 개의 헌책방이 늘어선 보수동 책방골목에서는 마치 보물찾기를 하듯 자신의 취향에 맞는 책을 찾아보는 재미가 쏠쏠하다. 새 학기가 되면 불티나게 팔리는 참고서와 교과서는 물론 고서적, 만화, 잡지, 소설류, 실용도서, 외국 도서 등 모든 종류의 책을 취급한다. 헌책은 정가의 40~70%에, 새 책도 10~20% 정도 싸게 살 수 있다.

부산을 처음 가는 사람들은 바다와 회에서, 부산을 자주 가는 사람들은 '부산 시장'에서 부산 여행의 재미를 발견한다. 그중 대표적인 곳이 국제시장. 국제시장은 광복이 된 후 일본인들이 철수하면서 전시 물자를 팔던 장터였다. 미군의 군용 물자와 함께 부산항으로 밀수입된 상품들이 이곳을 통해 전국으로 팔려나갔는데 지금도 그 흔적이 남아있다. 좁은 골목길을 다니다 보면 일본에서 사 먹던 군것질부터 유럽의 명품 브랜드까지 전 세계의 먹거리, 입을거리를 만날 수 있다. 명품의 경우 중국 OEM 제품이 대부분으로 그 '명품'의 진위 여부는 불확실하지만 꼼꼼하게 살펴보고 구입한다면, 질 좋은 물건을 저렴하게 '득템'할 수 있는 것만은 확실하다.

tip 보수동 책방골목 대로변에 문을 연 보수동책방골목 문화관(cafe.naver.com/bosubook). 책 박물관과 북카페가 자리하고 있으며 매달 다양한 문화, 예술 행사가 마련된다.

| 04 | 부산 사람들이 산책하고 회 먹는 곳
오륙도 해맞이공원

Access 부산역에서 27번 버스 승차, 오륙도 SK뷰 후문 하차 Address 부산시 남구 오륙도로 85 Tel 051-607-4062

오륙도는 안개가 낄 때나 밀물 때는 섬이 여섯 개로 보였다가, 맑은 날이나 썰물때는 다섯 개로 보인다고 하여 붙여진 이름이다. 육지에서 가까운 것부터 우삭도, 수리섬, 송곳섬, 굴섬, 등대섬으로 불리는데, 이 중 우삭도가 조수간만의 차로 방패섬과 솔섬으로 나뉜다. 오륙도를 관망할 수 있는 곳이 오륙도 해맞이공원이다. 한국의 관문이자 부산항의 상징인 오륙도를 볼 수 있고, 낮 12시 이전에 도착하면 해녀들이 물질한 싱싱한 회도 맛볼 수 있다. 회를 파는 바로 옆에 먹을 수 있는 공간이 마련되어 있는데 초고추장과 물, 술 등을 구입하는 것으로 자리세를 대신하면 된다. 특히 오독오독 씹히는 참소라 회는 쉽게 경험할 수 없는 별미. 배를 든든히 채운 후 오륙도 해맞이공원부터 이기대 해안산책로까지 부산바다를 바라보며 즐기는 트레킹도 추천할만하다.

| 05 | 부산 야경의 랜드마크
광안대교

Access 부산역에서 41번 버스 승차, 민락동차고지 하차 Address 부산시 수영구 감포로 2 Tel 051-780-0011

해운대와 함께 부산을 대표하는 해수욕장인 광안리는 야경이 더욱 아름답다. 광안리 앞바다를 통과하는 국내 최대의 해상 교량으로 남천동에서 해운대를 이어주고 있다. 광안대교의 진면목은 광안리에서 바라볼 때 드러나는데, 특히 밤에 보는 광안대교의 야경은 밤바다와 어우러져 눈부신 장관을 연출한다. 요일과 계절에 따라 불빛 색을 달리해 광안대교의 야경을 보는 재미를 더했다. 특히 매년 10월에 광안리에서 열리는 부산불꽃축제는 불꽃과 광안대교의 야경이 조화를 이루어 광안리의 밤바다를 아름답게 수놓는다.

tip 광안대교에 조명이 켜지는 시간은 1~4월, 11~2월에는 일몰~24:00(월~목요일), 일몰~다음 날 02:00(금·토요일)이다. 5~6월, 9~10월은 일몰~다음 날 01:00(월~목요일), 일몰~다음 날 02:00(금·토요일)이고 7~8월은 일몰~다음 날 02:00이다.

| 06 | 부산국제영화제의 새로운 터전
영화의전당

Access 부산역에서 40번 버스 승차, 신세계센텀시티 하차 Address 부산시 해운대구 수영가변대로 120 Tel 051-780-6000 Web dureraum.org

부산국제영화제 개·폐막식이 열리는 영화의전당. 화려한 레드 카펫 행사를 시작으로 영화제 기간 내내 국내외 영화인과 관객들, 프레스로 붐비는 곳이다. 부산의 새로운 랜드마크로 꼽힐 만큼 웅장한 규모의 건축미를 자랑하며, 영화제 외에 연극·뮤지컬·콘서트 등 다양한 문화공연이 펼쳐진다. 영화의전당으로 이전한 부산시네마테크에선 예술·독립 영화들을 정기적으로 상영한다.

tip 매년 10월, 영화의전당과 해운대, 센텀시티 등에 자리한 상영관을 중심으로 열리는 부산국제영화제(BIFF). 영화제의 상징 '비프빌리지'가 세워지는 해운대에선 '야외무대 인사' 등 볼거리 많은 행사들이 영화제 내내 진행된다.

07	부산의 대표 바다

해운대해수욕장

Access 부산역에서 1003·1001번 버스 승차, 해운대역 하차 또는 부산역에서 지하철 1호선 승차 후 서면에서 2호선 환승, 해운대역 하차 **Address** 부산시 해운대구 해운대해변로 264(해운대 관광봉사센터) **Tel** 051-749-7611~7

부산을 대표하는 바다인 해운대해수욕장은 매년 수만 명이 찾는 관광 명소이다. 넓은 백사장과 얕은 수심, 잔잔한 물결로 해수욕을 하기에 최적의 조건을 갖추고 있다. 개장 시기인 6월부터 8월까지는 전국 각지에서 피서를 즐기러 온 사람들로 발 디딜 틈이 없다. 해운대는 해수욕장도 유명하지만 인근에 있는 특급 호텔과 오락 시설, 맛집 등으로 더욱 유명하다. 해운대의 아름다운 경관을 한눈에 바라볼 수 있는 특급 호텔뿐 아니라 초고층 주상복합아파트, 빌딩 등이 바다와 어우러져 세련된 분위기를 연출한다.

08	바다를 따라 걷는 달빛 산책로

문탠로드

Access 부산역에서 지하철 1호선 승차, 서면에서 2호선 환승 후 장산역 하차, 장산역 8번 출구에서 해운대구7번 버스 승차 후 주공아파트 입구 하차 **Address** 부산시 해운대구 중동2로 11 **Tel** 051-749-4444 **Web** moontan.haeundae.go.kr

해운대가 내려다보이는 달맞이고개는 해운대의 또 다른 명소. 고급 주택들이 밀집되어 있던 지역이 경치가 좋아 카페나 음식점으로 바뀌면서 관광 명소가 됐다. 달맞이고개의 팔각정에서 바라보는 바다 풍경과 일출·일몰도 장관이지만 석양이 비출 때쯤 달맞이고개의 문탠로드에서 감상하는 월출도 환상적이다. 문탠로드는 달맞이고개를 따라 팔각정에 다다르는 것보다 거리상으로는 멀지만 바다와 가장 가까운 철로도 볼 수 있고, 산속 거리에는 보름달부터 그믐달까지 다양한 달의 모양을 형상화한 조명등이 세워져 있어 운치 있다. 한낮에는 달맞이고개에 있는 크고 작은 갤러리를 감상하면서 이 길을 걷고, 해가 떨어질 때에는 문탠로드를 따라 또 한 번 산책하는 게 이곳을 제대로 여행하는 방법이다.

| PLUS | 그림 같은 동네
감천동 문화마을

Access 부산역에서 87번 버스 승차 후 까치새길입구에서 17번 버스 환승. 감천2동 하차 Address 부산시 사하구 감내2로 산복도로 Tel 051-220-5914 Open 18:00 이후 입장 불가

천마산에 이르는 산자락인 감천2동에는 형형색색의 집들이 옹기종기 모여 있다. 낮은 지붕의 집들이 워낙 다닥다닥 붙어 있고, 제각각 페인트 색상 등이 자연스레 어우러져 그림 같은 풍경을 이룬다. 감천고개에서 바라보는 모습은 멋지지만 실제로 골목을 돌아다니다 보면 좁은 골목과 낙후된 집들이 대부분이다. 이곳에 지역예술가들이 조형 작품을 설치하고 골목에 그림을 그려 문화마을로 거듭났다. '미로미로 골목길 프로젝트'를 통해 어둠의 집, 사진 갤러리 등 테마가 있는 공간으로 변모했는데, 미로 같은 골목길을 다니면서 전시 작품을 둘러볼 수 있다. 사람들이 살고 있는 거주지이라서 18:00 이후에는 방문을 제약하고 있다.

부산 맛집

● 줄서서 먹는 돼지국밥집 **쌍둥이국밥**

Address 부산시 남구 유엔평화로13번길 2 Tel 051-628-7020 Open 09:00~20:00 Menu 돼지국밥 5500원, 수육백반 7000원

돼지뼈를 푹 삶아 우려낸 구수한 국물과 듬성듬성 썬 돼지고기, 매콤한 양념장으로 맛을 낸 국밥이다. 여기에 부추무침을 넣고 새우젓으로 간을 하면 부산 돼지국밥 완성. 이곳은 국물 맛은 진하고 돼지고기는 부드러워 돼지국밥이 맛있기로 소문난 집으로 20~30분 기다리는 것은 기본이다. 밥 한 숟가락을 먹고 돼지고기를 막장이나 초간장에 찍어 먹으면 더 맛있다. 잘 익은 깍두기도 입맛을 더한다.

● 향긋한 게조림 **옛날 구포집**

Address 부산시 부산진구 황령대로7번길 16 Tel 051-628-7020 Open 09:00~20:00 Menu 게조림 소 3만3000원, 게탕 1만원

게조림으로 유명한 곳이다. 게조림은 꽃게찜과 비슷한데 매콤한 양념에 산초를 듬뿍 넣어 맛이 강하다. 살이 오른 통통한 꽃게가 통째로 나오는데 게살을 빼서 먹기가 쉽지는 않지만 별미다. 꽃게를 다 먹으면 면 사리를 추가해 비벼 먹어도 맛있다. 1979년에 처음 문을 열어 30년 넘게 한자리에서 영업하고 있는 오래된 맛집이다.

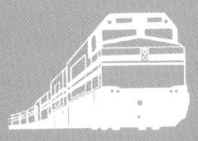

강경 익산 장성 나주 함평 목포

호남선

강경역

지난날의 영화는 참으로 찬란했다. 내륙 포구에 유리한 지형과 사방으로 통하는 위치 덕에 전국 각지로 흩어지는 교역물은 이곳 강경포구를 거치지 않을 수 없었다. 조선시대부터 일제강점기까지 3대 시장으로 불리며 평양, 대구와 어깨를 나란히 했고 원산항과 함께 우리나라 2대 포구로 불렸다. 이제 그 영화는 곰삭은 젓갈에 밀려 인기척마저 드문 낡은 골목에 숨어들었다. 번화했던 중앙로와 홍교길엔 빈집이 늘고, 그 적적한 풍경과 이국적인 근대건축물에 매력을 느낀 이들은 빈티지 투어를 위해 강경을 찾는다. 국가등록문화재로 지정된 주요 건축물 대부분이 서로 가깝게 자리하고 있어 지도 한 장 들고 떠나는 도보 답사 여행이 어울리는 곳이다.

INFO

 강경읍사무소(041-730-4601)

 ganggyeong.nonsan.go.kr(강경읍 문화관광)

 강경은 주요 관광지 간의 거리가 가까운 편이다. 아무리 멀어도 택시는 기본요금이면 충분하고, 시내버스 이용보다 오히려 걷기가 더 편할 수 있다. 근대건축물 거리와 죽림서원이 가장 멀리 떨어진 코스인데, 도보로 20분 정도 걸린다.

걷기를 좋아한다면 강경만 한 여행지가 없다. 오래 걸어도 편한 운동화와 지도, 그리고 카메라만 있다면 준비 완료. 해가 뜨거운 한낮보다는 늦은 오후의 투어를 추천한다.

| 01 | 금강 물길 따라 흐르는 시간

강경포구

Access 강경역에서 옥녀봉 방면으로 약 1.1km Address 충남 논산시 강경읍 강경포구길

어선이 쉴 새 없이 들고 나가고, 객주들이 바삐 움직이던 포구였다. 수십 년이 흐른 지금 강경포구는 금강 물길을 따라 산책로와 쉼터가 조성되어 주민들을 위한 휴식 공간으로 변했다. 실제 어선이 정박해 있는 작은 나루터만이 그때 그 시절을 기억하게 한다. 강경포구는 특히 해 질 녘, 강변으로 붉은빛이 길게 늘어지는 풍경이 아름다운데, 그 전경을 한눈에 내려다볼 수 있는 전망대가 근처 옥녀봉에 자리하고 있다. 하늘에서 내려온 선녀의 전설을 담아 옥녀봉이라 부르는데, 구불구불 흐르는 금강과 소박한 강경읍까지 조망할 수 있어 관광객들이 많이 찾는다. 나라에 큰일이 있을 때마다 불과 연기를 피워 알렸던 봉수대가 복원됐고, 우리나라 최초 교회인 강경침례교회 예배터도 볼 수 있다. 강경 하면 떠오르는 젓갈 가게들이 포구 아래 길게 늘어서 있고, 포구 너머로 금강을 가로질러 대청댐으로 향하는 금강 종주 자전거길이 펼쳐진다.

| 02 | 기와를 얹은 교회 건물 |

북옥감리교회

Access 강경역에서 옥녀봉 방면으로 약 1.5km **Address** 충남 논산시 강경읍 옥녀봉로 75-6

옥녀봉으로 오르는 골목 안, 기와지붕에 십자가를 올린 북옥감리교회가 있다. 개신교 교회를 한옥으로 지은 데다 건물 구조가 가로로 긴 형태라 독특한 분위기를 자아낸다. 내부도 보통의 교회와 다르다. 1923년 건축 당시 예배당 한가운데 기둥을 세워 공간을 나누고, 두 개의 입구를 만들었다. 남녀가 한곳에 있을 수 없었던 시대상을 반영한 것. 강경의 기독교 선교 역사를 상징하는 대표적인 건축물이다.

| 03 | 근대 한옥의 가치를 보존하다 |

구 남일당 한약방

Access 강경역에서 강경우체국 방면으로 약 1.3km **Address** 충남 논산시 강경읍 옥려봉로 24번길 14

번성했던 강경을 상징하는 근대건축물. 한때 충청과 호남에서 가장 큰 한약방으로 손꼽히던 곳으로 현재는 후손이 관리하고 있다. 1920년대 당시 주변 전경을 촬영했던 사진 속 건물 중 유일하게 보존된 곳으로, 국가등록문화재로 지정됐다. 2층 규모의 전통적인 한식 목조 건물이지만, 1층의 차양이나 미서기창과 같은 일본식 건축 구조도 가미되어 있어 다양한 근대 한옥 양식을 보여주는 중요한 자료이기도 하다.

 tip 강경역사문화원과 구 남일당 한약방 사이의 골목길은 강경의 지난 세월을 보여주는 야외 전시관이나 다름없다. 한때 번성했던 홍교길과 중앙로가 지금은 이국적인 외관과 빈티지한 감성으로 관광객들을 불러 모으는 골목길이 되었다. 문화재로 지정된 주요 건축물 사이로 구석구석 숨어 있는 근대건축물의 흔적을 찾아다니는 재미가 있다.

04 강경의 지난날을 기록하다
강경역사문화원 (구 한일은행 강경지점)

Access 강경역에서 강경우체국 방면으로 약 1.2km Address 충남 논산시 강경읍 계백로167번길 50 Open 10:00~17:00 Close 월요일 Fee 무료

1913년에 지어진 이곳은 일제강점기 시절 조선 식산은행 강경지점으로 사용됐다. 해방 후엔 한일은행, 충청은행, 조흥은행 등으로 바뀌며 강경 지역의 상권을 대표하는 건축물이 되었다. 한때 3대 시장으로 꼽히던 강경의 번성기를 보여주는 공간이기도 하다. 최근엔 강경 지역의 근대역사 자료를 전시하는 강경역사문화원으로 새롭게 문을 열었다. 강경포구를 비롯해 옛 강경의 풍경과 생활상까지 엿볼 수 있는 다양한 자료들을 만날 수 있다.

05 교정에 남은 근대건축물
중앙초등학교 강당, 강상고등학교 사택

Access 강경역에서 강상고등학교 방면으로 약 1.1km Address 충남 논산시 강경읍 옥녀봉로 8(중앙초등학교), 논산시 강경읍 계백로 220(강상고등학교)

강경의 첫 근대식 교육기관으로 알려진 중앙초등학교엔 문화재로 지정된 강당이 있다. 1937년 준공 당시 모습을 고스란히 지켜온 근대건축물. 전체적인 형태는 단조로운데 모서리마다 흰색 띠를 두른 듯 입체적인 장식을 더했다. 외벽엔 한국전쟁으로 인한 포탄 자국이 남아 있다. 국가등록문화재인 건축물들이 몰려 있는 강경읍 중심지에서 약간 떨어진 곳에 역시 문화재로 지정된 교육기관이 있다. 옛 강경공립상업학교(현 강상고등학교)의 교장 사택으로, 1931년에 지어진 것으로 알려졌다. 일본 목조 형식의 건물을 벽돌로 쌓아 만들었고, 일본 전통 가옥에서 봄직한 경사진 지붕과 다다미, 도코노마 등 일본 특유의 내부 구조를 지녔다.

 06 여섯 선비의 숨결을 묻다

죽림서원

Access 강경역에서 황산대교 방면으로 약 1km Address 충남 논산시 금백로 20-3

조선 중기에 세워진 죽림서원은 제사와 교육의 기능을 담당하던 곳이다. 율곡 이이, 퇴계 이황, 우암 송시열, 사계 김장생, 정암 조광조, 우계 성혼 등 6인의 위패를 봉안하고 있어 육현서원이라고도 한다. 서원 뒤편 대나무숲을 따라 계단을 오르면 사계 김장생이 후학을 가르치던 소박한 정자 임리정이 나온다. 맞은편에 우암 송시열이 건립한 똑같은 모양의 정자 팔괘정이 있고, 그 뒤로 금강은 물론 강경읍, 황산대교, 멀리 미륵산까지 관망할 수 있는 전망대가 자리하고 있다.

강경 맛집

● 감칠맛 나는 해산물 육수 **남촌칼국수**

Address 충남 논산시 강경읍 금백로 95 Tel 041-745-3216
Open 09:30~22:00 Menu 해물칼국수 · 개성왕만두 6000원

강경엔 해산물로 맛을 내는 칼국수 맛집이 많다. 그중에서도 남촌칼국수는 시원한 북엇국을 연상시키는 진한 육수와 미더덕, 새우, 바지락 등 푸짐하게 나오는 해산물로 유명하다. 어른 주먹만 한 크기의 개성왕만두도 인기 메뉴. 얇고 쫀득한 만두피에 다진 채소와 고기로 소를 가득 채워 한입 베어 물면 고소한 육즙이 입안 가득 퍼진다.

익산역

익산은 금강과 호남평야를 품은 넉넉한 도시. 전라도로 들어서는 입구이자 호남선, 전라선, 장항선 등 남쪽으로 뻗은 기찻길이 모두 만나는 덕분에 교통의 요지로 불린다. 또한 백제와 마한의 지난 역사가 수천 년 동안 봉인되어온 유적도시이기도 하다. 신라 진평왕의 딸 선화 공주와 결혼한 서동의 이야기가 설화로 전해져오는 〈서동요〉의 주인공 백제 무왕이 당시 천도지로 삼았던 곳으로, 지금도 찬란했던 그때의 흔적들이 곳곳에 남아 있다. 미륵사, 왕궁리유적지 등 유적지를 따라 여행을 하거나 함라마을 돌담길에서 시작하는 둘레길을 마냥 걸어도 좋다. 어떤 길을 걷든 익산에선 누구나 시간여행자가 된다.

INFO

 미륵사지 관광안내소(063-859-3873)

 iksan.go.jb.net(익산시 문화관광)

 익산역 맞은편 버스정류장에서 주요 관광지행 버스가 운행 중이다. 전 노선이 일정한 배차 간격을 유지하고 있으나 교도소세트장처럼 배차시간이 긴 관광지도 있으니 동선에 따라 미리 버스시간대를 알아두고 움직이면 좋다.

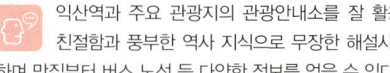 익산역과 주요 관광지의 관광안내소를 잘 활용할 것. 친절함과 풍부한 역사 지식으로 무장한 해설사가 상주하며 맛집부터 버스 노선 등 다양한 정보를 얻을 수 있다.

| 01 | 돌담길 너머 유유히 흐르는 시간
함라마을

Access 익산역 건너편에서 36 · 37번 버스 승차, 함라파출소 하차 Address 전북 익산시 함라면 수동길 8

운치 있는 돌담길과 정갈한 자태의 한옥이 어우러진 함라마을. 등록문화재로 지정된 옛 돌담길은 토석담과 토담, 돌담 등 다양한 형태의 담장으로 이루어져 있는데, 그 모양새와 빛깔이 단아하다. 걸음마다 차분해지는 고즈넉한 돌담길 풍경은 함라마을의 대표적인 문화재인 삼부잣집으로 이어진다. 1920~30년대 부유한 상류 가옥의 형태를 보여주는 김안균 · 조해영 · 이배원 가옥을 가리켜 삼부잣집이라 부르는데, 특히 김안균 가옥과 조해영 가옥은 담장에서 풍기는 규모부터 남다르다. 지금은 안채, 사랑채 등 일부만이 남아 있지만 예스러운 전통 가옥의 분위기는 여전하다. 익산 주요 관광지를 잇는 여섯 개의 둘레길 코스 중 삼부잣집, 야생차군락지, 숭림사 등 함라산 어귀를 도는 함라산길이 이곳에서 시작된다.

| 02 | 영화 속 장면을 떠올리다
교도소세트장

Access 익산역 건너편에서 43 · 44-1번 버스 승차, 하와 하차 Address 전북 익산시 성당면 함낭로 207 Tel 063-859-3836 Open 10:00~17:00 Close 월요일, 화요일 Fee 무료

| 03 | 익산을 대표하는 백제 유적지
미륵사지

Access 익산역 건너편에서 41 · 60번 버스 승차, 미륵사지 하차 Address 전북 익산시 금마면 미륵사지로 362 Tel 063-290-6799 Open 09:00~18:00 Close 월요일 Fee 무료 Web mireuksaji.org

육중한 철문, 회색빛 담장을 지나면 영화에서나 봄직한 차가운 건물들이 눈에 들어온다. '법과 질서의 확립' '교정' '교화' 등 낯선 단어들이 큼직하게 쓰인 이곳은 교도소세트장. 수감시설, 면회장, 취조실 등 실제 교도소에 들어온 듯 생생하게 재현되어 있다. 영화 〈홀리데이〉 촬영을 위해 폐교를 교도소로 꾸몄고, 이후 국내 유일한 교도소세트장으로 드라마와 영화, 뮤직비디오 등에 배경지로 등장했다.

백제 최대 규모의 사찰로 꼽히는 미륵사. 무왕 때 건립된 것으로 추정되며, 국보 제11호인 미륵사지석탑을 비롯해 수십 개의 건물터와 2만여 점에 가까운 유물들이 미륵사지에서 발굴되었다. 익산의 대표적인 문화재로 꼽히는 미륵사지 석탑은 현존하는 석탑 중 가장 크고 오래된 것으로, 현재 탑을 해체해 복원하는 작업이 진행 중이다. 가림막을 설치해 복원

현장을 공개하고, 그간의 발굴 과정과 복원 작업 중 발견된 각종 유물들의 사진 자료도 전시 중이다. 예부터 돌이 많았던 익산답게 섬세한 석공예 솜씨를 여실히 보여주는 미륵사지 석탑을 눈으로 확인하고, 미륵사

| 04 | 백제 왕궁의 터를 걷다

왕궁리유적지

Access 익산역 건너편에서 65·65-1번 버스 승차, 탑리 하차 Address 전북 익산시 왕궁면 궁성로 666 Tel 063-859-4631 Open 09:00~18:00 Close 월요일, 1월 1일 Fee 무료 Web wg.iksan.go.kr

왕궁리유적지는 백제 왕궁이 있던 자리로 추정되는 곳이다. 왕궁 유적과 사찰 유적이 함께 발굴된 것으로 보아 백제 무왕 때 조성된 왕궁이 이후 사찰로 바뀐 것으로 보인다. 사찰 유적 중 국보로 지정된 왕궁리 5층 석탑은 조형미가 뛰어난 백제 석탑의 특징을 잘 보여주는 유물로, 미륵사지 석탑을 본떠 만들었다고 전해진다. 이외에 외곽 담장터와 왕이 정사를 돌보던 건물터, 금이나 유리를 생산하던 공방터, 대형 화장실터 등이 발견됐다. 왕궁생활을 짐작케 하는 흔적들이 너른 잔디밭에 고스란히 남아 유적지인 동시에 공원처럼 산책을 즐기기에도 좋다. 유적지 한편에 자리한 왕궁리 유적전시관에선 발굴 과정을 영상으로 소개하고 금이나 유리 제품, 토기 등 주요 유물 300여 점을 전시하고 있다.

의 창건 배경과 백제 무왕 시대의 생활상까지 엿볼 수 있는 기회다. 미륵사의 역사를 소개하며 출토된 유물들을 전시하고 있는 미륵사지 유물전시관을 먼저 둘러보면 좋다.

PLUS 화려한 원석의 세계
보석박물관

Access 익산역 건너편에서 63 · 63-1 · 555 · 555-1번 버스 승차, 보석박물관 하차 Address 전북 익산시 왕궁면 호반로 8 Tel 063-859-4641 Open 10:00~18:00 Close 월요일, 1월 1일 Fee 어른 3000원, 청소년 2000원, 어린이 1000원 Web jewelmuseum.go.kr

익산으로 불리기 이전의 이리시는 보석을 세공하고 수출하는 대표적인 도시였다. 보석박물관은 그때부터 이어진 '보석의 도시'라는 명성과 백제의 찬란했던 금속문화를 재현한 보석 전문 박물관이다. 수억 원대에 이르는 다양한 종류의 보석들이 전시관마다 가득한데, 원석부터 국내외 왕실의 보석 유물, 디자이너의 작품까지 전시 중이다. 보석의 역사와 원석을 세공하는 과정 등을 생생하게 보여주고, 기획 전시와 체험 프로그램도 준비되어 있다. 피라미드 형태로 지어진 보석박물관은 밤이 되면 다이아몬드처럼 조명이 화려하게 반짝거려 보석 못지않은 황홀한 야경을 선사한다.

익산 맛집

● 쫀득한 피순대의 맛 정순순대

Address 전북 익산시 중앙로1길 24-11 Tel 063-854-0922 Open 05:00~21:00 Menu 순대국수 4000원, 순대국밥 5000원

당면이나 채소가 아닌 선지로 꽉 찬 피순대 맛집으로 소문난 곳. 독특하게 밥 대신 국수를 말아주는 순대국수를 맛볼 수 있다. 순대국밥보다는 가볍지만 오랫동안 우려낸 뽀얀 국물과 실하게 들어 있는 돼지고기가 꽤 든든하다. 피순대는 넣어달라고 따로 주문해야 한다. 가스불로 팔팔 끓이기보다 뜨거운 국물을 여러 번 끼얹어 데우는 토렴 방식으로 유명하다.

● 눈물 쏙 빼는 얼큰한 짬뽕 신동양

Address 전북 익산시 평동로11길 60 Tel 063-855-3100 Open 11:00~20:00 Menu 고추짬뽕 7000원

신동양의 고추짬뽕은 빨간 짬뽕과 하얀 짬뽕으로 나뉜다. 빨간 짬뽕은 고춧가루로, 국물이 맑은 하얀 짬뽕은 오로지 청양고추로 맛을 낸다. 두 짬뽕 모두 입안이 얼얼할 정도로 매운맛이 강하고 새우, 오징어, 홍합, 돼지고기, 버섯 등 풍성하게 올린 속재료들이 감칠맛을 더한다. 조금 색다른 짬뽕 맛을 원한다면 칼칼하면서 뒷맛이 깔끔한 하얀 짬뽕을 추천.

장성역

호남선에 속하는 장성역은 KTX, 새마을호가 지나간다. '홍길동의 고장'인 장성은 전라남도 최북단에 있는 지역이다. 장성군에서는 경치가 아름다운 여덟 군데를 선정해서 장성팔경이라는 관광명소로 소개하고 있다. 그만큼 장성에는 풍경이 아름답고 유적지가 그대로 남아 있는 곳이 많다. 단풍이 절경인 백양사, 편백나무가 빽빽한 축령산휴양림, 드넓은 호수인 장성호, 시원한 물줄기가 인상적인 남창계곡, 홍길동 생가가 있는 홍길동테마파크, 유림들의 학습 장소인 필암서원, 백제의 산성이 남아 있는 입암산성, 농촌 풍경 그대로인 금곡영화촌이 바로 장성팔경에 속한다. 장성을 여행하려면 팔경을 다 둘러보는 것이 좋은데, 몇 군데를 제외하고는 서로 가까이 있으니 여행 코스를 잘 짜서 이동하면 1박 2일 코스로 거의 다 둘러볼 수 있다.

INFO

 장성군 문화관광(061-393-1989)

 tour.jangseong.go.kr(장성군 문화관광)

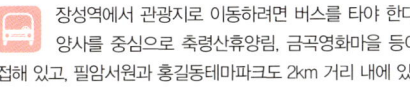 장성역에서 관광지로 이동하려면 버스를 타야 한다. 백양사를 중심으로 축령산휴양림, 금곡영화마을 등이 인접해 있고, 필암서원과 홍길동테마파크도 2km 거리 내에 있으므로 코스를 잘 짜서 이동해야 시간을 절약할 수 있다.

장성을 여행하려면 여름에 가는 것이 낫다. 백양사의 맑은 연못과 축령산의 시원한 공기를 제대로 느끼기에 여름만 한 계절이 없기 때문. 자연 속에서의 휴양을 원한다면 축령산휴양림 근처나 금곡영화마을에 숙소를 정해 하룻밤을 보내는 것도 추천한다.

| 01 | 형형색색의 사계절이 담긴
백양사

Access 장성역에서 36번 버스 승차, 백양사 하차 Address 전남 장성군 북하면 백양로 1239 Tel 061-392-7502 Fee 무료 Web www.baekyangsa.or.kr

장성 하면 가장 먼저 떠오르는 백양사는 백암산에 다소곳이 자리하고 있는 사찰이다. 장성팔경 중에 첫 번째로 손꼽힐 정도로 사시사철 아름다운 경치를 자랑한다. 봄에는 벚꽃, 여름에는 초록의 내음이 가득하고 가을에는 백암산의 오색단풍이, 겨울에는 산사의 겨울 풍경이 사람들의 발길을 향하게 한다. 백양사 입구에 있는 쌍계루를 중심으로 흐르는 계곡과 연못은 더욱 운치 있는 풍경을 자아낸다. 특히 잎이 작은 애기단풍잎은 11월 초가 되면 절정을 이뤄 장관을 연출하는데, 이때 열리는 백양단풍축제는 매년 찾는 사람들이 많아 발 디딜 틈이 없을 정도. 백암산 자락에 있는 백양사는 극락보전, 사천왕문, 주지스님이었던 소요대사의 묘탑 등 많은 성보문화재를 보유하고 있는 곳으로, 그 역사가 백제시대까지 거슬러 올라가는 오래된 사찰이다.

| 02 | 편백나무 향기가 가득한 치유의 숲
축령산 휴양림

Access 장성역에서 14번 버스 승차. 모암종점 하차 Address 전남 장성군 서삼면 모암리 산98 Tel 061-390-7770

독림가였던 춘원 임종국 선생이 전쟁으로 황폐해진 축령산에 21년간 편백나무를 빼곡히 심고 가꿔서 전국 최대 조림 성공지로 만들었다. 축령산은 곧게 뻗은 편백나무가 유명한데, 편백나무에서 몸 안의 독소를 풀어주는 피톤치드가 뿜어져 나와 삼림욕 하기에 좋다. 그래서 '치유의 숲'이라 불리기도 한다. 편백나무 숲에 들어서면 은은한 나무향이 몸과 마음을 개운하게 해준다. 의자에 누워서 눈을 감고 가만히 숨을 들이마시면 맑은 기운이 온몸으로 퍼지는 듯한 느낌을 받는다. 입소문이 나면서 휴양림을 찾는 사람이 점점 많아져 축령산 입구의 괴정마을에는 민박촌이 즐비하다.

| 03 | 농촌 풍경 그대로 남아 있는
금곡영화마을

Access 장성역에서 341m 떨어진 영천주공아파트에서 47번 버스 승차. 야치실 하차 Address 전남 장성군 북일면 영화마을길 236-3

금곡마을은 축령산 앞에 자리 잡은 작은 마을로 1950~60년대 마을 경관을 고스란히 간직하고 있다. 해가 잘 비치고 외부의 소음이 전혀 없어 조용하다. 마을 입구 다랑이논 사이에는 30여 개의 고인돌, 연자방아, 초가 등이 있어 전통 주거지의 모습을 그대로 간직하고 있다. 영화 〈태백산맥〉의 주무대로 등장했으며 〈내 마음의 풍금〉〈왕초〉 등도 이곳에서 촬영했다. 유명세를 타면서 조용하던 마을에 변화가 찾아왔다. 축령산휴양림과 연계해서 전통 초가집을 짓고 영화촌으로 가꾼 것. 관광객이 숙박할 수 있는 민박집도 우후죽순으로 늘어나며 관광명소로 거듭나고 있다.

04 홍길동 생가가 있는
홍길동테마파크

Access 장성역에서 22 · 23번 버스 승차, 금곡 하차 **Address** 전남 장성군 황룡면 홍길동로 431 **Tel** 061-394-7347 **Fee** 무료 **Web** hong.jangseong.go.kr

허균의 소설 <홍길동전>의 주인공인 홍길동의 생가터를 중심으로 조성된 테마파크이다. 조선왕조실록 등의 충분한 역사적 고증을 거쳐 복원한 생가와 출토한 유물을 소개하고 각종 책자와 캐릭터 상품 등 홍길동에 관련된 다양한 상품을 전시하고 있다. 생가에는 무릎을 꿇고 아버지에게 '호형호제'를 말하고 있는 홍길동 동상도 볼 수 있다. 장성 시내에서 외떨어진 곳에 자리 잡고 있지만 공원 시설이 잘 갖춰져 있어 장성을 찾는 사람들이 꼭 들르는 관광명소로 손꼽힌다. 야영장과 청백한옥에서 숙박이 가능하므로 홈페이지에서 미리 신청하면 시설을 이용할 수 있다. 매년 5월에는 어린이날을 전후해 '장성 홍길동 축제'를 개최하는데 홍길동 추모제, 율도국 병영 체험 등 어른과 아이들이 참여할 수 있는 다양한 행사로 진행된다.

tip 청소년 야영장에서는 캠핑을 할 수 있다. 입장료는 1인당 2000원이고 개인 텐트를 사용할 경우 1만원을 지불하면 된다..

| 05 | 호남 유림들의 학문 장소 |

필암서원

Access 장성역에서 341m 떨어진 영천주공아파트에서 47번 버스 승차, 구석 하차 Address 전남 장성군 황룡면 필암서원로 184 Tel 061-394-0833

하서 김인후 선생을 모신 서원으로 장판각에는 문집판, 묵죽도판 등 600여 매의 판각과 목판이 보관되어 있고 노비보 등 14책 64매의 고문서는 보물로 지정되었다. 주로 18~20세기 초에 전해진 것으로 당시의 지방교육과 제도 및 사회, 경제를 알 수 있는 중요한 자료이다. 공부하는 곳을 앞쪽에, 제사 지내는 곳을 뒤쪽에 배치한 전학후묘의 형태다. 현재에도 선비학당을 운영하고 있어 글 읽는 소리가 끊이질 않는다. 유물전시관에서는 호남 유림들의 공부하는 모습이나 서체, 그림 등도 볼 수 있다.

장성 맛집

● 투박한 감칠 맛 **해운대 식당**

Address 전남 장성군 장성읍 청운길 5 Tel 061-395-1233
Open 11:00~23:00 Menu 매운갈비찜 2만5000원, 애호박찌개 · 백반 7000원

● 나물 반찬으로 한상차림 **정읍식당**

Address 전남 장성군 북하면 백양로 1112 Tel 061-392-7427
Open 09:00~22:00 Menu 특정식 1만2000원, 산채정식 1만원

장성 맛집을 검색하면 가장 많이 나오는 음식점. 장성역에서 가까운 거리에 있어 역에 도착해서 출출한 배를 채우기 좋은 곳이다. 이 집의 인기 메뉴는 알싸한 맛의 매운갈비찜으로 돌판 위에 올려 뜨겁게 먹을 수 있으며 갈비는 물론 당면도 듬뿍 들어 있어 골라 먹는 재미가 쏠쏠하다. 반찬 가짓수도 10가지 이상 나와 밥 한 그릇 뚝딱 먹을 수 있다. 돼지고기와 애호박을 듬뿍 넣어 끓인 애호박찌개도 담백하고 맛있다.

백양사 올라가는 입구에 있는 음식점 중 산채나물을 마음껏 맛볼 수 있는 식당이다. 정식을 주문하면 취나물, 민들레나물 등 30여 가지의 나물이 한상 가득 차려진다. 나물뿐 아니라 더덕구이, 조기구이도 반찬으로 나온다. 나물 반찬을 한 번씩 맛보다 보면 밥 한 그릇이 후딱 비워질 정도. 큰 그릇을 달라고 해서 나물을 넣고 고추장, 참기름을 넣어 비벼 먹으면 입맛을 돋우는 데 그만이다.

>>> 에디터 추천 코스

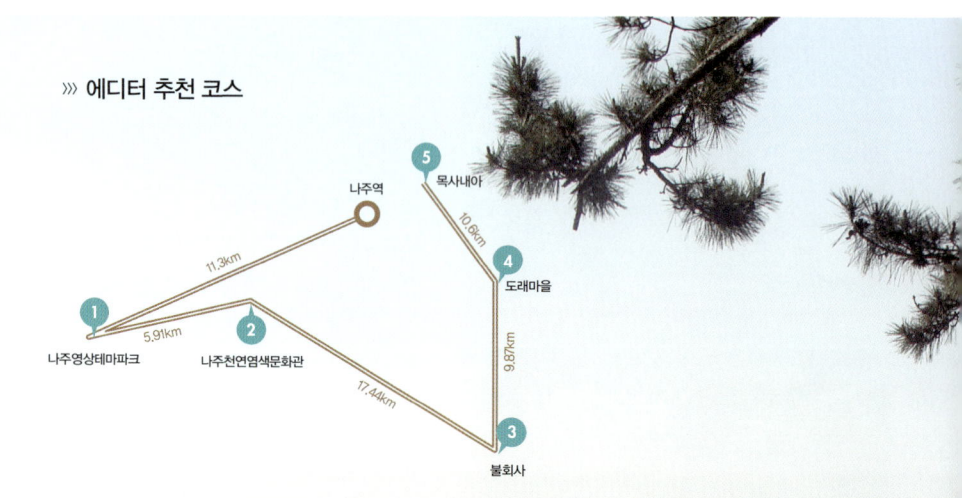

1. 나주영상테마파크
2. 나주천연염색문화관
3. 불회사
4. 도래마을
5. 목사내아

나주역 — 11.3km
1 → 2: 5.91km
2 → 3: 17.44km
3 → 4: 9.87km
4 → 5: 10.6km

나주역

영산강을 끼고 있는 나주는 기름진 평야와 배나무, 그리고 천연 염색으로 유명한 지역이다. 호남선인 나주역은 KTX와 새마을호가 지나가는 기차역으로, 나주역을 중심으로 나주 시내가 형성되어 있다. 목사내아, 금성관 등의 주요 유적지가 있는 나주읍성과 나주곰탕 거리가 가까이 있다. 예로부터 나주는 자연환경 덕분에 먹을거리가 풍부했는데. 달고 시원한 나주배는 나주를 대표하는 특산물이다. 구진포의 민물 장어와 영산강의 홍어, 그리고 담백한 맛의 나주곰탕은 빼놓을 수 없는 나주의 대표 음식. 나주는 맛있는 음식을 먹기 위해 떠나는 남도여행의 정점을 찍을 수 있는 곳이다.

INFO

 나주 문화관광(061-339-8592)

 tour.naju.go.kr(나주 문화관광)

 나주역에서 나주읍성은 가까이에 있어 걸어서 이동하면 된다. 다른 관광지는 거리가 멀고 버스시간이 일정하지 않으므로 나주역에서 꼭 확인하고 타야 한다.

 나주영상테마파크나 천연염색문화관 등은 거리가 꽤 멀다. 이동 거리와 시간을 계산한 후 반나절에 한 군데만 관람하는 일정으로 움직이는 것이 좋다.

| 01 | 고구려의 모습 그대로
나주영상테마파크

하루
추 천
코 스

Access 나주역에서 287m 떨어진 나주교육청에서 105번 승차, 영상테마파크 하차 Address 전남 나주시 공산면 덕음로 450 Tel 061-335-7008 Open 4~10월 09:00~18:00, 11~3월 09:00~17:00 Fee 어른 4000원, 청소년 3000원, 어린이 2000원 Web najuthemepark.com

고구려의 모습을 재현한 나주영상테마파크는 드라마 촬영지로 유명한 곳이다. 고구려를 배경으로 한 드라마 〈주몽〉을 비롯해 〈바람의 나라〉〈태왕사신기〉, 영화 〈쌍화점〉 등의 촬영지이기도 하다. 화려하고 섬세한 실내 세트장과 웅장한 건물, 95동 약 15만㎡의 넓은 부지까지 규모가 어마어마하다. 나주영상테마파크 내의 고구려 국내성에 오르면 영산강의 풍경과 황포돛배가 다니는 모습을 볼 수 있다. 드라마 오픈세트장이면서 고구려 역사를 체험할 수 있는 곳이기도 하다. 고구려 역사문화전시관, 전통복식 체험, 활쏘기 체험과 도자기, 천연염색 등의 다양한 전통 공방 프로그램에도 참여할 수 있다. 미리 예약하면 숙박도 할 수 있다.

tip 떡공예부터 한지공예까지 아홉 개의 체험 프로그램을 진행하고 있다. 프로그램당 각각 3000원을 내면 누구나 참여할 수 있다.

| 02 | 나주의 색에 빠지다
나주천연염색문화관

Access 나주역에서 287m 떨어진 나주교육청에서 503번 승차, 백하 하차 Address 전남 나주시 다시면 백호로 379 Tel 061-335-0091 Open 3~10월 09:00~18:00, 11~2월 09:00~17:00 Fee 무료 Web naturaldyeing.or.kr

영산강 주변의 평야에 자리 잡은 나주는 풍부한 물과 기름진 토양, 따뜻한 기후환경으로 쪽과 뽕나무를 재배하기 위한 최적의 조건이다. 영산강변에 있는 천연염색문화관은 나주의 천연염색 역사와 그동안의 발자취를 볼 수 있는 곳으로, 다양한 염색 작품이 전시되어 있다. 또한 천연염색을 직접 체험할 수 있는 프로그램도 있는데 5000원에서 1만3000원을 내면 손수건이나 티셔츠에 치자색, 쪽색 등 원하는 색으로 염색할 수 있다.

| 03 | 숲 속의 고즈넉한 사찰
불회사

Access 나주역에서 287m 떨어진 나주교육청에서 403번 승차, 우성목장 하차 Address 전남 나주시 다도면 다도로 1224-142 Tel 061-337-3440 Web bulhoesa.org

전나무, 삼나무, 비자나무가 만들어낸 아늑한 분위기의 울창한 숲 중심에 불회사가 있다. 덕룡산의 등산로 입구에 있는 불회사는 주위의 나무와 풍경을 감상하는 것만으로도 마음이 편안해짐을 느낀다. 불회사 입구에 있는 석장승 두 분은 중요민속자료 제11호로 지정된 귀중한 문화유산이다. 우리나라에서 처음으로 마한 시대에 건립한 사찰이라는 설도 있다.

| 04 | 근대 한옥을 보존한
도래마을

Access 나주역에서 287m 떨어진 나주 교육청에서 400번 승차 후 남평농협에서 170번 환승, 도래 하차 Address 전남 나주시 다도면 동력길 16 Tel 061-336-3675

1936년에 지어진 도래마을 옛집은 쓰임에 따라 공간을 자유롭게 활용할 수 있는 근대 한옥을 보여 준다. 재단법인 내셔널트러스트 문화유산기금에서 시민들의 성금으로 도래마을 옛집을 구입해서 일반인에게 공개했다. 안채와 대문채를 원형으로 복원하고 별당을 현대식 한옥으로 신축해서 숙박을 원하는 사람들에게 빌려 주고 있다. 원형으로 복원된 안채와 사랑채, 툇마루, 넓은 마당도 있어 다양한 예술 행사도 열린다. 도래마을 인근에는 국가지정 문화재인 홍기응 가옥과 홍기헌 가옥도 이웃하고 있다.

| 05 | 나주목사가 살던 집
목사내아

Access 나주역에서 160번 버스 승차, 중앙로 하차 Address 전남 나주시 금성관길 13-8 Tel 061-332-6565 Open 09:00~18:00 Fee 무료 Web najumoksanaea.com

조선 시대 나주목사의 살림집으로 나주 읍성 안에 있는 관아건축물 중 객사인 금성관, 아문인 정수루 등과 함께 지금까지 남아 있다. ㄷ자형 팔작지붕 구조로 500년도 넘은 팽나무가 든든하게 지키고 있다. 전통문화를 체험할 수 있도록 숙박도 가능하다. 나주목사 중에서 존경을 받았던 유석증 목사와 김성일 목사의 이름을 딴 방은 그곳에서 숙박한 다음 좋은 일이 많이 생겨 찾는 사람들이 많다. 한 달 전에 예약이 끝날 정도이니 서둘러야 한다.

나주 맛집

● 4대째 내려오는 나주곰탕 *하얀집*

Address 전남 나주시 금성관길 6-1 Tel 061-333-4292 Open 09:00~21:00 Menu 곰탕 8000원, 수육 중 3만원

곰탕이라고 하면 뽀얀 국물을 생각하기 쉬운데, 나주곰탕은 맑고 담백한 국물 맛이 일품이다. 살코기인 양지와 사태만으로 국물을 내기 때문. 100년 동안 4대째 맛을 이어가고 있는 하얀집은 평일 오전시간에도 사람들이 가득할 정도로 입소문이 난 맛집이다. 곰탕과 같이 나오는 새콤한 김치와 깍두기는 곰탕 한 숟가락 뜨고 그 위에 얹어서 같이 먹으면 더욱 맛있다. 나주 금성관 앞에는 곰탕거리가 있어 곰탕집이 꽤 많은 편. 그 중 하얀집은 위치가 적당하고 맛이 좋아 사람들이 많이 찾는다.

● 구진포 장어구이의 맛 *대승장어*

Address 전남 나주시 다시면 구진포로 91 Tel 061-336-1265 Open 10:00~22:00 Menu 소금·양념 장어구이 1인분 2만 7000원

영산강에 자리한 구진포는 바닷물과 민물이 교차하는 곳으로 민물장어가 많이 잡혀 장어구이로 유명하다. 구진포 장어거리에 있는 이 집은 전라남도 명가지정 음식점으로 깔끔한 소금구이와 맛깔나는 양념구이를 모두 맛볼 수 있다. 장어뼈튀김, 장어국 등 색다른 장어음식이 반찬으로 나온다. 장어구이는 깻잎에 쌈을 싸서 먹으면 향긋해 더 맛있다.

함평역

나비 한 마리도 보기 힘든 요즘. 수천 마리의 나비가 함평에 봄을 부르고, 용천사 주변으로 붉은 물결의 꽃무릇이 가을을 마중한다. 오랜 시간을 버텨온 고택은 그 풍경만으로도 위안이 되고, 100년 전통의 우시장 덕에 한우 맛집도 많다. 몸에 좋은 유황석과 뜨거운 바닷물로 해수찜을 즐기는 시간. 함평은 제 땅이 가진 모든 것을 고스란히 돌려주어 더욱 아늑한 여행지다. 지친 몸과 마음을 달래고 싶다면. 오직 쉼을 생각한다면 함평으로의 여행을 추천한다.

INFO

 엑스포공원 입구(061-320-2268)

 hampyeong.go.kr/2008_hpm(함평군 문화관광)

 함평 버스노선은 여행자에겐 다소 불편하다. 역 앞 버스정류장에서 함평공영터미널로 이동 후 각 관광지행 버스를 타야 하며, 배차시간이 길고 하루에 정해진 횟수만 다니는 경우도 있으니. 관광지별 버스시간은 미리 알아두면 좋다.

 함평 나비대축제 기간에는 함평역에 KTX가 임시로 서기도 한다. 축제가 열리는 봄과 용천사 꽃무릇이 절정에 이르는 가을 여행을 추천.

| 01 | 매년 나비대축제가 열리는 곳

함평엑스포공원

Access 함평역에서 함평공영터미널 방면 100번 버스 승차, 함평공영터미널 하차
Address 전남 함평군 함평읍 곤재로 27 Tel 0505-322-2008 Open 09:00~18:00
Fee 통합관람료 어른 5000원, 청소년 3500원, 어린이 2500원(축제 기간에는 변동 가능) Web hampyeongexpo.org

색색의 꽃들과 푸른 수목으로 가득하고 450여 종 7000여 마리의 희귀한 나비와 곤충을 볼 수 있는 곳. 하나의 거대한 정원처럼 꾸며진 함평엑스포공원은 다육식물관, 자연생태관, 나비곤충표본과 화석전시관, 나비곤충생태관 등 다양한 전시관을 운영한다. 함평엑스포공원 건너편에 따로 위치한 황금박쥐전시관은 함평에서 서식하는 멸종 위기의 황금박쥐를 보존하기 위해 마련된 공간으로, 순금 162kg에 달하는 황금박쥐 조형물이 인상적이다. 축제 기간과 이후 한 달간 유료로 운영되며, 그외 기간은 무료로 입장할 수 있다. 유료 전시관인 나비생태관, 황금박쥐전시관, 자연생태관 등은 3~11월에만 개방된다. 매년 4~5월함평엑스포공원에서 열리는 '함평 나비대축제'기간에 방문하면 더 많은 볼거리가 준비되어 있다.

| 02 | 낡은 고택에 숨을 불어넣다
모평마을

Access 함평역에서 함평공영터미널 방면 100번 버스 승차 후 함평공영터미널에서 해보면 방면 버스 환승, 모평마을 하차 **Address** 전남 함평군 해보면 산내길 55-63 **Tel** 061-323-8288 **Web** mopyeong.com

tip 잠월미술관 : 누에를 닮은 산내리에 자리해 '잠월'이라 부른다. 소박한 이름만큼 미술관도 소탈하다. 문턱 높은 도심 갤러리가 아니라 동네 어르신이 작가가 되기도 하는 열린 공간이다. 잠월미술관은 매년 주민들과 함께 '우리 마을 산내리전'을 진행하며, 국내외 작가들을 소개하는 기획전시도 볼 수 있다. 햇볕 쏟아지는 미술관 안, 원두커피를 마실 수 있는 무인 카페가 잠월미술관의 또 다른 매력이다. 매주 월요일 휴관. 070-8872-6718

조선 시대부터 파평 윤씨 집성촌이었던 모평마을. 오랜 역사만큼 사연 깊은 고택들이 마을 곳곳에 남아 있다. 솟을대문 아래 육중한 나무문, 새카만 기왓장을 얹은 황토색 담장 등 한갓진 풍경을 보고 있노라면 잠시 일상과 멀어지는 기분이다. 가뭄이 심한 때에도 마르지 않던 우물 안샘, 윤관 장군의 사당인 수벽사 등 마을의 역사를 담고 있는 문화재들도 제자리를 지키고 있다. 현재 전통 차실로 운영 중인 영양재는 조선 시대에 지어진 정자로 이곳에 서면 마을 풍경이 한눈에 내려다보인다. 맑은 물이 흐르는 해보천과 팽나무, 느티나무 등 500년이 넘은 고목들을 따라 아늑한 산책을 즐길 수 있고, 마을을 지나 잠월미술관으로 가는 길에 저수지를 따라 만들어진 약 4km의 트레킹 코스도 걷기 좋다.

| 03 | 새빨간 꽃무릇의 가을맞이

용천사

Access 함평역에서 함평공영터미널 방면 100번 버스 승차 후 함평공영터미널에서 용천사 방면 버스 환승. 용천사 하차 Address 전남 함평군 해보면 용천사길 209 Tel 061-322-1822 Web yongchunsa.com

모악산에 자리한 용천사. 백제 무왕 때 창건된 사찰로, 경내 연못에 용이 살다 승천했다는 전설에 따라 '용천사'라 부른다. 대웅전으로 오르는 돌계단 난간에 새겨진 연화문 조각과 석등, 목조여래좌상, 해시계 등 옛 유물들을 볼 수 있다. 용천사는 가을이 가장 분주하다. 사찰 주변으로 국내 최대 꽃무릇 자생 군락지가 있어 꽃무릇이 만개하는 9월이면 온 산이 붉게 물든다. 가을이 지나면 푸른 줄기로 변하지만 푸릇하게 단장한 모악산의 풍경도 볼만하다.

| 04 | 온천과 찜질을 한번에

함평 해수찜

Access 함평역에서 함평공영터미널 방면 100번 버스 승차 후 함평공영터미널에서 하신흥마을 방면 버스 환승. 하신흥마을 하차 Address 전남 함평군 손불면 석산로 69 Tel 061-322-9900(신흥해수찜) Open 09:00~18:00 Fee 1만1000원(1인 기준)

해수찜은 함평의 오랜 민간요법으로 증기를 이용한 찜질이다. 나무로 만든 탕 안에 쑥, 솔잎, 국화 등 약초를 우려낸 바닷물과 장작불에 달군 유황석을 집어넣고 방 안 가득 퍼지는 뜨거운 증기를 쬐는 것. 수건을 물에 적셔 평소 아픈 부위에 올려두면 더 효과적이다. 신흥, 함평신흥, 주포 등 해수찜을 체험할 수 있는 곳들이 신흥삼거리 해수찜마을에 모여 있다. 사전 예약 시 숙박과 식사도 가능하다.

| 05 | 바닷물을 적시는 낙조의 아름다움

돌머리해수욕장

Access 함평역에서 함평공영터미널 방면 100번 버스 승차 후 함평공영터미널에서 돌머리해수욕장 방면 버스 환승, 돌머리해수욕장 하차 Address 전남 함평군 함평읍 주포로 600-29

1km 남짓의 백사장을 따라 해수욕장이 펼쳐진다. 조수 간만의 차가 심한 서해안임에도 바닷물은 종일 같은 모습이다. 돌머리해수욕장은 사실 인공적으로 조성된 해변이다. 밀물 때 들어온 물을 가두어 언제라도 해수욕을 즐길 수 있도록 만든 것. 해수욕장 옆으로 조개잡이가 가능한 갯벌이 자리하고 있다. 해수욕과 갯벌 체험을 동시에 즐길 수 있는 해수욕장으로 낙조 명소로도 유명하다. 해변 끝머리에 자리한 정자와 함평만 너머로 서서히 저무는 하루해. 그 평화로운 경관이 아름다워 카메라를 든 출사족들이 해 질 녘마다 심심치 않게 찾아온다.

함평 맛집

● 모든 재료가 살아 있는 육회비빔밥 **대흥식당**

Address 전남 함평군 함평읍 시장길 112 Tel 061-322-3953 Open 11:00~21:00 Menu 육회비빔밥 7000원

예부터 우시장과 5일장이 활발하게 열리는 함평 장터에 육회비빔밥 맛집으로 소문난 대흥식당이 있다. 2대째 이어지고 있는 맛의 비밀은 씹을수록 고소한 함평 한우의 부드러운 육질과 주인장이 직접 담근 고추장. 여기에 함평식 육회비빔밥은 두툼한 돼지비계를 더하는데 적당히 기름기가 도는 색다른 맛을 보여준다. 육회비빔밥에 곁들이는 말간 국물의 선짓국 또한 별미로 꼽힌다.

에디터 추천 코스

유달산
1
1km
목포역
300m
2
목포근대역사관 1관
(구 목포 일본영사관)
221m
3
목포근대역사관 2관
5.7km
4
갓바위 문화타운
1.63km
5
평화광장

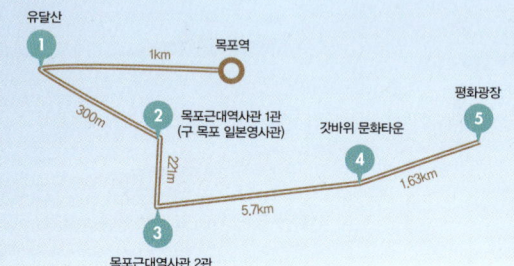

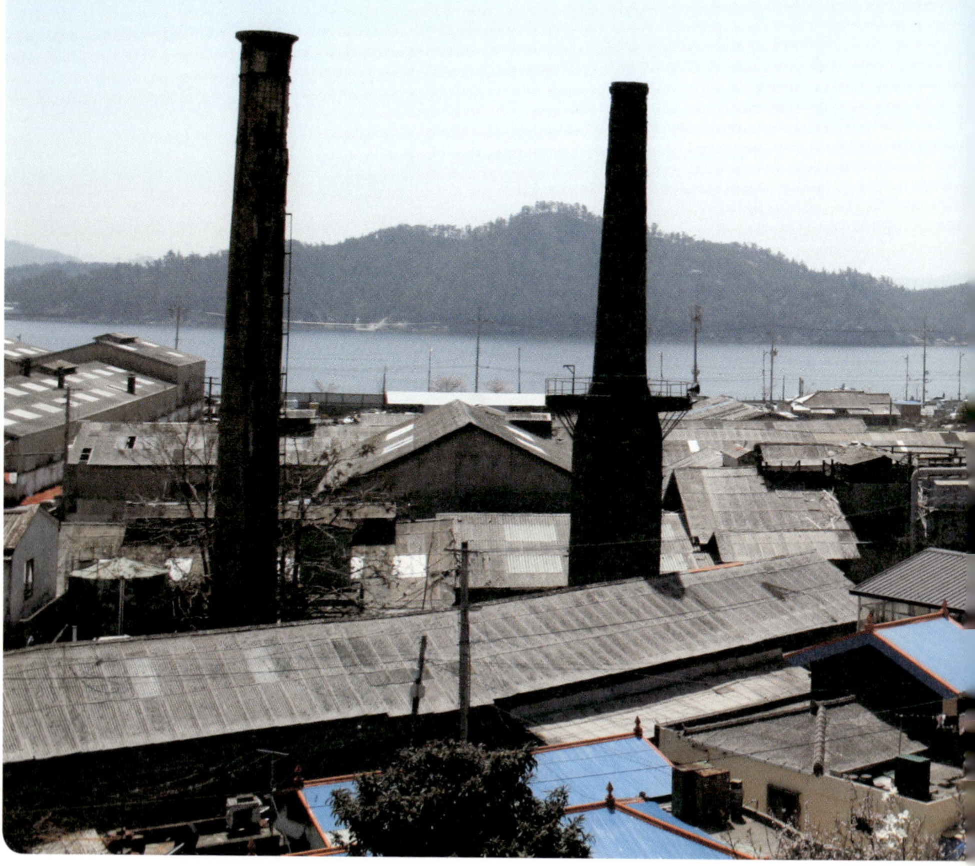

목포역

KTX 호남선이 닿는 마지막 도시이자 KTX가 서지 않는 지역이나 섬으로 환승하는 이들이 잠시 거쳐가는 곳, 목포. 그렇다고 스치듯 지나가는 관광지는 아니다. 유달산 자락마다 사연 깊은 볼거리들이 가득하고, 그 아래 적산가옥들이 숨어 있는 골목길은 시간여행을 온 듯 감성을 자극한다. 남도 문화를 품은 갓바위 문화타운을 비롯해 화려한 야경을 선사하는 공원까지 목포의 매력은 다양하다. 항구도시답게 싱싱한 산지의 맛을 즐길 수 있으니 식도락 여행지로도 좋다. 용산역에서 약 3시간 20분, 언제든 가볍게 떠나올 수 있다. 쉼 없이 달리며 많은 것을 보기보다 한 곳 한 곳 머무르는 여행이 어울리는 작은 도시다.

INFO

 목포역 내(061-270-8599)

 tour.mokpo.go.kr(목포시 문화관광)

 목포역 앞 버스정류장에서 주요 관광지로 향하는 시내버스를 탈 수 있다. 작은 도시라 택시를 타도 부담이 없으니 편한 방법으로 이동할 것.

목포 관광지는 유달산권과 갓바위권으로 크게 나눌 수 있다. 각 구역 안에서는 관광지 사이의 거리가 멀지 않아 도보여행을 추천한다. 문화해설을 들을 수 있는 시티투어도 좋은 방법.

| 01 | 목포와 다도해를 품은 산 |

유달산

하루
추천
코스

Access 목포역에서 유달산 방면으로 1km Address 전남 목포시 유달로 Tel 061-270-8357

유달산은 해발 228m의 바위산으로 가벼운 등산을 즐길 수 있고, 운치 있는 작은 공원들이 조성되어 있어 산책 코스로도 좋다. 조각 작품 50여 점이 전시 중인 야외 갤러리 조각공원과 가수 이난영을 기념하는 '목포의 눈물' 노래비, 임진왜란 당시 군량미처럼 보이게 해 적의 사기를 꺾었다는 전설의 노적봉, 조선 시대에 전쟁무기로 제작됐으나 이후 정오마다 포를 쏴 시간을 알리던 오포대 등 볼거리도 많다. 봄이면 만개하는 벚꽃과 개나리 덕에 온 산이 색색으로 물드는 장관을 볼 수 있고 일등바위, 이등바위 등 기암괴석이 절경을 선사한다. 유선각, 낙조대 등 목포시 전경을 조망할 수 있는 정자에선 해 질 녘 목포시와 다도해를 붉게 물들이는 아름다운 해넘이를 만날 수 있다. 유달산 등산 코스는 노적봉에서 시작해 일등바위까지 오르는 2km 코스와 달성공원에서 이등바위로 오르는 1km 코스로 나뉜다. 두 코스 모두 오르는 산길이 그리 험하지 않고, 1시간도 채 걸리지 않아 가뿐하게 다녀올 수 있다.

02 아픈 역사의 상처가 남아 있는 곳
목포근대역사관 1관 (구 목포 일본영사관)

Access 목포역 건너편 한국은행 정류장에서 2번 버스 승차, 유달산우체국 하차
Address 전남 목포시 영산로29번길 6 Tel 061-270-8728 Open 09:00~18:00
Close 월요일 Fee 어른 2000원, 청소년 1000원(9월까지 무료 개방)

목포에서 가장 오래된 근대건축물로 목포항 개항 이후 일본영사관으로 지어졌다. 빨간 벽돌의 외벽과 층마다 다른 모양의 창문, 돌출된 목재 현관 등 옛 모습이 잘 보존되어 있다. 현재 목포근대역사관 1관으로 운영 중이며, 일제 강점기의 흔적인 옛 목포부청 서고와 방공호를 복원하고 1890년대 개항기부터의 지난 목포 역사를 전시하고 있다. 목포근대역사관 1관을 나와 오르막길을 오르면 목포시 전경이 한눈에 내려다보이는 노적봉예술공원으로 이어진다. 예향 목포의 문화와 예술을 알리기 위해 조성된 공간으로, 미술작품 전시실과 종합홍보관, 야외공연장으로 구성되어 있다.

03 목포의 지난 시간을 기록하다
목포근대역사관 2관

Access 목포역 건너편 한국은행 정류장에서 2번 버스 승차, 상공회의소 하차
Address 전남 목포시 번화로 18 Tel 061-270-8728 Open 09:00~18:00 Close 월요일, 1월 1일 Fee 무료

1920년대엔 동양척식주식회사가 있던 건물이었다. 경제력 착취를 위해 일본이 설립한 곳으로, 당시만 해도 전국에서 가장 많은 소작료를 거둬들이던 제법 규모가 큰 지점이었다. 지금은 일제강점기 시절의 비극적인 현장들을 기록

하고 전하는 역사관이 되었다. 개항기 목포의 당시 풍경과 일제 침략사, 항일운동과 관련된 사진 자료들을 전시 중이다. 시간이 흐르고 목포의 풍경도 변했지만, 건물만큼은 그 시절 그대로다. 일장기와 벚꽃 문양이 새겨진 단단한 외벽이 아픈 역사를 다시 한 번 되새기게 한다.

tip 목포근대역사관 2관 주변의 골목들은 한때 일본인들이 거주하던 '외국인 거리'였다. 지금은 세월을 품은 빈티지한 외관과 일본식 건축 양식이 어우러져 출사 여행을 떠나기 좋은 골목길이 되었다. 근대건축물의 흔적을 찾아 한적한 거리를 걸어보길 추천.

04 남도 문화를 만나다
갓바위 문화타운

Access 목포역 인근 한진약국에서 15번 버스 승차, 중바위 하차 Address 전남 목포시 남농로 149(갓바위관광안내소)

두 사람이 나란히 갓을 쓰고 서 있는 형상이라 하여 갓바위라 부른다. 오랜 세월 풍화작용과 해식작용을 견디며 자연적으로 다듬어진 바위로 천연기념물로 지정됐다. 갓바위 주변에 나무다리를 연결해 바다 위를 걸으며 전망을 감상할 수 있다. 특히 노을 진 풍경이 아름다워 많은 이들이 찾는다. 갓바위를 중심으로 다양한 테마의 박물관들로 가득한 문화타운이 조성되어 있다. 극작가 김우진과 차범석, 여류 소설가 박화성, 문학평론가 김현의 작품 세계와 일생을 볼 수 있는 목포문학관과 화석·광물·공룡·해양생물 등 46억 년 전 자연사를 담고 있는 자연사박물관, 신안 앞바다에서 발견한 보물선 등 수중 문화유산을 발굴해 전시하는 국립해양유물전시관 외에 목포생활도자박물관, 목포문화예술회관, 옥공예전시관, 남농기념관 등 남도의 다채로운 문화와 유물들을 한자리에서 만날 수 있다.

| 05 | 화려하게 수놓은 바다분수
평화광장

Access 목포역 인근 한진약국에서 15번 버스 승차, 롯데마트 하차 또는 목포역에서 13번 버스 승차 후 유달경기장에서 20번 버스 환승, 평화광장 하차 Address 전남 목포시 평화로 64 Web seafountain.mokpo.go.kr(목포 춤추는 바다분수)

평화광장은 바닷가에 지어진 도심 공원이다. 갓바위부터 평화광장까지 300m가 넘는 나무 데크가 바닷가를 따라 설치됐고, 산책이나 조깅을 즐기는 시민들이 밤낮으로 즐겨 찾는 쉼터가 됐다. 멀리 영산강 하구 둑까지 보이는 탁 트인 바다 전경은 더없이 시원하다. 주변으로 카페와 맛집들이 모여 있어 종일 사람들로 북적이지만, 특히 밤이 되면 평화광장을 찾는 발길이 더욱 분주해진다. 새카만 하늘과 바다를 배경으로 색색의 레이저와 물줄기가 쏟아지며 음악이 흐르는 바다분수 공연을 볼 수 있기 때문. 바다 위에 워터스크린을 세워 웅장한 규모와 화려한 조명으로 시선을 사로잡는다. 가족, 연인과 함께 낭만 가득한 밤을 보낼 수 있는 시간. 춤추는 바다분수 공연은 4~11월에 하루 2~3회 진행되며, 20:00 이후 시작된다.

목포 맛집

● 민어 요리의 모든 것 *영란횟집*

Address 전남 목포시 번화로 47 Tel 061-243-7311 Open 09:00~22:00 Menu 민어회 4만5000원, 매운탕 5000원

민어 횟집이 즐비한 번화로 민어의 거리. 그 시초가 바로 영란횟집이다. 목포와 신안 앞바다에서 잡은 커다란 민어를 차갑게 숙성시킨 후 다듬고 부치고 끓여 다양한 민어 요리를 선보인다. 쫀득한 맛이 일품인 민어회, 얼큰한 매운탕, 고소한 민어전 등 민어 풀코스를 즐길 수 있다. 특히 민어회를 찍어 먹는, 주인장의 손맛으로 완성된 특제 초장과 된장 양념은 단골을 불러 모으는 숨은 비결이다.

● 생바지락의 쫄깃한 맛 *해촌*

Address 전남 목포시 미항로 133 Tel 061-283-7011 Open 11:00~22:00 Menu 바지락 회무침 소 2만5000원, 바지락 낙지 무침 소 4만원

바지락은 싱싱할수록 맛있는 음식이다. 바지락 요리 전문점인 해촌은 당일 캐낸 생바지락으로 승부한다. 새큼달큼한 바지락 회무침은 탱탱한 속살의 바지락과 아삭아삭 씹히는 배, 오이, 미나리, 참나물 등 재료의 조화가 맛의 비밀. 참기름을 더한 밥에 비벼 개운한 바지락국까지 곁들이면 든든하다. 바지락 만찬의 마무리는 속을 따뜻하게 해주는 바지락죽. 쫄깃한 낙지를 더한 바지락 낙지무침도 인기다.

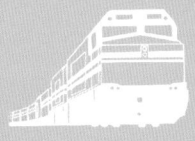

전주 남원 곡성 순천 여수엑스포

- 경부선
- 호남선
- **전라선**
- 장항선
- 경전선
- 중앙선
- 동해남부선
- 태백선
- 기타

하루

+ 추천 코스 +

전라선

전주역

그런 날이 있다. 그냥 어디론가 훌쩍 떠나고 싶은. 그러나 쌍쌍이 기본인 대부분의 관광지는 나 홀로 여행자를 더욱 쓸쓸하게 만든다. 그런 면에서 전주는 혼자 떠나온 이들에게도 기꺼이 따뜻한 손길을 건네는 도시다. 검정 기와지붕의 한옥과 돌담 안쪽의 아기자기한 카페와 갤러리, 문화 공간, 가게들이 자리하고 있는 전주한옥마을. 우리 역사가 살아 숨 쉬는 전동성당과 경기전, 남부시장 안 청년 장사꾼들의 재기발랄함을 만날 수 있는 청년몰. 그리고 봄을 알리는 영화제인 전주국제영화제까지. 이토록 볼거리, 즐길 거리가 많으니 외로움 따윈 저 우주 멀리 날려버려도 좋다.

INFO

 전주역(063-281-2024), 전주한옥마을(063-282-1330), 경기전 입구(063-281-2891)

 tour.jeonju.go.kr(전주시 문화관광)

 전주역에서 150m 떨어진 전주역 버스정류장(삼성병원 건너편)에서 전주한옥마을 방면 버스를 탈 수 있다. 한옥마을 인근에 남부시장, 영화의 거리 등 주요 여행지가 몰려 있다.

 관광안내소에서 배포하는 지도를 챙기자. 최신 여행 정보가 충실할 뿐 아니라 소장 가치도 충분하다.

01 태조 이성계의 어진을 알현하다
경기전

Access 전주역 앞(삼성병원 건너편)에서 12·60·79·109·119·142·508·513·536·542·545·546·552번 버스 승차, 전동성당·한옥마을 하차 **Address** 전북 전주시 완산구 태조로 44 **Tel** 063-281-2790 **Open** 09:00~19:00(11~2월 ~18:00, 6~8월 ~20:00) **Close** 월요일(어진박물관) **Fee** 어른 1000원, 청소년 700원, 어린이 400원(1월 1일·설날·추석·삼일절·광복절 무료)

전주는 조선을 건국한 태조 이성계의 본적지이기도 하다. 태조의 초상화, 즉 어진을 봉안한 경기전이 1410년(태종 10년) 이곳에 건립된 배경이다. 조선왕조의 중요 제례 건축물인 경기전엔 조선왕조실록이 보관된 전주사고와 제례를 위한 여러 부속 건물 등이 자리하고 있다. 비록 모사품이지만 태조를 비롯해 여러 조선 임금의 어진을 볼 수 있는 어진박물관도 놓치지 말아야 할 곳. 경기전은 전란과 일제강점기를 거치며 규모나 상징성 등 여러모로 피해를 입었지만, 울창한 고목들과 바람에 속삭거리는 대숲의 풍경만은 으뜸이다. 왕실 의상 입어보기와 탁본 뜨기 등 곳곳에 체험 프로그램을 마련해두었으며, 세계문화유산인 종묘제례악도 하루 2~3회 공연된다.

tip KBS 4부작 드라마〈보통의 연애〉가 이곳 전주에서 촬영되었다. 시간이 정지해버린 전주의 풍경처럼, 어떤 사건 이후 과거의 그림자에 갇혀 살 수밖에 없었던 두 남녀는 서로의 상처를 알아보고 보듬고 치유해나간다. 경기전, 오목대, 한옥마을 등 드라마의 주요 장면에 등장한 몇몇 장소가 더욱 로맨틱하게, 때론 가슴 시리게 다가올 것이다.

02 한국식 로마네스크 성당의 품격
전동성당

Access 전주역 앞(삼성병원 건너편)에서 12・60・79・109・119・142・508・513・536・542・545・546・552번 버스 승차, 전동성당・한옥마을 하차 Address 전북 전주시 완산구 태조로 51 Tel 063-284-3222 Web www.jeondong.or.kr

 PLUS 전주 유생들의 배움터
전주향교

Access 전주역 앞(삼성병원 건너편)에서 12・60・79・109・119・142・508・513・536・542・545・546・552번 버스 승차, 전동성당・한옥마을 하차 Address 전북 전주시 완산구 향교길 139 Tel 063-288-4544 Open 하절기 09:00~18:00, 동절기 09:00~17:00

고풍스러운 붉은 벽돌과 우아한 곡선을 그리는 돔형 종탑이 마치 중세 유럽의 성당을 연상케 한다. 이미 영화나 CF 촬영 장소로 유명세를 떨치고 있지만 이곳은 엄연히 아침저녁으로 경건한 미사가 행해지는 성전이다. 200여 년 전 이 땅에 천주교를 알리고 첫 순교자가 된 신부들의 유해 위에 지어진 성당으로 23년간의 대역사를 거쳐 1931년 완공되었다. 성당 안쪽엔 푸른 잔디와 나무가 어우러진 안뜰이 잘 가꾸어져 있어 잠시 머물다 가면 좋다.

향교는 지금으로 치면 지방 국립대학쯤 되는 조선 시대 교육기관이다. 공자의 위패를 모신 대성전을 중심으로 여러 성현들의 위패가 봉안된 동・서무, 학생들을 가르치던 명륜당 등이 배치되어 있다. 600년의 역사를 가진 전주향교는 현재 교육 기능은 사라졌으나 봄가을에 공자께 제사를 지내고 지역의 전통문화를 알리는 데 쓰이고 있다. 향교에는 다섯 그루의 크고 오래된 은행나무가 있는데 그중 서문 앞 400년 된 은행나무는 전주향교의 상징이기도 하다.

| 03 | 풍류가 넘실대는 골목
전주한옥마을

Access 전주역 앞(삼성병원 건너편)에서 12 · 60 · 79 · 109 · 119 · 142 · 508 · 513 · 536 · 542 · 545 · 546 · 552번 버스 승차, 전동성당 · 한옥마을 하차 Address 전북 전주시 완산구 풍남동 · 교동 일원

옹기종기 모여 있는 700여 채의 전통 한옥과 고즈넉한 돌담길이 멋스러운 전주한옥마을은 전주에서 꼭 들러야 할 명소. 한옥마을의 역사는 1930년대로 거슬러 올라간다. 일제강점기 전주천변 일대에서 시작된 일본인의 이주와 일본풍 건물의 확장에 반발해 전주 교동과 풍남동 일대에 한옥마을이 형성된 것. 겉모습은 영락없는 한 세기 전이지만 그 안을 들여다보면 전통과 조화를 이룬 현대적인 풍경들이 눈길을 사로잡는다. 세련된 레스토랑, 아기자기한 카페, 특색 있는 갤러리와 전통문화 체험관까지. 그중에서 옛 백양메리야스 공장을 문화공간으로 탈바꿈해 실력 있는 지역 작가들을 소개하고 있는 '교동아트센터'(063-287-1244~5), 전주가 고향인 소설 〈혼불〉의 작가 최명희의 생애와 문학을 엿볼 수 있는 '최명희문학관'(063-284-0570), 우리 가양주의 역사와 제조 과정을 속속들이 알 수 있는 '술박물관'(063-287-6305) 등은 시간을 들여 구경할 만하다. 오목대 전망대에서 바라보면 팔작지붕의 용마루가 넘실거리는 근사한 풍경을 목격할 수 있다.

tip 2011년 국제슬로시티로 지정된 전주한옥마을엔 '숨길'이라는 걷기 코스가 조성되었다. 자연이 살아 있는 전주천을 따라 전주한옥마을의 역사와 생태를 만날 수 있는 7.1km의 길이다.

청춘들의 난장

남부시장 청년몰

Access 전주역 앞(삼성병원 건너편)에서 12 · 60 · 79 · 109 · 119 · 142 · 508 · 513 · 536 · 542 · 545 · 546 · 552번 버스 승차, 전동성당 · 한옥마을 하차 Address 전북 전주시 완산구 풍남문2길 53 Tel 063-287-6301(사회적기업 이음) Open 11:00~23:00 Close 월요일 Web blog.naver.com/simsim1968

전주한옥마을에서 도보로 10분 거리에 있는 남부시장은 전주의 대표적인 전통시장이다. 싱싱한 제철 과일과 채소, 생선, 젓갈 등을 사고파는 손길이 분주한 이곳에 놓치기 아까운 보석 같은 공간이 숨어 있다.
아이디어로 무장한 청년 장사꾼들이 12개의 이색 점포를 시장 2층에 마련한 일명 '청년몰'이다. 핸드메이드 소품 공방, 한방 찻집, 놀이문화 술집, 수제뽕잎버거집, 식충식물화원과 잡화점까지 손수 간판을 만들고 아기자기하게 꾸민 공간에선 재기발랄한 청년 장사꾼들의 개성이 흠씬 묻어난다. 매주 첫째 · 셋째 주 토요일엔 별별 물건과 야식 그리고 야외공연이 한데 어우러진 왁자지껄한 토요야시장도 열린다. 최근엔 요리강좌와 화분 가꾸기, 핸드드립커피교실 등 다양한 문화 강좌도 운영하고 있다.

| 05 | 전주를 굽어보다
남고산성&산성벽화마을

Access 전주역 앞(삼성병원 건너편)에서 12·60·79·109·119·142·508·513·536·542·545·546·552번 버스 승차 후 한옥마을에서 752번 버스 환승, 아태문화재단 하차 Address 전북 전주시 완산구 서학로 82(서학파출소)

892년 견훤이 세운 후백제의 수도였던 전주. 그 흔적은 901년 견훤이 도성의 방어를 위해 쌓았다는, 고덕산 서북쪽 골짜기를 에워싼 남고산성에서 찾을 수 있다. 임진왜란 때와 조선 후기에 보수 및 증축되기도 했으나 현재는 여기저기 부서지고 무너져 산자락의 일부인 양 고요히 자리 잡고 있다. 전체 둘레가 5.3km인 산성 가운데 만경대와 억경대를 오르면 전주 시내를 한눈에 조망할 수 있다. 산성 아랫마을의 천변을 따라 담벼락과 건물에 그려진 벽화는 또 다른 볼거리. 젊은 작가 14명이 참여해 1.5km의 길에 36개 작품을 완성했는데, 주변 환경과 어우러진 파스텔 색감의 따뜻한 그림들에 슬며시 미소가 떠오른다.

tip 전주한옥마을에서 산성벽화마을이 시작되는 서학파출소까지는 걸어서 이동할 수 있을 정도의 거리. 하지만 남고산성까지 돌아보려면 조금 힘들 수 있으니 남고사 입구까지 택시로 이동한 후 남고산성을 구경하고, 걸어 내려오면서 산성벽화마을을 찬찬히 감상하는 방법 추천.

| PLUS + | 봄을 알리는 영화 축제
영화의거리

Access 전주역 앞(삼성병원 건너편)에서 9·12·508·536·542·545·552번 버스 승차, 중앙성당 또는 북문 하차 Address 전북 전주시 완산구 영화의거리 Tel 063-288-5433(영화제사무국) Web jiff.or.kr

4~5월 전주 영화의거리에서 열리는 전주국제영화제(JIFF)는 작지만 힘 있는, 전 세계 대안·독립영화의 장이다. '영화를 통한 세상의 아름다운 변화'라는 슬로건 아래 2000년 처음 개최되었다. 독특한 영화미학을 가진 3인의 감

독과 함께 하는 '디지털 삼인삼색', 한국 단편영화 제작 프로젝트 '숏!숏!숏!' 등 평소에는 쉽게 접하기 어려운 다채로운 영화를 만날 수 있다. 영화제가 열리면 JIFF의 상징이 된 노란 티셔츠의 자원봉사자들이 거리를 활기로 가득 채우고, 티켓박스와 야외공연장이 마련되어 각종 이벤트가 진행된다.

전주 맛집

● 해장국계의 지존 조점례남부피순대

Address 전북 전주시 완산구 풍남문2길 39 Tel 063-232-5006 Open 07:00~24:00 Menu 순대국밥(따로) 6000원

자리에 앉기도 전에 '그냥'인지 '따로'인지 묻는다. 순댓국에 밥을 말아줄지 공깃밥 따로 줄지 빨리 결정하란 소리. 무뚝뚝한 서비스와 어수선한 식당 분위기가 썩 맘에 들진 않지만 일단 이 집 순대국밥 맛을 보면 그런 것쯤은 아무려면 어떠랴 싶다. 선지를 듬뿍 넣어 붉다 못해 검은 피순대는 보드랍고, 양껏 담은 내장 건더기는 씹을수록 쫀득거린다. 결정적인 건 국물. 혀에 착착 감기는 감칠맛에 없던 숙취도 해소될 판이다.

● 전주 콩나물국밥의 진수 현대옥

Address 전북 전주시 완산구 풍남문2길 63 Tel 063-282-7214 Open 06:00~14:00 Close 설날·추석 당일 Menu 콩나물국밥 5000원

'전주' 하면 비빔밥을 떠올리기 마련이지만 현지인들이 추천하는 음식은 따로 있다. 바로 콩나물국밥. 물이 달라 그런지, 특별한 재배 기술이 덕인지 유독 아삭하고 고소한 전주 콩나물이 맛의 비결. 남부시장 콩나물국밥의 원조로 알려진 현대옥은 펄펄 끓이지 않은 국물에 적당한 양의 밥을 말아내는 게 특징이다. 시원한 국물 맛을 느낄 수 있는 20년 된 노하우. 여기에 그때그때 다진 고추·파·마늘을 넣고 수란·김 등과 함께 먹는 것이 정석인데 소박하면서도 깊은 그 맛에 십중팔구 반하게 된다.

● 엄마가 만들어준 포근한 바나나빵 원제과점

Address 전북 전주시 완산구 풍남문2길 11 Tel 063-288-6820 Open 월~금요일 08:00~22:30, 토~일요일 08:00~21:00 Close 설날·추석 당일 Menu 바나나카스텔라(2개) 1800원

소박한 동네 빵집이 그리운 이들에게 풍남문 인근에 자리한 원제과점은 반갑기 그지없다. 꾸미지 않은 작은 매장과 오븐에서 갓 나온 예스러운 빵. 친절한 주인을 만날 수 있는 까닭. 바나나처럼 긴 모양에 버터와 바닐라 향 가득한 추억의 바나나빵 카스텔라는 이 집의 대표 메뉴.

》 에디터 추천 코스

혼불문학관

푸른옷소매 미술관

남원역

남원 만복사지

광한루원

남원역

남원읍이 남원시로 승격된 지 30여 년이 흘렀고 2004년엔 KTX 노선이 개통해 교통도 편리해졌지만 여전히 '읍내'라는 말이 더 어울리는 소박하고 조용한 고장이다. 그리 크지 않은 시내 중심가를 벗어나면 논밭이 한가로이 펼쳐지고, 깊은 산동네까지 오가는 시골 버스는 주름이 깊게 파인 어르신들만 수시로 실어 나른다. 동네는 크지 않을지언정 그 안에 남긴 문화와 역사는 결코 가볍지 않다. 판소리 전승지로 수많은 명창을 배출하고, 고전소설 〈춘향전〉 〈흥부전〉과 대하소설 〈혼불〉의 배경이 된 남원은 '예향'이라 불러 마땅하다.

INFO

 광한루원(063-620-6752), 춘향테마파크(063-620-6175)

 tour.namwon.go.kr(남원시 문화관광), namwonbus.net(남원시 교통)

 만복사지와 광한루는 남원역에서 그리 멀지 않고 버스도 자주 있지만, 조금 먼 관광지는 버스시간표와 정류장을 미리 확인해두지 않으면 낭패를 보기 십상이다. 시내버스터미널(063-631-3116)에 문의.

 맛깔나고 푸짐한 남도 한상차림은 남원을 찾는 또 다른 이유.

| 01 | 폐허의 미학
남원 만복사지

하루 추천 코스

Access 남원역에서 시내 방면으로 1km **Address** 전북 남원시 만복사길 10-3

너른 벌판에 주춧돌과 당간지주만이 오롯이 서 있는 절터. 고려 시대 문종 때 지어진 만복사는 한창 때 수백 명의 승려가 기거하고, 김시습의 소설 〈금오신화〉 중 하나인 '만복사저포기'에 등장할 정도로 일대에서 가장 큰 절이었다고 한다. 그러나 정유재란(1597년) 때 불탄 이후 재건되지 못하고 지금과 같은 모습으로 남겨졌다. 목조건축물은 화마에 모두 사라져 흔적조차 남지 않았지만 오층석탑(보물 제30호), 석조대좌(보물 제31호), 당간지주(보물 제32호), 석조여래입상(보물 제43호) 등 살아남은 석조물 대부분이 국가의 중요문화재로 지정되었다. 범상치 않은 석탑과 불상이 번성했을 지난날에 대한 상상력을 자극한다.

tip 남원역에서는 보증료 1만원(반납 시 돌려줌)과 대여료 2000원에 자전거를 시간 제한 없이 대여해준다. 광한루원까지 자전거를 타고 가는 길에 만복사지를 잠시 구경하면 딱 알맞다. 대여 시간 09:00~16:00(반납 18:30까지).

| 02 | 〈춘향전〉의 무대
광한루원

Access 남원역에서 시내 방면 군내 삼진약국 하차 Address 전북 남원시 요천로 1447 Tel 063-625-4861 Open 08:00~20:00 Fee 어른 2500원, 청소년 1500원, 어린이 1000원(하절기 19:00 이후, 동절기 18:00 이후 무료) Web gwanghallu.or.kr

'호남제일루'라 불리던 광한루와 석재로 만든 아름다운 홍예교 오작교가 연못 위에 은은한 반영을 그리며 서 있다. 단옷날 그네 타던 춘향이를 보고 이몽룡이 첫눈에 반하게 되는 소설 속 무대이기도 한 광한루원. 성춘향과 이몽룡 같은 지고지순한 사랑을 꿈꾸는 커플이라면 그냥 지나치기 어려운 법. 전통의상을 빌려 입고 오작교에서 기념 촬영을 하는 부부, 아름다운 연못과 대나무숲을 배경으로 사랑을 속삭이는 풋풋한 연인의 모습도 목격할 수 있다.

tip 남원까지 왔으니 춘향가는 아니더라도 우리 소리 한마당은 들어봐야 하지 않을까. 춘향테마파크 내 국립민속음악원(ntmc.go.kr)에서는 매달 한두 차례 수준 높은 기획 공연을 마련하니 일정을 체크해두자.

03	삶이 예술이 되는 곳

푸른옷소매 미술관

Access 남원역에서 시내 방면으로 약 1km 떨어진 남원여객정류장에서 150번 버스 승차, 상신 하차 Address 전북 남원시 산동면 만행사길 124 Tel 010-9246-7626 Open 12:00~18:00 Fee 관람+음료(커피·허브티) 5000원 Web blog.naver.com/and9246

시내에서 버스로 한참을 들어가야 하는 지리산 산골짜기 마을에 화가와 삽살개 두 마리가 함께 사는 미술관이 있다. 프로방스풍의 가구와 핸드메이드 그릇으로 채워진 공간엔 화가의 동화 같은 그림이 더해져 편안하면서도 몽환적인 분위기를 자아낸다. 화가가 손수 내려준 핸드드립 커피 한 잔에 몸과 마음이 녹아내린다. 이곳의 또 다른 즐거움은 정원. 지리산에 내려와 산 지 7년, 그간 화가가 정성스레 키운 꽃과 나무는 그에 대한 보답이라도 하듯 아름다운 풍광을 선사한다. 삽살개 '스물', '인디'와 정원에서 놀다 보면 시간이 쏜살같이 지나간다.

tip 푸른옷소매 미술관이 자리한 상신마을까지는 하루 여덟 차례 버스가 다닌다. 두 시간 간격으로 운행되니 시간 체크는 필수.

PLUS 소설 〈혼불〉의 고향
혼불문학관

Access 남원역에서 시내 방면으로 약 1km 떨어진 남원여객 정류장에서 523번 버스 승차, 노봉 하차 **Address** 전북 남원시 사매면 서도로 522 **Tel** 063-620-6788 **Open** 09:00~18:00 **Close** 월요일 **Fee** 무료 **Web** honbul.go.kr

최명희 작가가 17년에 걸쳐 집필한 〈혼불〉은 일제강점기 몰락해가는 양반가 며느리 3대의 굴곡 많은 삶을 그린 대하소설이다. 비록 작가의 별세로 완결되진 못했지만 얽히고설킨 인간 군상의 생동하는 표현과 우리네 풍속의 세밀한 묘사 등 길이 남을 고전으로 평가받고 있다. 혼불문학관은 소설의 무대가 된 남원시 사매면에 자리하고 있다. 문학관에는 소설 속 주요 이야기들을 디오라마로 재현해놓았으며 매암종가, 청호저수지, 서도역 등 소설 속 배경이 된 장소들이 인근에 흩어져 있어 문학 기행을 하기에 안성맞춤이다.

tip 혼불문학관까지는 버스가 하루 네 차례(07:55, 11:05, 15:00, 18:35) 운행되기 때문에 한 번은 택시를 이용하는 것이 효율적이다.

남원 맛집

● 얼큰한 남원 추어탕 한 뚝배기 **새집추어탕**

Address 전북 남원시 천거길 9 **Tel** 063-625-2443 **Open** 09:00~21:00 **Menu** 추어탕 8000원, 추어튀김 2만원

남원 추어탕이 유명한 이유는 섬진강 지류를 따라 잡히는 토종 미꾸리를 쓰기 때문이다. 중국에서 건너온 미꾸라지에 비해 맛도 영양도 우수한 미꾸리는 남원 추어탕의 자존심인 셈. 광한루원 주변에 형성된 추어탕골목 가운데서도 60여 년의 세월을 자랑하는 새집추어탕. 토종 미꾸리를 갈아 만든 진하고 구수한 추어탕을 맛볼 수 있다.

● 푸짐한 남도 한정식 **천거돌솥밥**

Address 전북 남원시 양림길 36-6 **Tel** 063-626-3453 **Open** 10:00~21:00 **Menu** 영양돌솥밥 7000원

관광지 음식은 맛없고 비싸기만 하다는 속설을 무색하게 만드는 집. 7000원짜리 영양돌솥밥을 주문하면 10여 가지 반찬과 된장찌개, 꽁치구이, 검은콩두부 등이 푸짐하게 딸려 나온다. 지리산 아랫동네답게 나물 반찬의 종류가 다양하고 맛도 좋다.

≫ 에디터 추천 코스

- 곡성역
- 470m
- 550m
- ① 섬진강기차마을 전통시장
- ② 섬진강기차마을
- 8.73km
- ③ 섬진강변 자전거길
- 16.02km
- ⊕ 태안사

곡성역

단단한 검은 몸체에서 증기를 내뿜으며 느릿느릿 전진하는 열차. 상상만으로도 근사하다. 곡성 섬진강기차마을은 '기차 여행' 하면 빼놓을 수 없는 곳이다. 특별할 것 없던 시골 마을이 기차마을의 명성을 얻게 된 것은 불과 10여 년 전. 곡성역이 곡성 읍내로 이전하면서 옛 곡성역은 철거될 상황에 놓이게 된다. 옛 곡성역의 운명을 바꾼 것이 곡성군의 섬진강기차마을 조성사업이었다. 박물관에서나 볼 법한 증기기관차를 직접 만지고 탈 수 있는, 전국에서 유일한 마을로 재탄생하면서 사람들이 몰려들기 시작했다. 주말이면 증기기관차 좌석은 매진되기 일쑤고 섬진강기차마을은 관광객들로 발 디딜 틈 없이 북적인다.

INFO

 섬진강기차마을(061-360-8379)

 simcheong.com(곡성군 문화관광)

 곡성버스터미널(061-363-3919)에서 출발하는 군내버스가 섬진강기차마을 앞 버스정류장을 지나 가정역, 태안사 등으로 향한다. 버스시간표는 관광안내소와 버스터미널, 군청 홈페이지에서 확인할 수 있다.

 증기기관차를 타려면 가족 나들이 인파가 많은 시즌은 피하라. 피란민 코스프레를 원치 않는다면.

| 01 | 진짜 시골 장터
섬진강기차마을 전통시장

하루 추천 코스

Access 곡성역에서 읍내 방면으로 약 500m Address 전남 곡성군 곡성읍 곡성로 856 Tel 061-360-8352 Open 매달 3·8·13·18·23·28(5일장), 매주 토요일(토요시장) 08:00~17:00

이제는 흔치 않은 소읍 장터의 정취가 남아 있는 곳. 현대적으로 깔끔하게 정비된 시장의 모습은 조금 낯설지만 그 안의 풍경은 여전히 정겹다. 괴나리봇짐 짊어지고 고사리 한 소쿠리 팔겠다고 나왔다가 꾸벅꾸벅 졸고 있는 할머니, 즉석에서 솜씨 좋게 꽈배기를 만들어 튀기는 꽈배기집 주인, "뻥이요" 소리를 구성지게 뽑아내는 뻥튀기집 아저씨가 있어 고향에 온 듯 마음 한편이 훈훈해진다. 원래 매달 3일과 8일에 열리는 5일장이었으나 이젠 매주 토요일에도 곡성장을 만날 수 있게 되었다.

02 증기기관차가 달린다
섬진강기차마을

Access 곡성역에서 기차마을 이정표 따라 약 600m Address 전남 곡성군 오곡면 기차마을로 232 Tel 061-363-9900, 6174 Open 09:30~17:30 Fee 입장료 성수기(4~10월) 어른·청소년 3000원, 어린이 2500원 비수기(11~3월) 어른·청소년 2000원, 어린이 1000원 / 증기기관차(왕복) 어른·청소년 6000원, 어린이 5500원 Web gstrain.co.kr

1999년 폐역이 된 옛 곡성역 주변에 형성된 기차 테마 관광지. 1930년대 지어진 옛 곡성역에선 1960년대 증기기관차를 재현해 침곡역을 지나 가정역까지 10km를 하루 다섯 차례(09:30, 11:30, 13:30, 15:30, 17:30) 운행한다. 덜컹거리는 기차는 편하지도 그리 특별할 것도 없건만 마치 시간 여행을 하는 듯, 영화 속 한 장면인 듯 마음이 달뜬다. 시끄러운 기적소리를 내며 기관차 굴뚝에서 뿜어져 나오는 증기는 그저 신기하기만 한 광경. 섬진강기차마을 안에는 장미공원과 곤충박물관, 동물농장 등이 조성되어 있어 가족 나들이객에게 안성맞춤이고, 침곡역에서 가정역까지 5km 구간에서는 레일바이크 체험도 가능하다.

tip 섬진강의 풍광을 감상하며 증기기관차를 타는 것도 재미있지만 거꾸로 시골 마을을 느릿느릿 지나는 증기기관차를 구경하는 것도 이색적이다. 열차 시간에 맞춰 길목에 기다렸다가 근사한 사진 한 컷에 도전해보자.

03 시가 그려지는 물길 따라
섬진강변 자전거길

Access 곡성역 앞 사거리에서 압록 방면 버스 승차, 가정 하차 또는 기차마을 증기기관차 이용 Address 전남 곡성군 고달면 가정마을길 51 Tel 061-362-4186(곡성청소년야영장) Open 09:00~해 질 때 Fee 자전거 대여료 3000원(1인용)

섬진강의 너른 품을 따라 봄이면 흐드러진 벚꽃 덕에 아름다운 드라이브 코스로 유명한 17번 국도. 바로 그 맞은편에 자전거길이 조성되어 있다. 원래는 일반 도로였지만 차들이 더 넓은 17번 국도를 이용하게 되면서 자전거에 자리를 내어주게 된 것. 섬진강변 자전거길은 가정역을 기준으로 침곡역 방면과 구례 방면이 있다. 침곡역 방면으로 간다면 호곡나루터에서 나룻배 체험을 할 수 있고, 구례 방면이라면 다무락마을의 소박한 돌담길을 만날 수 있다. 왕복 10~13km 코스. 곡성청소년야영장에서 자전거를 빌려 압록교까지 왕복하는 동안 만나는 차라곤 대여섯 대 남짓. 언제든 길을 멈추고 사진을 찍어도 될 정도로 한가롭다. 뜨거운 여름 햇살만 조심한다면 그야말로 라이더가 꿈꾸던 길.

PLUS + 동리산 숲 속의 숨은 보석
태안사

Access 곡성역 앞 사거리에서 태안사 방면 버스 승차, 원달 하차 Address 전남 곡성군 죽곡면 태안로 622-215 Tel 061-363-6669, 6622 Fee 어른 1500원, 청소년 1500원, 어린이 1000원

버스에서 내려 태안사 입구까지 2km의 숲길을 걸어 들어가야 한다. 싱그러운 솔향과 청량하게 흐르는 계곡물이 속세의 짐일랑 훌훌 털어버리라고 속삭이는 듯하다. 신라 시대 창건된 태안사는 한때 이름깨나 날리던 절이었으나 현재 그 흔적은 희미하다. 한국전쟁 때 대웅전 등 15채의 전각이 불탔기 때문. 대신 고즈넉한 절집의 분위기는 제대로 깃들었다. 계곡물 위에 지어진 능파각을 지나면 재건한 대웅전을 비롯하여 천불보전·만세루·해회당 등이 자리하고 있다. 태안사는 부당한 시대를 저항한 조태일(1941~99년) 시인이 태어난 곳이기도 하다. 조태일시문학관이 태안사 입구에 지어진 것도 그 때문. 시인의 어린 시절을 떠올리며 걷는 숲길은 더욱 각별하다.

tip 숲길을 왕복하려면 시간이 꽤 걸리니 버스시간 체크는 필수. 곡성역에서 태안사까지 가는 버스는 월~토요일은 일곱 차례, 일요일은 다섯 차례뿐이다. 태안사에서 나오는 마지막 버스는 18:15 출발한다.

곡성 맛집

● 구수한 팥칼국수 한 젓가락 **내고향시장팥죽**

Address 전남 곡성군 곡성읍 곡성로 856 Tel 061-363-7123, 010-9783-7123 Open 매달 3·8·13·18·23·28일 매주 토요일 Menu 팥칼국수·멸치국수 3500원

섬진강기차마을 전통시장의 명물. 멀리 타지에서 이 집 칼국수를 맛보기 위해 올 정도로 유명하다. 국산 팥으로 끓인 걸쭉한 팥칼국수는 손맛 살아 있는 쫄깃한 수타 면발과 고소하고 담백한 팥국물의 조화가 일품이다.

● 섬진강의 선물 '올갱이' 맛집 **나룻터**

Address 전남 곡성군 죽곡면 하한길 3 Tel 061-362-5030 Open 11:00~21:00 Menu 다슬기수제비 7000원

'올갱이'라고도 불리는 다슬기는 섬진강이 주는 귀한 선물. 섬진강변 자전거길에서 압록교 방면으로 방향을 돌려 찾아간 이 집에서는 섬진강에서 직접 잡은 다슬기를 하나하나 손질해 요리한다. 시원하고 깔끔한 국물의 다슬기수제비가 대표적.

순천역

경전선과 전라선이 교차하는 순천역은 전라남도 철도 교통의 요지다. 1930년대부터 순천시민의 발이 되어준 순천역은 2009년 지금의 자리로 이전한 후 2011년 고속철도가 운행되면서 전라선 최다이용객을 자랑하고 있다. 순천의 매력적인 여행지도 여기에 한몫했다. 끝없이 펼쳐진 갈대숲과 수백 마리의 철새들이 군무를 추는 순천만, 맑다 못해 투명한 계곡물이 흐르고 하늘을 찌르는 편백나무·삼나무가 울울창창한 조계산 자락의 천년고찰 송광사와 선암사. 그리고 시간이 멈춘 듯한 조선 시대 초가집과 성곽 사이를 거닐 수 있는 낙안읍성. 우리 부모님이 살던 시대로 시간여행을 떠나보는 순천드라마촬영장까지. 어느 곳을 선택하더라도 실망하지 않을 것이니. 따라서 결정할 것은 여행지 이전에 여행자 자신의 입맛이다.

INFO

 순천역 광장(061-749-3107)

 tour.suncheon.go.kr(관광순천), bis.sc.go.kr:8282(순천시내버스), tour.suncheon.go.kr(시티투어버스)

 순천역 앞 버스정류장에서 선암사, 송광사, 낙안읍성으로 가는 버스를, 파출소 건너편 세븐일레븐 앞 버스정류장에서 순천만과 낙안읍성으로 향하는 버스를 탈 수 있다. 관광안내소에서 배차시간을 확인하자.

 시티투어버스 추천. 비용과 시간을 절약할 수 있을 뿐 아니라 친절한 가이드도 받을 수 있다. 요일마다 코스가 조금씩 다르다.

01 시간이 멈춘 초가 마을
낙안읍성

하루 추천 코스

Access 순천역에서 68번 버스 또는 파출소 건너편 세븐일레븐에서 61·63번 버스 승차, 낙안읍성 하차 Address 전남 순천시 낙안면 충민길 30 Tel 061-749-3347 Open 12~1월 09:00~17:00, 2~4월 09:00~18:00, 5~10월 08:30~18:30 Fee 어른 2000원, 청소년 1500원, 어린이 1000원 Web nagan.suncheon.go.kr

볏짚을 엮어 얹은 초가지붕과 얼기설기 만든 싸리문, 야트막한 돌담과 포근한 흙길. 조선 시대 어디쯤이라 해도 믿길 예스러운 풍경이 눈앞에 펼쳐진다. 우리나라 최초로 마을 전체가 사적으로 지정된 낙안읍성은 600년 전 건설된 계획도시다. 100여 채의 초가를 비롯해 지방 관아에 속하는 동헌과 객사, 마을을 굳건히 지켜주는 성곽과 동서남북 네 개의 문이 오롯이 남아 있다. 무엇보다 민속촌의 모사품도, 박물관의 전시품도 아닌 엄연히 220여 명의 주민이 실제 거주하는 마을이라는 점에서 더욱 특별하다. 옛 방식 그대로 아궁이에 불을 때고 장독대를 어루만지며 살아가는 주민들을 만날 수 있다. 대다수의 가옥이 민박을 운영하고 있으며 흙가마를 갖춘 도자기 공방과 옛날 대장간도 체험할 수 있다.

tip 월간 〈뿌리깊은나무〉 〈샘이깊은물〉 등을 통해 우리네 전통문화와 말씨를 평생 연구하고 발굴해 낸 출판인 고(故) 한창기 선생. 그가 공들여 수집한 6000여 점의 향토 유물과 고서를 수장·전시하는 '뿌리깊은나무박물관'이 2011년 낙안읍성 인근에 문을 열었다. 유물전시관을 비롯해 전통 한옥과 석탑, 석등 등이 전시되어 있는 야외전시실로 꾸며져 있다.

PLUS + 드라마 속 주인공처럼
순천드라마촬영장

Access 순천역 앞 파출소에서 77번 버스 승차, 드라마촬영장 하차 또는 택시 10분 소요 Address 전남 순천시 비례골길 24 Tel 061-749-4003 Open 09:00~18:00 Fee 어른 3000원, 청소년 2000원, 어린이 1000원 Web scdrama.sc.go.kr

〈사랑과 야망〉의 2006년 리메이크 버전을 촬영하기 위해 지어진 야외촬영 세트장이다. 주인공이 어린 시절을 보낸 1960~70년대 순천 읍내, 이후 상경하며 살게 된 서울 봉천동 달동네, 그리고 1980년대 옛 종로 거리가 현실감 있게 재현되어 있다. 혼·분식 장려나 가족계획 현수막 등을 통해 당시 시대상을 엿볼 수 있고 경양식집, 양복점, 복덕방, 레코드점과 같이 이제는 사라진 추억의 장소도 만날 수 있다. 언덕 위에 집들이 다닥다닥 들어선 달동네의 좁은 골목길과 양철 지붕은 어려웠지만 온정만은 넘쳤던 그 시절을 떠올리게 한다. 〈에덴의 동쪽〉〈제빵왕 김탁구〉〈빛과 그림자〉 등 숱한 드라마와 영화 〈그해 여름〉〈님은 먼 곳에〉 등이 촬영되었다.

02 돌담을 따라 흐르는 고졸한 멋
선암사

Access 순천역에서 1번 버스 승차, 선암사 하차 Address 전남 순천시 승주읍 죽학리 산802 Tel 061-754-5247, 5953 Fee 어른 2000원, 청소년 1500원, 어린이 1000원 Web seonamsa.net

〈나의 문화유산 답사기〉의 저자 유홍준 전 문화재청장을 비롯해 전통건축 연구가들이 예찬해 마지않는 선암사. 규모가 웅장하거나 경관이 화려하지도 않다. 오히려 여기가 절이 맞나 싶을 정도로 소박하고 친근하다. 주불이 놓인 대웅전을 중심으로 위계를 따지는 다른 절과 달리 선암사의 전각들은 각각 나름의 영역을 가지고 수평적으로 놓여 있다. 그 사이를 정겨운 돌담과 연못, 오래된 매화나무·왕벚나무가 채운다. 드물게 조선 후기 사찰의 넉넉한 모습을 그대로 간직하고 있다. 선암사가 이렇게 보존될 수 있었던 것은 1950년대부터 시작된 두 불교 종파, 태고종과 조계종 사이의 오랜 법적 다툼 때문. 그리고 누구도 주인 행세를 할 수 없던 덕에 선암사는 가장 아

름다운 절로 남을 수 있었다. 선암사에 이르는 삼나무 숲길과 구름 위에 떠 있는 듯한 돌다리 승선교, 정호승 시인의 시에도 등장하는 해우소 또한 놓치지 말아야 할 풍경.

PLUS 법정 스님의 마지막 안식처
송광사

Access 순천역에서 63 · 111번 버스 승차, 송광사 하차 Address 전남 순천시 송광면 송광사안길 100 Tel 061-755-0107~9 Fee 어른 3000원, 청소년 2500원, 어린이 2000원 Web songgwangsa.org

tip 순수하게 자연의 힘만으로 자라는 야생차는 수확량은 얼마 안 되는 대신 그 맛이 깊고 진하다. 전국적으로도 최고의 야생차로 알려진 선암사 야생차. 선암사 가는 길목에 전통야생차체험관(scwtea.com)이 있으니 한번 들러보길 권한다. 다례체험 2000원.

불교의 타락이 극에 달한 고려 말, 지눌 스님은 참선수행을 통해 종교 본연의 의미로 돌아가자는 뜻을 펼치니, 그 자리가 지금의 송광사다. 이후 보조국사의 지위에 오른 지눌 스님을 포함해 총 16명의 국사를 배출한 송광사는 합천 해인사, 양산 통도사와 함께 한국 불교의 삼보사찰로 널리 알려지게 된다. 부처의 가르침을 배우고 수행하는 명찰답게 송광사의 가람 배치는 질서 정연하고 정갈하다. 그중에서 사람들의 발길을 붙잡는 곳은 일주문을 지나 만나게 되는 능허교와 우화각이다. 조계산의 너른 품에 안긴 송광사는 굽이쳐 내려오는 계곡물을 경내로 끌어들이고 그 위에 능허교와 우화각을 지어 건너도록 했는데, 그 풍경이 절로 시 한 수 읊게 할 정도로 운치가 있다. 능허교의 홍예가 수면에 비쳐 생긴 그림자는 한 폭의 수묵화를 연상케 한다.

tip 법정 스님이 열반에 오르기 전 기거하며 집필하던 불일암. 이곳으로 가는 일명 '무소유길'을 걷다 보면 스님의 마음과 머릿속이 고스란히 다가오는 느낌이다. 세속과 등지듯 빼곡한 전나무와 대나무 숲을 지나 부지불식간에 나타나는 불일암은 진심으로 아름답다.

03 흑두루미가 사는 갈대숲
순천만 자연생태공원

Access 순천역 앞 파출소 건너편 세븐일레븐에서 67번 버스 승차, 순천만 하차 Address 전남 순천시 순천만길 513-25 Tel 061-749-4007 Open 09:00~22:00 Close 월요일 Fee 순천만+순천만정원 통합권 어른 5000원, 청소년 3000원, 어린이 2000원 / 생태체험선 어른 7000원, 청소년 3000원, 어린이 2000원 Web suncheonbay.go.kr

230ha의 광활한 갈대숲은 은신처가 되고 꽃처럼 붉은 칠면초와 다양한 갯벌 생물들이 먹이가 되니 겨울을 나기 위해 비행하던 철새들은 순천만에 와 둥지를 틀게 되었다. 세계적으로도 수가 적은 흑두루미와 검은머리갈매기도 종종 찾는다는 건 순천만이 그만큼 청정지대라는 증거. 순천만을 둘러보는 순서는 다음과 같다. 먼저 드넓은 갈대밭 사이로 난 1.2km의 나무 데크를 따라 산책하듯 거닐면서 햇빛에 반짝이는 황금빛 들녘을 만끽한다. 그다음 잠시 고개를 아래로 숙이면 짱뚱어가 펄떡거리고 농게, 칠게가 드나드는 갯벌을 코앞에서 마주하게 된다. 마지막으로 데크가 끝나는 지점에서 30분 정도 산을 오르면 순천만을 한눈에 볼 수 있는 용산전망대에 도착한다. 험하진 않지만 다소 경사가 급한 곳도 나오니 마실 물과 운동화를 준비하자. 숨이 턱밑까지 차오르면 전망대에 다다랐다는 의미다. 해가 질 녘 이곳에 오르면 붉게 물든 저녁 하늘이 S자 물길 따라 형성된 둥글둥글 원형 갈대밭과 하나 되는 환상적인 광경을 감상할 수 있다.

순천 맛집

● 남녀노소 누구나 좋아할 생오리불고기 **우리집**

Address 전남 순천시 팔마로 65 Tel 061-741-5253 Open 10:30~22:00 Menu 오리불고기(1마리) 1만9000원

순천 시내 세 곳(조례동, 풍덕동, 석현동)에 체인점이 있는 생오리불고기 전문점. '진품오리'란 마크로 재료의 품질을 보증한다. 양념을 한 듯 만 듯한 얇은 생오리고기를 부추, 양파, 마늘과 함께 불판에 올리면 딱 맛있는 불고기 간이 배어든다. 한 마리면 두 명이 먹을 수 있는 양이지만 바빠진 젓가락질에 금세 바닥을 드러내고 만다.

● 순천만의 보양식 짱뚱어탕 **갈대밭식당**

Address 전남 순천시 순천만길 656 Tel 061-741-0727 Open 09:00~21:00 Menu 짱뚱어탕 1만원, 꼬막정식 1만4000원

짱뚱어는 순천만에 서식하는 망둑엇과의 어종이다. 짱뚱어탕은 여름철 보양식으로 즐겨 먹는데, 시원한 국물은 속풀이로도 그만이다. 언뜻 추어탕과 비슷하지만 덜 비릿하고 구수하다. 단백질이 풍부해 기력 회복에도 좋다. 순천만의 매서운 찬바람에 지친 몸과 마음을 뜨뜻하게 데워주는 음식으로 안성맞춤.

여수엑스포역

2012년 여름, 여수는 여수세계박람회로 온통 들떠 있었다. 곳곳에서 엑스포 표시와 깃발이 나부꼈고, 주말이면 관광객이 밀물처럼 들어왔다. 관광객이 들어오고 나가는 간만의 차로 여행의 적기를 따진다면, 여수는 필히 썰물 때 찾아야 하는 곳이다. 항구에서 배를 타고 한두 시간 이동하면 만날 수 있는 크고 작은 섬이 많은데, 이곳의 백미인 '자연 그대로의 자연'을 즐기기 위해서는 우선 타지에서 밀려온 이들이 적어야 하기 때문. 여수의 맛과 멋을 느낄 수 있는 고소동과 수산시장은 필수 코스로 즐기고 여기에 취향과 일정에 따라 트레킹하기 좋은 금오도나 쥬라기공원을 연상케 하는 상화도, 하화도 등을 둘러보면 완벽한 나만의 여수여행이 된다. 썰물처럼 관광객이 빠져나간 지금, 여수는 화려한 화장을 지우고 말간 얼굴로 관광객을 기다리고 있다.

INFO

 여수엑스포역 앞(061-690-2588)

 ystour.kr(여수시 관광정보)

 여수를 처음 여행한다면, 여수시 관광정보 홈페이지에서 여수 시티투어를 신청하는 게 좋다.

여수의 진면목은 시내와 함께 주변 섬을 여행해야 발견할 수 있다. 섬까지 돌아보려면 적어도 2박 3일 일정은 잡고 떠나길 추천한다. 만약 하루 일정으로 여행을 계획한다면 여수 시티투어 프로그램 신청은 필수다.

| 01 | 색도 효능도 인상적인
만성리 검은 모래 해변

+하루 추천 코스+

Access 여수엑스포역 근처 농협 동부지점 건너편 동양관광여행사 앞에서 7번 버스 승차, 만성리해수욕장 하차 Address 전남 여수시 만성리길 15-1 Tel 061-690-7547

만성리 검은 모래 해변의 자랑은 지명에서 알 수 있듯이 검은 모래다. 여름이면 국내에서는 보기 드문 검은 모래 해변을 보기 위해 관광객들이 가득 메우는데, 검은 모래는 일반 모래보다 방사율이 높아 신경통과 각종 부인병에 효험이 있어 찜질하는 사람들이 많다. 특히 음력 4월 20일은 '검은 모래 눈 뜨는 날'로, 지열이 모래 위로 올라와 찜질하기 가장 좋은 시기이다.

tip 여수엑스포역에서 만성리 검은 모래 해변으로 가는 길에 마래터널을 지나게 된다. 마래산을 관통하는 마래터널은 문화재로 지정된 전국 유일의 암반 터널이다. 일제강점기 때 완성된 것으로 손으로 직접 작업했다고 한다. 또한 마래터널을 지나면 전라선 중 최고 절경으로 꼽히는 외향선 풍경을 감상할 수 있다.

| 02 | 편안하게 걷기 좋은 섬
오동도

Access 여수엑스포역 앞 미평시장 입구에서 333·2번 버스 승차, 오동도 차고지 하차 Address 전남 여수시 수정동 산1-11 Tel 061-690-7303 Web odongdo.go.kr

멀리서 바라보면 섬 전체가 오동잎을 닮아 오동도라 불린다. 여수역에서 멀지 않아 기차여행을 하는 사람들이라면 한번은 꼭 들르는 곳이다. 유독 동백나무가 많아 꽃피는 11월부터 이듬해 4월까지 섬 전체가 붉게 물든다. 오동도를 갈 계획이라면 편안한 신발이 필수다. 숲 속으로 산책로가 잘 가꾸어져 있어 걷기여행의 즐거움을 만끽할 수 있다. 오동도 입구 주차장에서 방파제를 따라 걸으면 여수 작가들이 그려놓은 벽화를 감상할 수 있다. 약 15분 정도 소요되는 이 거리는 '한국의 아름다운 길 100선'에 선정되었을 정도니 갈 때는 걸어서, 올 때는 500원의 탑승료를 받는 동백열차를 타고 나오길 추천한다. 오동도 안에 자리한 테마공원에는 25m 높이를 자랑하는 등대와 음악분수대, 맨발산책로 등이 있다. 음악분수대는 특히 밤에 빛을 더하면서 더욱 화려해지는데, 한여름 밤에 여수에서 가장 인기 있는 장소 중 하나다. 섬 곳곳에 숨겨진 용굴과 거북바위 등 인상적인 모양의 기암괴석을 구경하고 싶다면 섬 주변을 돌아볼 수 있는 유람선과 모터보트 등을 이용하면 된다.

tip 오동도 음악분수대는 동절기(12~2월 무렵)를 제외하고 매일 11:00~22:15 가동된다. 주간에는 10분 동안 가동된 뒤 20분 정지하며, 야간에는 15분 동안 가동하고 15분 정지한다. 매년 동절기는 홈페이지를 통해 확인해야 한다.

| 03 | 현지인들의 즐겨 찾기
자산공원

Access 여수엑스포역 앞 미평시장 입구에서 333·2번 버스 승차, 수정동 대한통운 하차 Address 전남 여수시 종화동 Tel 061-690-2342

여수에서 가장 오래된 공원이다. 일출 때 산봉우리가 아름다운 자색으로 물든다는 자산의 정상에 위치해 있다. 공원에는 충무공 이순신 장군 동상과 현충탑, 충혼탑 등 애국심을 샘솟게 하는 기념비로 가득하다. 자산공원에는 오동도 방파제 입구에서 가파른 계단을 오르는 길과 이순신 광장로를 이용하는 길이 있는데 전자는 오동도 전경이, 후자는 돌산대교 전경이 펼쳐진다. 숙박을 하거나 일정이 여유 있다면 자산공원 정상에 있는 팔각정에서 일출을 감상해볼 것. 바다에서 밀려오는 해풍과 탁 트인 남해가 마음까지 시원하게 해준다.

| 04 | 세상에서 가장 큰 동화책
고소동 천사벽화골목

Access 여수엑스포역에서 111 · 2번 버스 승차, 경찰서 하차 Address 전남 여수시 이순신광장로 169

해양공원에서 고소동까지 1004m의 골목에는 여수를 상징하는 엑스포, 바다 등을 소재로 한 벽화가 그려져 있다. 단순한 그림이 아니라 하나의 이야기로 구성해 보고, 읽고, 느끼고, 걷고 싶은 골목으로 완성했다. 총 7구간으로 나뉘어 있으며, 일곱 권의 동화책을 읽는다는 생각으로 지도는 잠시 가방에 넣어두고 천천히 감상하는 게 포인트. 1구간은 해양 관련 동심의 세계, 2구간은 역대 해양 엑스포와 하멜표류기, 3구간은 해양 관련 여수 풍경 및 일상 이야기, 4구간은 개장골마을 전설과 함께 포토존이 설치되어 있다. 그리고 5구간은 주변 환경과 자연 풍경, 6구간은 골목길 색칠과 무형의 사람 군상, 7구간은 좌수영 생활과 이순신 장군의 일대기가 펼쳐진다. 특히 여수 주민들은 2구간에 대한 애착이 깊다고 한다. 이 사업은 여수세계박람회에 대비해 중앙동 주민자치위원회가 자발적으로 기획했고, 2구간은 지역 주민들이 십시일반으로 모은 기금으로 추진되었기 때문이라고 한다.

tip 천사벽화골목 1구간 : 패밀리마트~중앙4길 25-1 / 2구간 : 중앙4길~중앙4길 7-1 / 3구간 : 중앙4길 7-1~대광빌라 / 4구간 : 대광빌라~고소5길 13 / 5구간 : 고소5길 13~고소5길 27-4 / 6구간 : 고소5길 27-4~대첩비각 / 7구간 : 대첩비각~진남관

 자연이 빚어낸 섬
금오도

Access 여수엑스포역에서 111·2번 버스 승차 후 중앙시장 하차, 여수여객터미널에서 함구미행 배 탑승 **Address** 전남 여수시 남면 내외진길 10 **Tel** 061-690-2605

산꼭대기에 오르면 일본 대마도가 보인다고 기록되어 있으며 숲이 우거져 검게 보인다 하여 거무섬이라 불리기도 했다. 제주도에는 올레길, 지리산과 북한산에는 둘레길이 있다면 이곳 금오도에는 비렁길이 있다. 비렁길은 여수시 남면 함구미마을 뒤편 산길로 해안을 따라 자연스럽게 형성된 코스이며 길이가 18.5km에 이른다. 가파르지 않고 오르고 내리는 폭이 적어 남녀노소 누구나 가족, 연인과 함께 '느림의 미학'을 즐길 수 있다. 용두바위와 미역바위, 굴등전망대, 촛대바위 등이 이 비렁길의 주요 관광 포인트! 영화 〈하늘과 바다〉 〈혈의 누〉 등이 원시 자연의 풍광을 담기 위해 깎아지른 듯한 금오도 절벽을 택했다.

PLUS 해를 향한 암자
향일암

Access 여수엑스포역에서 111번 버스 승차, 임포(향일암) 하차 Address 전남 여수시 돌산읍 향일암로 60 Tel 061-644-4742 Fee 어른 2000원, 청소년 1500원, 어린이 1000원 Web hyangiram.org

여수의 향일암은 양양 낙산사 홍연암, 강화도 석모도 보문사, 남해 금산 보리암과 함께 우리나라 4대 관음 기도처 중 하나이다. 금오산 절벽에 자리 잡아 바다와 해를 마주하기에 해돋이를 감상하기에도 좋다. 향일암이 이곳에 자리한 것은 바다의 신인 용왕에게 기도를 하기 위함이다. 신비롭게도 금오산은 마치 거대한 거북 한 마리를 닮은 모양새로 토끼를 용왕에게 안내하던 동화 속 거북을 떠올리게 한다. 금오산 자락 향일암 주변엔 원효대사가 앉아서 참선과 수도정진을 했다는 원효대사 좌선대, 원효대사가 책을 읽었다는 경전바위 등이 옛 자취를 전한다.

PLUS 마음까지 평온해지는 바닷가
장등해수욕장

Access 여수엑스포역에서 약 800m 떨어진 여수중학교 근처 휴게소 버스정류장에서 27번 버스 승차, 남중학교 하차 Address 전남 여수시 화양면 장수리 317-3 Tel 061-690-2604 Web namdobeach.go.kr

여수 남쪽에 있으며, 봉화산 자락이 소음을 막아주어 프라이빗 비치처럼 즐기기 좋다. 백사장의 모래가 매우 곱고 부드러우며, 수심이 얕고 완만한 경사를 이루고 있어 아이들과 함께 하는 가족여행객이 해수욕을 즐기기에도 부담 없다. 장등해수욕장 건너편으로 영화 〈꽃섬〉의 촬영지인 하화도를 비롯해 상화도, 백야도, 제도, 개도, 닭섬이라 불리는 상계도, 하계도, 낭도 등의 섬들이 점점이 떠 있어 다도해의 비경이 펼쳐지고 있다. 해수욕장 주변의 조그만 갯바위는 낚시를 위한 최적의 장소. 아침이면 섬 사이로 떠오르는 해돋이도 이곳을 찾는 이유이다.

PLUS 여수에서 발견한 비밀의 화원

상화도, 하화도

Access 여수엑스포역에서 111·2번 버스 승차 후 중앙시장 하차, 여수여객터미널에서 낭도행 배 탑승 Address 상화도 전남 여수시 화정면 웃꽃섬, 하화도 전남 여수시 화정면 아랫꽃섬

여수에는 어린 시절 읽었던 신비롭고 아름다운 동화 〈비밀의 화원〉처럼 숨겨져 더욱 아름다운 섬이 있다. 아는 이도 많지 않고 찾는 이도 적은 상화도와 하화도가 바로 그곳. 동백꽃, 선모초, 진달래꽃 등의 야생화 단지와 총 7.5km가 넘는 생태탐방로가 잘 조성되어 있다. 새로운 곳을 찾는 여행자들에게 금오도의 뒤를 이어 숨은 명소로 각광받고 있다.

여수 맛집

● 여수에서 맛보는 삼치회의 참맛 **조일식당**

Address 전남 여수시 여문문화2길 61 Tel 061-655-0774 Open 11:00~24:00 Menu 회 3만원부터, 새우튀김 1만3000원, 생선튀김 8000원

● 명불허전 밥도둑 돌게장 **황소식당**

Address 전남 여수시 봉산남3길 5 Tel 061-642-8007 Open 11:00~24:00 Menu 돌게장백반 8000원

삼치는 주로 구이로 먹는데 살이 연하고 지방질이 많아 쉽게 부패되기 때문이다. 결국 삼치는 바닷가 주변에서나 그 맛을 제대로 느낄 수 있다. 삼치의 맛을 아는 여수 사람들 사이에서는 가을 전어보다 '가을 삼치'가 인기다. 조일식당에서 그 '가을 삼치'의 맛을 경험할 수 있다. 삼치와 함께 어느 정도 숙성시켜 활어회보다 더 차진 맛이 나는 선어회와 느끼하지 않고 고소한 새우튀김 또한 이곳의 별미다.

여수에서는 자그마한 돌게로 게장을 담그는데 꽃게나 참게보다 살이 단단하면서도 부드럽고 진한 맛이 특징이다. 봉산동 게장거리에 있는 황소식당에는 게장 메뉴만 있는데 돌게장백반은 가격이 저렴할 뿐 아니라 돌게장과 함께 제공되는 밑반찬도 상당히 깔끔하고 맛있다. 인기가 높아지면서 택배 주문도 가능하다.

온양온천 예산 삽교 홍성 대천 서천 군산

- 경부선
- 호남선
- 전라선
- **장항선**
- 경전선
- 중앙선
- 동해남부선
- 태백선
- 기타

하루
+ 추천 코스 +

장항선

》 에디터 추천 코스

5 공세리성당
6 피나클랜드
7 신천탕
4 현충사
3 온양전통시장
온양온천역
2 당림미술관
1 외암민속마을

온양온천역

1960~70년대 예식장을 나선 신혼부부의 8할은 온양온천으로 신혼여행을 떠났다. 하지만 국내에 다양한 관광지구가 생기고, 해외여행 전면 자유화가 시행되면서 온양온천은 황혼결혼식을 한 부부조차도 찾지 않는 동네가 됐다. 최근 온양온천은 이미지 쇄신을 위해 대대적인 작업을 진행했다. 아산시에서 온양1~5동에 걸친 디자인 프로젝트에 돌입한 것. 온양온천역 앞 옹벽과 건축에는 벽화가 그려지면서 생기를 되찾았다. 벽화의 일부는 시민들의 소망을 적은 조형물로 채웠다. 콘크리트와 철골이 그대로 드러나 있던 남동 고가철도는 이순신 장군의 휘호와 거북선을 접목한 디자인으로 거듭났고, 어둡고 음침했던 동신초등학교 지하도는 별이 빛나는 작은 우주 공간으로 변신했다. 이제 복고 유행과 함께 온궁의 명성도 되찾을 수 있지 않을까.

INFO

 온양온천역 1번 출구 앞(041-540-2517)

 citytour.asan.go.kr(온양온천시티투어)asan.go.kr/culture(아산 문화관광)

 기차역을 중심으로 관광지가 사방으로 떨어져 있기 때문에 미리 일정을 계획하고 버스노선과 시간을 잘 알아두는 것이 중요!

 매년 10월에 온양온천에서 '온천축제'가 열린다. 온천수에서 수영대회를 진행하고, 온천에서 나이트 스파 프로그램을 개설하기도 하는 것. 역시 조금 쌀쌀해지는 시기가 온양온천 여행의 적기다.

01 500년 전통이 살아 있는 마을
외암민속마을

하루 추천 코스

Access 온양온천역(아산 우리들의원 앞)에서 100·130번 버스 승차, 송남초 하차 또는 120번 버스 승차, 외암민속마을 하차 **Address** 충남 아산시 송악면 외암민속길 5 **Tel** 041-541-0848 **Open** 09:00~17:30 **Fee** 어른 2000원, 어린이 1000원 **Web** oeammaul.co.kr

충청도 양반의 고택과 초가, 돌담 정원 등이 보존되어 있는 민속마을이다. 이 마을에 관한 정확한 기록은 없지만 예안 이씨 일가가 정착하면서 집성촌을 이루었다는 설이 지배적이다. 세월이 만들어낸 천연 세트장으로 드라마 〈영웅시대〉〈옥이 이모〉〈찬란한 여명〉〈덕이〉와 영화 〈취화선〉〈태극기 휘날리며〉 등의 시대극이 이곳에서 촬영됐다. 마을 전체는 동고서저의 형상으로 지형 조건에 맞춰 집들은 모두 서남향이다. 가옥 주인의 관직명이나 출신 지명을 따서 참판댁, 병사댁, 감찰댁, 참봉댁, 종손댁, 송화댁, 영암댁, 신창댁 등의 택호가 정해져 있는데, 집집마다 구조가 조금씩 달라 집 안 특색을 훔쳐보는 재미가 있다. 특히 건재고택, 송화댁, 교수댁이 차지하는 비중이 크고 잘 꾸며져 있다. 단, 이곳들은 토·일요일 오전과 오후에 한 번씩만 개방하여, 이 경우에도 예안 이씨의 집으로 추측되는 건재고택만은 볼 수 없어 아쉬움이 남는다.

tip 외암민속마을의 민박 손님과 설날이나 추석 당일에 찾는 여행객은 무료입장. 시기에 맞게 고구마나 옥수수 캐기, 두부 만들기 등 농촌 체험을 할 수 있는 프로그램이 있으며, 그 종류도 1일 체험, 1박 2일 체험, 2박 3일 체험 등으로 다양하다. 모두 홈페이지를 통해 예약할 수 있다.

02 보고, 만지고, 느낄 수 있는 4D 미술관
당림미술관

Access 온양온천역(아산 우리들의원 앞)에서 100 · 120 · 111 · 130번 버스 승차, 장존동 하차 **Address** 충남 아산시 송악면 외암리2구 산2-1 **Tel** 041-543-6969 **Open** 10:00~18:00 **Close** 매주 월요일 **Fee** 어른 3000원, 청소년 2000원, 어린이 1000원 **Web** 당림미술관.한국

03 맛을 아는 사람들의 미식 로드
온양전통시장

Access 온양온천역 1번 출구로 나와 도보로 온천대로까지 이동 **Address** 충남 아산시 시장길 13 **Tel** 041-541-1189 **Open** 장날은 매달 4 · 9 · 14 · 19 · 24 · 29일

이름에서 예측할 수 있듯이 당림 이종무 화백을 기리는 미술관이다. 문화관광부가 지정한 충청남도 1호 미술관으로 작가의 작품을 볼 수 있는 미술관, 어린이들이 직접 참여할 수 있는 문화학교, 그리고 봄에는 벚꽃비가 내리고 가을에는 낙엽이 물드는 공원으로 구성되어 있다. 눈으로 보고 손으로 그리고 코로 꽃내음을 맡을 수 있어 4D 영화를 감상하는 듯 즐거운 장소이다.

이순신대로에서 시민로 사이 공간을 '샘솟는 거리' '맛내는 거리' '멋내는 거리'로 깔끔하게 정리했다. 우선 시장 입구에는 온천도시답게 '건강의 샘'이라는 족욕장이 마련되어 있다. 추운 날씨에도 김이 보일 정도로 따뜻한 물로 채워져 있어 장을 본 후 쉬는 사람들, 휴식터를 찾아 나온 동네 어르신들로 언제나 가득하다. '샘솟는 거리'는 이 온천 족욕장에서 시민로까지이다. 두 번째 '맛내는 거리'는 샘솟는 거리의 다음 골목으로 비나 눈이 와도 장을 볼 수 있도록 지붕이 씌워져 있다. 그리고 세 번째로 '멋내는 거리'는 온궁로의 상점가인데 각종 패션몰이 들어서 있다. 시장을 보다 배가 고프다면, 샘솟는 거리의 끝에 있는 온양상설시장으로 향하자. 바로 구워낸 빵, 직접 만든 팥죽과 호박죽 등 다양한 전통 먹을거리가 기다리고 있다.

| 04 | 충무공이 살던 그때 그 집
현충사

Access 온양온천역(하나은행 앞)에서 100·120·111·130번 버스 승차, 장존동 하차 Address 충남 아산시 염치읍 현충사길 126 Tel 041-539-4600 Open 하3~10월 09:00~18:00, 11~2월 09:00~17:00 Close 매주 화요일

현충사에는 충무공이 혼인해 살던 옛집과 공을 기리는 사당이 있다. 충무공은 이곳에서 10년간 무예를 연마해 서른두 살 되던 해인 1576년 무과에 급제했다. 충무공이 순국한 지 108년이 지난 후 이곳에 공의 넋을 기리기 위해 사당을 세웠으며, 1707년 숙종이 현충사라 새겼다. 현충사 초입에 있는 은행나무길은 현충사를 유명 관광지로 만든 일등공신. 이 길은 1973년 현충사 성역화 사업 당시 박정희 대통령의 가로수 조성 지시로 은행나무 720여 그루가 도로변에 심어지면서 겨울을 제외하고는 언제나 나무들끼리 서로 가지가 맞닿아 1.6km에 이르는 터널을 이룬다. 현충사로 향하는 길에 반드시 지나는 거리로 2014년까지 차 없는 거리로 만들 계획이라고 한다. 이와 함께 주변에는 소규모 공연장과 전시장을 갖추고 산책로와 자전거도로를 설치하는 등 현충사 가는 길이 더욱 즐거워질 것 같다.

05 영원을 맹세하고 싶은 공간
공세리성당

Access 온양온천역(아산 우리들의원 앞)에서 610번 버스 승차, 인주파출소 하차 Address 충남 아산시 인주면 공세리성당길 10 Tel 041-533-8181 Web gongseri.or.kr

평택에서 아산만방조제를 건너 차로 5분도 채 걸리지 않는 곳에 우리나라에서 가장 아름다운 성당으로 꼽히는 공세리성당이 있다. 영화 〈태극기 휘날리며〉 〈고스트 맘마〉와 드라마 〈모래시계〉 〈불새〉 〈청담동 앨리스〉 등 이곳에서 촬영된 영화와 드라마를 꼽으라면 양손을 사용해도 부족할 정도. 중앙부에 높은 종탑을 세운 고딕 양식의 성당으로, 붉은 벽돌로 뼈대를 세우고 회색 벽돌을 더해 유럽의 성당에 온 듯한 착각을 불러일으킨다. 실제로 이 성당은 1922년 프랑스 선교사 드비스가 중국인 기술자를 데려와 지었다. 천주교가 박해를 받던 조선 말기 순교한 박의서·원서·익서 3형제의 묘가 지금도 남아 있으며, 예수가 십자가에 못 박혀 순교하는 과정을 14개의 조각상으로 만든 '십자가의 길'이 있어 많은 종교인들이 찾는 명소이기도 하다.

| 06 | 동심의 세계로 통하는 문
피나클랜드

Access 온양온천역(하나은행 앞)에서 610번 버스 승차, 모원리 하차 또는 512·510번 버스 승차, 신운3리 하차 **Address** 충남 아산시 영인면 월선길 20-42 **Tel** 041-534-2580 **Open** 10:00~21:00 **Close** 매주 화요일(단, 화요일이 공휴일인 경우 개장) **Fee** 어른 7000원, 청소년 5000원, 어린이 4000원 **Web** pinnacleland.net

공세리성당을 나와 온양온천 방면으로 5분쯤 가면 물과 빛, 바람을 테마로 한 피나클랜드에 도착한다. 아산만방조제 공사로 초라한 몰골이던 공간을 개인이 10여 년간 가꾸어 예쁜 정원으로 탈바꿈시켰다. 매표소에서 느티나무 광장과 은행나무길을 지나면 꽃으로 장식된 써클가든과 너른 잔디밭이 펼쳐지고, 곳곳에는 동화 속 주인공을 떠올리는 꼬마 동상이 반긴다. 팔자형의 구불구불한 라일락 산책로를 따라 오르면 산 중턱에 있는 '태양의 인사'와 조우한다. 태양의 인사는 일본의 유명 미술가인 신구 스스무의 작품으로 거대한 은색 바람개비가 바람의 강약에 맞춰 날렵하게 춤을 추는 모습에 괜스레 설렌다. 이뿐만 아니라 연못과 인공폭포가 있고 그 안에는 잉어까지 노닐고 있어 연신 감탄이 이어진다.

tip 17:00 이후 입장객은 50% 할인 서비스를 통해 저렴하게 이용할 수 있다.

| 07 | 국내에서 가장 오래된 온천
신천탕

Access 온양온천역 1번 출구로 나와 온천대로에서 좌회전 후 200m 직진 Address 충남 아산시 온천대로 1469 Tel 041-545-7777 Open 05:00~24:00 Fee 어른 6000원, 청소년 4000원, 어린이 2500원 Web shinchuntang.co.kr

온양온천은 백제 때는 온정(溫井), 고려 시대에는 온수(溫水), 조선 시대 이후에는 온양(溫陽)이라 불리며 1300여 년의 역사를 이어왔다. 특히 조선 시대 세종대왕은 눈병을 치료하고자 온양에 들렀고 이후 세조, 현종, 숙종 등 여러 임금이 온궁을 짓고 휴양이나 병의 치료차 이곳에 머물렀다고 전해진다. 그만큼 이곳에 들렀다면 꼭 경험해봐야 하는 것이 '온천'이다. 온양온천 시장 주위에 수많은 온천이 있지만 그중에서도 1960년에 문을 연 신천탕이 꾸준히 인기다. 44~60℃의 알칼리 온천수를 공급하는 곳으로 현대식 온천시설에 비해 소박한 분위기지만 과거 왕이 즐기던 그 온천을 그대로 경험하고 싶다면 신천탕이 정답이다.

온양온천 맛집

● 프랜차이즈가 흉내 낼 수 없는 호두과자 태극당

Address 충남 아산시 온천동 87-6 Tel 041-545-4076 Open 08:00~22:00 Menu 호두과자 24개 5000원

온양온천역 앞 뚜레주르에는 다른 곳에서 맛볼 수 없는 호두과자가게가 있다. 원래 태극당이라는 호두과자가 있던 자리로 프랜차이즈 베이커리가 들어왔음에도, 그 인기에 힘입어 여전히 가게 한편에서 운영 중인 것. 일반 호두과자와 달리 커다란 호두 하나가 통으로 박혀 있고, 앙금이 부드러운 베이지 빛깔로 많이 달지 않아 어른들도 맛있게 먹을 수 있다.

● 소박하고 정갈한 시골 밥상 신창댁

Address 충남 아산시 송악면 외암민속길 13 Tel 041-543-3928 Open 08:00~22:00 Menu 청국장 5000원

외암민속마을을 걷다 보면 금방 허기가 느껴진다. 민속마을에는 현지인들이 운영하는 식당이 많은데 그중에서도 신창댁은 구수한 청국장이 주 메뉴인 시골 밥상으로 유명하다. 바람 부는 마루에 앉아 먹으면 청국장 향도 강하지 않아 외국인도 부담 없이 즐길 수 있다. 여유가 된다면 충청남도 무형문화재로 지정된 연엽주 한잔을 곁들이길 추천한다.

》》 에디터 추천 코스

- 예산역
- 11.64km
- 대흥슬로시티 ①
- 87m
- 예당호 조각공원 ③
- 4.54km
- ② 의좋은형제공원

예산역

복잡한 도심을 벗어난다고 모든 여행이 힐링 투어가 되는 건 아니다. 지리적 위치보다는 여행하는 사람들에게 안정을 줄 수 있는 안락함과 지친 마음을 치유할 수 있는 무언가가 필요하다. 그런 조건과 가장 잘 맞아떨어지는 곳이 예산이다. 예부터 '의좋은 형제의 고향'으로 유명한 충청남도 예산군은 넉넉한 인심과 맛있는 황토사과로 정평이 나 있다. 명산 가야산과 덕숭산이 높이 솟아 있고, 기름진 예당평야가 펼쳐져 한 폭의 산수화를 보는 듯하다. 게다가 예산군은 세계슬로시티협회가 선정한 121번째 슬로시티라는 사실. 말 그대로 느림으로써 행복한 도시다. 속도에 지쳐가는 현대인들이 느림을 통해 삶을 반추하기 적합하니, 이보다 좋은 힐링 장소가 없지 않을까.

INFO

 덕산온천관광지 내 관광안내소(041-339-8930)

 yesan.go.kr/culture(예산군 문화관광)

 기차역 바로 앞 정류장에서 출발하는 버스는 대부분 예당저수지로 향하기 때문에 버스만으로도 편하게 여행할 수 있다. 4월부터 11월까지 매주 토요일마다 운행되는 무료 투어 버스를 이용해도 좋다.

예당저수지의 고요함과 가장 잘 어울리는 레포츠는 단연 낚시. 낚시의 손맛을 모르더라도, 저수지 위에 둥둥 떠다니는 오두막(좌대)에서의 밤낚시는 추천할 만하다.

01 자연과 함께 하는 시간
대흥슬로시티

 하루 추천 코스

Access 예산역에서 300 · 314 · 320번 승차, 교촌3리 하차 **Address** 충남 예산군 대흥면 중리길 49 **Tel** 041-331-3727 **Web** slowcitydh.com

대흥은 신안 증도, 완도 청산, 장흥 유치, 담양 창평, 하동 악양에 이어 우리나라에서 여섯 번째로 슬로시티다. 옛이야기길, 느림길, 사랑길의 세 코스로 나뉘어 있지만, 모두 1시간에서 1시간 30분 남짓이면 돌아볼 수 있다. 눈 감고 길을 선택해도 금수강산을 만날 수 있다. 산책을 마친 후에는 달팽이학교로 향해 내 손으로 직접 차린 자연밥상을 맛봐야 한다. 자연밥상은 내 손으로 뜯은 상추와 내 손으로 캔 감자와 내 손으로 버무린 나물로 차려진다. 느린꼬부랑길을 걷다가 뜯은 씀바귀가 바로 상 위에 오르고, 예산의 맛 좋은 사과는 양파소스와 함께 달콤한 디저트로 변신하기도 한다. 흙을 만지고, 나무내음을 맡고, 직접 만든 자연밥상을 맛보는 동안 자연과 하나 됨을 느낄 수 있다.

02 형님 먼저 아우 먼저
의좋은형제공원

Access 예산역에서 300 · 314 · 320번 버스 승차, 대흥중학교 하차 **Address** 충남 예산군 대흥면 상중리 **Tel** 041-339-8265 **Web** yesanstory.com

밤새 서로의 집에 쌀가마니를 옮겨놓던 '의좋은 형제'는 형제간 우애를 이야기할 때 빠지지 않고 등장한다. 이 이야기는 실존 인물인 이성만, 이순 형제의 실화에 바탕을 두고 있다. 예산에서 벼슬을 지낸 이성만과 이순 형제가 나눈 형제애가 백성들에게 귀감이 된다 하여 연산조 3년에 우애비를 세웠고, 2004년 예산군에서 이를 기리기 위해 형제의 집을 재현한 의좋은형제공원을 조성했다.

03 친환경 관광지
예당호 조각공원

Access 예산역에서 300 · 314 · 320번 버스 승차, 평촌리 하차 Address 충남 예산군 응봉면 예당로 1345-12 Tel 041-339-7312

예산을 떠나기 전, 마지막 코스로는 예당저수지를 내려다볼 수 있는 예당호 조각공원이 적당하다. 오른쪽에는 예당호를, 왼쪽에는 꽃나무를 끼고 걸을 수 있는 산책로를 이용하거나 예당호 조각공원에서 가장 높은 곳에 위치한 카페 '스페이스 이양'에서 커피 한잔을 마시며 풍광을 감상한다. 곳곳에 놓인 국내 작가들의 조각품이 많지 않아 공원을 둘러보는 것은 오래 걸리지 않지만, 주변 풍경과 함께 여유롭게 즐기려면 1~2시간 정도 예상하는 것이 좋다.

tip 매달 둘째 주 토요일에 의좋은 형제공원에서 지역 농산물을 사고파는 장터가 열린다. 시장 구경도 하고 민속 음식도 맛보고 특별한 공연도 즐길 수 있는 기회. 종종 일정이 바뀌기도 하므로 출발 전에 홈페이지에서 장터 일정을 확인하는 게 좋다.

tip 예당호를 한눈에 보고 싶다면 하류에 있는 팔각정으로 향하자. 팔각정은 낚시꾼들의 명소이자 연인들의 훌륭한 산책로이다.

예산 맛집

● 칼칼한 어죽 한 그릇 **대흥식당**

Address 충남 예산군 대흥면 예당금모로 403 Tel 041-335-6034 Open 09:00~23:00 Menu 어죽 6000원, 새우튀김 1만5000원

예당호 초입에 있는 작은 가게로 손님이 끊이지 않을 정도로 인기 있다. 이곳의 별미는 예산5미 중 하나인 민물어죽이다. '민물어죽'은 각종 민물고기를 뼈째 푹 삶아 살만 골라낸다. 그리고 고추장이나 된장을 풀어 끓이다가 불린 쌀과 수제비를 넣고 한소끔 더 끓여낸 죽이다. 대파, 생강, 마늘, 깻잎 등을 넣은 다음 김치와 함께 먹으면 '두 사람이 먹다 한 사람이 죽어도 모를' 별미. 여기에 새우깡 크기의 작은 새우들을 튀겨내 들고 다니면서 먹기 좋은 새우튀김도 인기.

〉〉〉 에디터 추천 코스

- ③ 추사고택
- ④ 리솜스파캐슬 — 20.98km
- ② 수덕사 — 24.92km
- 삽교역
- ① 한국고건축박물관 — 3.69km / 17.87km

삽교역

예산군은 금북정맥을 중심으로 동서남북 산이 겹치고, 그곳에서 발원한 무한천과 삽교천이 지역을 감싸며 흐른다. 이곳에는 예산역과 삽교역, 두 개의 기차역이 있다. 삽교역은 군산역과 마찬가지로 컨테이너 화물을 주로 취급하지만 역 바로 앞에 다양한 관광지로 향하는 버스가 운행되고 있어 여행자들에게 편리하다. 예산군으로 향할 때 자신의 여행 목적을 생각해 역을 선택하면 된다. 힐링 투어를 원한다면 예산역에 멈춰서 예당호와 대흥슬로시티를 구경하고, 볼거리가 있는 여행을 하고 싶다면 삽교역에서 출발하는 건축기행을 권한다. 추사 김정희 고택, 한국고건축박물관, 수덕사 등 고건축의 향연이 펼쳐지기 때문. 많이 걸어 피곤하다면 리솜스파캐슬에서 하루를 마무리한다. 다친 학이 이곳의 온천물로 치료했다는 전설처럼 피로가 말끔히 씻길 것이다.

INFO

덕산온천관광지 내 관광안내소(041-339-8930)

yesan.go.kr/culture(예산군 문화관광)

 한국고건축박물관부터 추사고택까지 하루에 모두 즐길 계획이라면 사실 드물게 다니는 버스보다는 렌터카를 이용하는 게 편하다. 버스를 이용할 계획이라면 일정을 조금 넉넉히 잡아야 한다.

 아는 만큼 보이고 본 만큼 즐거워지는 것은 시대와 국가를 불문한 여행의 진리다. 건축기행을 떠날 계획이라면 〈딸과 함께 떠나는 건축여행〉 정도는 읽고 가길.

| 01 | 과학이 예술이 결합된 고건축의 비밀 |

한국고건축박물관

Access 삽교역에서 555번 버스 승차, 둔1리에서 553번 버스 환승, 사천1리에서 390번 버스 환승 후 대동리 하차 Address 충남 예산군 덕산면 홍덕서로 543 Tel 041-337-5877 Open 하절기 09:00~18:00, 동절기 09:30~17:00 Close 매주 월요일(단, 동절기(11~2월)에는 매주 월·화요일) Fee 어른 3000원, 학생 2500원, 어린이 1500원 Web ktam.or.kr

전흥수 대목장이 세계적으로 우수한 한국 고건축 분야의 가치를 전승, 발전시키고자 만든 박물관이다. 나무를 단순히 접착제와 철골 등으로 붙이는 것이 아니라 단 하나의 못도 사용하지 않고 짜 맞추듯 쌓아올리는 우리 전통건축의 실제는 참으로 놀랍다. 조립식 자재로 단기간에 지어지는 현대의 건축물과는 달리 고건축은 좋은 목재를 고르는 것에서 시작되는 길고 고통스러운 과정을 거쳐 지어진다. 이곳에서는 실물 10분의 1 크기로 정밀하게 복원한 우리나라 유일의 숭례문 모형을 비롯해 건축방식은 그대로 따르고 크기만 줄여놓은 20여 국보급 옛 건축물들을 볼 수 있다. 우리 전통건축의 과학성과 아름다움을 보며 그것을 만들어내는 장인의 솜씨에 감탄을 넘어 감동까지 하게 된다.

02 우리 건물의 아름다움
수덕사

Access 삽교역에서 558번 버스 승차. 수덕사 하차 Address 충남 예산군 덕산면 수덕사안길 49-17 Tel 041-330-7700 Fee 어른 2000원 Web sudeoksa.com

수덕사 대웅전은 형태가 장중하고 세부 구조가 견실하고 치밀한 건축물로 국보 제49호다. 고려 25대 충렬왕 시대의 건물임이 8·15광복 전 수리공사 때 밝혀졌는데 제작연대가 뚜렷하고 형태미가 뛰어나 한국 목조건축 사상 중요한 건물로 평가받고 있다. 높직한 돌기단 위에 남향으로 세워져 있고, 강한 배흘림기둥이 고려 시대 건축물임을 직감할 수 있다. 대웅전 실내를 들여다보면 직선과 곡선이 균형 있게 짜인 모습을 볼 수 있다. 간단한 구조와 측면에 보이는 부재들의 아름다운 곡선은 대웅전의 건축미를 더욱 돋보이게 하는데 특히 소꼬리 모양의 우미량이 그중 백미이다. 외부는 새로 단청을 입히지 않아 나무가 간직하고 있는 세월의 흔적이 고스란히 느껴진다.

tip 홈페이지에서 템플스테이를 예약할 수 있다.

03	옛집의 단아한 아름다움

추사고택

Access 삽교역에서 511번 버스 승차 후 예산군청별관에서 440번 버스 환승, 추사고택 하차 **Address** 충남 예산군 신암면 추사고택로 261 **Tel** 041-339-8248 **Open** 09:00~18:00 **Web** chusatotal.or.kr

고택은 안채, 사랑채, 문간채, 사당채로 나뉘는 구조이다. 안채에는 여섯 칸 대청과 두 칸의 안방, 건넌방이 있고 부엌과 안대문, 광 등을 갖춘 'ㅁ'자형 가옥이다. 안채와 사랑채가 엄격히 구분된 조선 시대의 유교적 가옥이지만 곳곳에 그의 실학자적 면모가 드러난다. 사랑채 댓돌 앞에 석년이라 각자된 석주가 그중 하나. 이는 그림자를 이용해 시간을 측정하는 해시계로 추사가 직접 제작했다고 전해진다. 천천히 걷다 보면 기둥마다 주련과 추사의 작품들이 눈에 들어오는데, 그의 글을 통해 감성과 지성이 충만해진다.

tip 지리상으로 추사고택은 예산역에서 더 가깝다. 예산역을 이용할 경우 예산역 앞 광보공판장에서 440번 버스 승차 후 추사김정희고택에서 하차. 약 45분 소요.

04 쉼의 상징
리솜스파캐슬

Access 삽교역에서 551번 버스 승차, 리솜스파캐슬 하차 Address 충남 예산군 덕산면 온천단지3로 45-7 Tel 041-330-8000 Open 스파 09:00~21:00(슬라이드 이용시간은 각기 다름) Fee 일반 시즌 스파+사우나 1일 이용권 어른 4만 8000원, 어린이 3만원(기간과 이용범위에 따라 가격 다름) Web resom.co.kr/spa

드라마 〈시크릿 가든〉에서 남자 주인공의 별장으로 알려진 리솜스파캐슬. '자연 속에서 힐링을 할 수 있는 리조트'라는 콘셉트로 나무를 최대한 많이 사용해 자연을 실내로 끌어들였고 통창을 통해 사계절을 느끼며 물놀이를 즐길 수 있도록 완성했다. 체질과 상태에 맞춰 즐길 수 있는 사상체질 스파, 기운을 북돋아주는 물에너지 스파, 한국인들이 특히 사랑하는 찜질방 등 다양한 스파 체험 공간이 이곳의 특징. 연인이라면 둘만 이용할 수 있는 나이트 스파를 추천한다.

삽교 맛집

● 스파 후 시원하게 마시는 동치미국수 *꺼먹돼지*

Address 충남 예산군 덕산면 신평3길 6-4 Tel 041-337-1616 Open 10:00~22:00 Menu 솥뚜껑구이 소 2만8000원, 동치미국수 식사 6000원 후식 4000원 Web sunsapig.co.kr

● 간판부터 맛집의 기운이 느껴지는 *할머니곱창*

Address 충남 예산군 삽교읍 삽교로 221 Tel 041-338-2641 Open 10:30~20:00 Menu 곱창구이 200g 1만원, 곱창전골 소 1만2000원

예산의 특산품인 사과를 먹여 키운 흑돼지만 취급하는 곳이다. 재래 자연농업 방식으로 키워 연하고 부드러운 육질이 특징. 고기와 함께 나오는 묵은지와 같이 먹으면 비린내도 나지 않고 쫀득한 육질이 인상적이다. 이곳의 진짜 별미는 삼겹살을 구워 먹은 후 맛보는 동치미국수다. 면이 살아 있어 쫄깃하고, 시원한 동치미 국물이 입 안을 개운하게 해준다.

삽교 지역의 곱창구이는 연탄불을 이용한 맛이 일품이다. 곱창은 씹을수록 고소한 맛이 느껴져야 하는데, 이 맛을 완성하는 것이 바로 연탄불이다. 곱창이 낯설게 느껴진다면 향긋한 냉이가 들어 있는 곱창전골을 선택하자. 개운한 전골 국물과 함께 고소한 곱창을 건져 먹다가 밥을 볶아 먹으면 기분 좋게 식사를 마칠 수 있다.

》》에디터 추천 코스

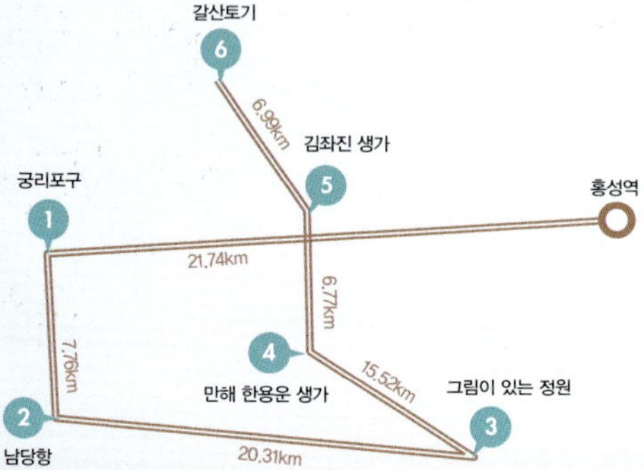

- ① 궁리포구
- ② 남당항
- ③ 그림이 있는 정원
- ④ 만해 한용운 생가
- ⑤ 김좌진 생가
- ⑥ 갈산토기
- 홍성역

1→2: 7.76km
1→5: 21.74km
2→4: 20.31km
4→3: 15.52km
3→5: 6.77km
5→6: 6.98km

홍성역

도시에 저마다 기운이 있다면, 홍성은 '위인'을 키우는 힘이 있는 게 아닐까. 청산리 전투에 빛나는 백야 김좌진 장군, 고려 말 충신 최영 장군과 같은 충절의 인물부터 민족시인 만해 한용운, 판소리의 시조 최선달, 한국 근대 화단의 거목 고암 이응노 화백처럼 시대를 대표하는 예술인까지 이곳에서 나고 자랐기 때문이다. 홍성의 자연은 그들처럼 뽐내지 않는 조용한 아름다움을 간직하고 있다. 화려하지는 않지만 수수한 멋을 풍기는 산과 바다를 만날 수 있는 곳이다. 홍성의 기운을 받고 싶다면 용봉산을 추천한다. 용봉산은 수석전시장에 온 듯 갖가지 기암괴석들이 산행객을 맞아 '제2의 금강산'이라고도 불린다. 웅장한 산이 아니어서 천천히 올라가도 2시간 정도면 정상에 도착할 수 있다. 자신의 그릇을 키우기 위해 여행을 떠나고 싶다면 홍성이 도움이 될 것이다.

INFO

- 역 주변에 관광안내소가 없으므로 인터넷으로 지도를 신청하자.
- tour.hongseong.go.kr (홍성 문화관광)
- 홍성 버스에는 번호가 없다. 어느 방면인지만 쓰여 있기 때문에, 배차시간과 어느 방면인지를 확실히 알아야 한다. 홍성 문화관광 홈페이지에서 시내버스별 시간표를 확인할 수 있으니 참고하는 게 좋다.
- 자극적이거나 화려한 볼거리는 부족하지만 홍성 문화관광 홈페이지에서 소개된 체험 프로그램을 추가한다면 소소한 재미를 느낄 수 있다.

| 01 | 시간이 느리게 흐르는 곳
궁리포구

추천 코스

Access 홍성역 홍성종합터미널에서 270번 버스 승차, 하리 하차 Address 충남 홍성군 서부면 궁리

포구에서의 시간은 조금 더디게 흘러간다. 궁리포구도 마찬가지다. 광활하게 펼쳐진 천수만을 마주하고 앉아 일출과 일몰을 바라보고 있노라면, 시간이 흐른다는 사실은 미묘하게 변하는 풍광으로만 확인되기 때문이다. 갯벌 체험을 할 수 있는 체험장이 있어 축제 때는 관광객들이 즐겨 찾고, 일몰과 일출을 한자리에서 바라볼 수 있어 연말에는 수많은 인파가 몰린다. 천수만을 끼고 도는 임해관광도로에서 바라보는 경치가 일품으로 드라이브 코스 또한 환상적이다.

드라이브 코스는 궁리포구에서 남당리까지 이어지는 바닷길로 날씨가 좋으면 환상적인 일몰까지 선물받을 수 있다. 이곳에서 주로 잡히는 어종은 남당항과 비슷하게 대하, 새조개, 아나고 등이다. 하지만 궁리포구의 멋진 풍경 때문에 값이 비싸므로 주머니가 가볍다면 남당항으로 향하길 권한다.

tip 추운 겨울, 새조갯살은 더욱 쫄깃해진다. 새조개를 샤부샤부로 익혀 먹고, 새조개 국물에 라면이나 칼국수를 끓여 먹으면 담백하고 시원한 맛이 그만이다. 겨울 서해 바다 여행에서 꼭 누려야 할 맛 중 하나.

| 02 | 별미가 가득한 소규모 어항 |

남당항

Access 홍성역 홍성종합터미널에서 276번 버스 승차, 남당리 하차 Address 충남 홍성군 서부면 남당리

홍성의 바다는 가슴속까지 시원해지는 탁 트인 맛은 아니지만 고즈넉한 어촌의 풍경을 담고 있다. 특히 남당항은 해산물이 풍부해 1년 내내 전국 미식가들의 입맛을 사로잡는다. 매년 1월 중순이면 본격적인 새조개철이다. 새조개는 새의 부리 모양을 닮았다고 하여 붙은 이름으로, 끓는 물에 살짝 익혀 먹으면 쫄깃한 맛이 일품이다. 봄철에는 바지락과 주꾸미가, 가을이 되면 대하가 한창이다.

 매년 9월에서 10월이면 전국의 미식가들이 손꼽아 기다리는 우리나라 최대의 대하축제가 열린다. 바다로 뛰어들듯 펄떡 뛰는 대하는 날것으로 먹어도, 구워 먹어도 담백함을 느낄 수 있다. 대하축제는 단순한 먹을거리 축제에서 벗어나 갯벌에서 조개도 잡고 대하도 잡는 등 관광객 참여 위주의 다양한 체험 행사를 실시한다. 해마다 70만 명 이상이 찾아와 추억을 만들고 있다.

| 03 | 부성애로 완성한 낙원 |

그림이 있는 정원

Access 홍성역 홍성종합터미널에서 276번 버스 승차, 홍성터미널에서 120번 버스 환승, 벽동 벽계리 하차 Address 충남 홍성군 광천읍 충서로400번길 102-36 Tel 041-641-1477 Open 09:00~일몰 시 Fee 어른 7000원, 청소년 4000원, 어린이 3000원 Web gallerygarden.co.kr

여러 매체를 통해 이 정원의 배경이 알려졌다. 불의의 사고로 움직이지 못하는 아들을 위해 아버지가 깊은 사랑으로 일궈낸 곳이다. 아들은 창을 통해 소생하는 자연을 보며 희망을 갖기 시작했고, 입에 붓을 물고 그 모습을 캔버스에 옮기기 시작했다. 이렇게 아버지가 심은 나무는 어느새 정원이 되었고, 아들은 구필화가로 자신의 길을 찾을 수 있었다. 정원과 함께 아들의 작품이 전시된 미술관을 관람하는 데에는 약 2시간 정도 소요된다.

04 님의 침묵이 흐르는 공간
만해 한용운 생가

Access 홍성역 홍성종합터미널에서 247번 버스 승차, 평산 하차 Address 충남 홍성군 결성면 만해로318번길 83 Tel 041-630-1362 Open 만해 문학 체험관 09:00~17:00 Close 매주 월요일 Fee 무료

독립운동가이자 승려이고 시인이었던 만해 한용운 선생이 나고 자란 생가는 의외로 단출하다. 앞면 3칸, 옆면 2칸 규모의 초가로 양옆에는 1칸을 더해 광과 헛간으로 사용한 흔적이 보인다. 생가 좌측 뒤편에 사당과 삼문이 있고 생가 우측에 선생의 시를 감상할 수 있도록 시비공원을 세웠으며 생가 전면에는 선생의 일대기와 사상을 체험할 수 있는 만해 문학 체험관이 자리하고 있다. 체험관을 먼저 보고 생가를 둘러보면 마음 한구석이 저릿해지고 코끝이 찡해온다. 이렇게 조상이 살던 집을 엿보는 것은 국내 여행에서 반드시 즐겨야 할 재미임을 알 수 있다.

tip 만해 한용운 생가는 언제나 열려 있으나, 만해 문학 체험관은 운영시간이 정해져 있으니 같이 둘러볼 예정이라면 미리 시간을 확인한다.

05 한민족의 기개가 서려 있는 곳
김좌진 생가

Access 홍성역 홍성종합터미널에서 276번 버스 승차, 갈산교앞 하차 Address 충남 홍성군 갈산면 백야로546번길 12

독립운동가 백야 김좌진 장군이 태어나고 자란 곳이다. 안채와 사랑채, 대청, 광, 마구간 등이 잘 보존돼 있어 장군의 숨결을 고스란히 느낄 수 있다. 1991년부터 성역화사업을 추진해 장군의 사당과 전시관, 주차장을 조성하는 등 관리가 잘되어 있다. 사당인 백야사에서 매년 음력 12월 25일 제향을 올린다.

| 06 | 5대째 장인정신의 불을 지피다
갈산토기

Access 홍성역 홍성종합터미널에서 260번 버스 승차, 동곡삼거리 하차 **Address** 충남 홍성군 갈산면 갈산서길475번길 128 **Tel** 041-633-1711 **Fee** 1만원부터(프로그램에 따라 다름) **Web** galsantogi.com

편리함 때문에 전통 옹기보다 플라스틱 그릇을 택하지만 우수성만을 놓고 선택하라면 모두가 주저 없이 옹기에 한 표를 던질 것이다. 홍성에는 전통방식으로 토기를 제작하는 갈산토기가 있다. 크기도 종류도 다양한 옹기들이 잘 전시되어 있어 현장에서 저렴하게 구입할 수도 있고, 물레간에서 직접 물레를 돌리며 옹기장이가 될 수도 있다. 체험 프로그램에 참여하기 위해서는 미리 예약해야 하며, 직접 완성한 작품은 가마에 구워 택배로 보내주기에 뚜벅이 여행자들도 부담이 없다. 어린아이뿐 아니라 연인들에게도 두고두고 좋은 추억이 될 것이다.

홍성 맛집

● 홍성 한우의 탁월한 맛 **한우본**

Address 충남 홍성군 홍성읍 문화로72번길 29 **Tel** 041-634-2292 **Open** 10:00~22:00 **Menu** 평일 점심특선 1만원, 한우갈비살정식 3만원

● 할머니가 만들어준 칼국수의 맛 **충무집**

Address 충남 홍성군 홍성읍 대교리 400 **Tel** 041-632-1443 **Open** 10:00~22:00 **Menu** 칼국수·소머리국밥 7000원

홍성은 바다를 끼고 있어 해산물도 풍부하지만 전국 최고의 축산 생산 기반을 갖춘 곳이다. 그래서 홍성의 슬로건이 '축산의 메카'인 것. 한우본은 친환경 인증을 받은 한우만을 취급하는 곳으로 이가 약한 어르신도 즐길 수 있을 정도로 부드러운 육질이 특징이다. 샐러드 바가 있어 무제한으로 밑반찬을 가져다 먹을 수 있고 실내 분위기도, 모든 반찬도 깔끔하고 정갈해 누군가를 대접하기 위한 공간으로도 손색이 없다. 매장 직원들의 친절함 덕에 식사 후에도 기분 좋은 여운이 남는다.

홍성 전통 재래시장 안에 숨어 있는 작은 가게. 건물은 허름하고 썩 친절하진 않지만 매운 칼국수를 바로 말아주는 할머니의 손맛 덕에 그마저도 정겹게 느껴진다. 여름에는 조개를, 겨울에는 굴을 푸짐하게 넣어서 언제나 매콤하고 시원한 칼국수를 맛볼 수 있다. 홍성의 질 좋은 한우에 진한 육수가 일품인 소머리국밥도 추천 메뉴. 전날 동행인들과 술 한잔을 했다면 아침에 반드시 들러야 하는 곳.

대천역

보령은 언제나 옳다. 봄에는 침샘을 자극하는 주꾸미·도다리 축제, 여름에는 스트레스 풀리는 머드 축제, 가을에는 친구들과 추억을 나눌 수 있는 성주산 단풍 축제 그리고 겨울에는 맛도 좋고 건강도 챙길 수 있는 굴 축제까지 1년 내내 축제가 이어지는 게 그 증거다. 여행 루트를 짜는 것도 간단하다. 대천역을 중심으로 동쪽에는 보령석탄박물관과 개화예술공원이, 서쪽에는 대천해수욕장과 머드체험관이 있다. 만약 1박을 하거나 섬을 둘러볼 예정이라면 동쪽을 먼저 훑고 서쪽으로 가는 게 좋고, 당일치기 일정이라면 서쪽을 본 후 동쪽에서 일정을 마무리한다. 해산물 등 먹을거리가 풍부할 뿐만 아니라 산 좋고 물 맑아 대대손손 평강을 누리며 산다는 '만세보령'. 여행 내내 풍경에서, 인심에서 그 넉넉함을 느낄 수 있을 것이다.

INFO

 보령시(041-932-2023)

 ubtour.go.kr(보령 문화관광)

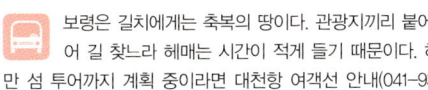 보령은 길치에게는 축복의 땅이다. 관광지끼리 붙어 있어 길 찾느라 헤매는 시간이 적게 들기 때문이다. 하지만 섬 투어까지 계획 중이라면 대천항 여객선 안내(041-934-8772~4)를 통해 미리 배시간을 확인해야 한다.

대천과 머드는 동의어나 다름없다. 대천에서 물놀이나 머드팩 체험을 즐기지 않는다면, 그건 대천의 진면목을 보지 못한 것! 이 두 가지를 맘 놓고 즐기려면 여벌옷은 필수다.

| 01 | 생명의 기운이 온몸으로 느껴지는 곳

성주산

Access 대천역에서 901번 버스 승차, 농협중앙회보령시지구에서 602-2번 버스 환승 후 은선동 하차 Address 충남 보령시 성주면 성주산로 339-18 Tel 041-930-3529

나무가 아닌 숲을 보기 위해선 위로 향해야 하고, 보령시 전체를 보고 싶다면 오서산이나 성주산으로 가야 한다. 억새군락지로 유명한 오서산은 가을에 찾는 이가 많고, 성주산은 특히 여름에 좋다. 성주산은 예로부터 성인, 선인이 많이 살았다 하여 그렇게 부른다. 이곳에는 명품 소나무를 비롯해 느티나무, 굴참나무, 졸참나무, 때죽나무, 고로쇠나무 등이 자생하고 있는데 한낮에도 하늘이 보이지 않을 정도로 촘촘하게 들어서 있다. 이 일대 계곡인 화장골은 한여름의 더위를 씻어내기에 딱이다.

02 살아 있는 교육 현장
보령 석탄박물관

Access 대천역에서 900-131번 버스 승차, 보령요양병원에서 804번 버스 환승 후 석탄박물관 하차 Address 충남 보령시 성주면 성주산로 508 Open 하절기(3~10월) 09:00~18:00, 동절기(11~2월) 09:00~17:00 Close 매주 월요일, 1월 1일, 설날·추석 연휴, 관공서의 공휴일 다음 날 Fee 어른 1500원, 청소년 800원, 어린이 500원 Web 1stcoal.go.kr

우리나라 최초의 석탄박물관으로 광물, 화석과 측량, 굴진, 채탄, 운반 장비 등 3800여 점의 전시품을 소장하고 있다. 실내에 마련된 모형은 마치 실제 탄광에 와 있는 것처럼 사실적인 것이 특징. 석탄박물관 내 설치된 엘리베이터는 지하 400m 아래로 이어진다. 엘리베이터 문을 닫고 지하 400m까지 도착하는 시간은 불과 1분. 엘리베이터 문이 열리면 광부들의 작업 모습이 실물 사이즈로 재현된다. 특수 음향 효과로 천공작업, 전기발파, 폐석처리, 채탄작업, 운반작업 순으로 정리되어 작업 과정을 한눈에 알기 쉽게 구성했다. 이 모든 과정은 30분에서 1시간이면 충분히 관람할 수 있다.

03 예술의 향기가 살아 숨 쉬는 공원
개화예술공원

Access 대천역에서 900-131번 버스 승차, 보령요양병원에서 804번 버스 환승 후 개화예술공원 하차 Address 충남 보령시 성주면 성주산로 689 Tel 041-931-6789 Open 09:00~22:00 Fee 어른 4000원, 어린이 2000원 Web gaehwaartpark.com

허브랜드, 음악당, 육필시공원, 비림공원, 모산미술관 등을 품고 있는 거대한 예술종합단지이다. 허브비누 만들기, 양초 만들기, 도자기 체험, 나무곤충 만들기 등 다양한 체험 프로그램이 있어 특히 가족여행자에게도 인기이다. 주황색 지붕에 2층으로 구성된 모산미술관은 세계 어디에서도 볼 수 없는 오석으로 지어졌다. 오석은 표면을 갈면 갈수록 더 까만 빛깔을 내고, 갈지 않고 쪼갤수록 하얗게 변하는 성질이 있어 비석이나 조각상 소재 중에서도 귀한 편이다. 구석구석 구경하며 하루 종일 이곳에 머물고 싶다면, 공원 내에 있는 24시간 찜질방을 이용하는 게 가장 저렴하다. 이용료는 1박에 7000원.

04 여름철 피부 고민의 해결사
머드체험관

Access 대천역에서 100번 버스 승차, 시민탑광장 하차
Address 충남 보령시 대해로 897-15 Tel 041-931-4021
Open 08:00~18:00 Close 매주 월요일, 1월 1일, 설날, 추석, 관공서의 공휴일 다음 날 Fee 머드탕 어른 6000원, 어린이 4000원 머드팩 얼굴 2만6000원, 전신 3만6000원 Web mud.brcn.go.kr

머드 축제를 놓쳤다 한들 아쉬워할 필요가 없다. 1년 내내 머드의 매력을 만끽할 수 있는 머드체험관이 운영되기 때문이다. 대천해수욕장 내에 자리 잡고 있어 찾기도 쉽다. 머드 마사지, 머드 사우나, 머드 스킨케어, 스파 및 아로마 등 머드를 이용한 다양한 체험을 할 수 있어 더위에 지친 피부에는 진정한 휴식을, 추위에 긴장된 피부에는 충분한 영양을 공급할 수 있다. 모공 깊숙이 남아 있는 노폐물을 제거하고 투명한 피부로 만들고 싶다면 머드 마사지 캡슐을 권한다.

05 동양 유일의 조개껍질 백사장
대천해수욕장

Access 대천역에서 100번 버스 승차, 해변중앙로 하차
Address 충남 보령시 신흑동 1029-3 Tel 041-930-3542

서해안의 다른 해수욕장과 달리 이곳에는 개흙이 없다. 또 모래가 몸에 달라붙지 않아 깔끔하게 놀 수 있다. 보령시는 차령산맥의 끄트머리와 서해가 만나는 곳에 위치한 해변 산악 도시로, 조개껍질이 오랜 세월 동안 잘게 부서져 모래로 변모했기 때문에 백사장 모래에 비해 부드러우면서 물에 잘 씻긴다. 게다가 수심이 얕고 물이 따뜻해 해수욕을 즐기기 좋은 장소로 알려진 것. 여기에 때 맞춰 열리는 크고 작은 축제와 이벤트가 대천해수욕장의 즐길 거리를 더욱 풍성하게 한다. 대천해수욕장은 백사장 남쪽에 기암괴석이 잘 발달되어 있어 비경을 연출하며, 공원과 울창한 송림 속의 야영장, 머드팩장, 해수 사우나 시설 등이 있어 사계절 휴양지로도 손색없다. 여름에는 머드 축제가, 12월 마지막 날에는 해넘이 축제가 열린다.

tip 스페인에 온몸을 토마토로 물들이는 토마토 축제가 있다면, 한국에는 온몸을 진흙으로 마사지하는 보령 머드 축제가 있다. 보령산 머드는 인체에 유익한 원적외선이 다량 방출되고 외국산 머드에 비해 게르마늄, 미네랄, 벤토아니트 성분이 다량 함유되어 피부미용에 탁월한 효과가 있다.

06 청정 지역으로 떠나는 여행
외연도

Access 대천역에서 100번 버스 승차, 대천연안여객터미널 하차 후 대천항에서 쾌속선 탑승 Address 충남 보령시 오천면 외연도 길 Tel 041-933-6184 Open 09:00~22:00

대천항에서 쾌속선을 타고 1시간 30분 동안 헤쳐 나가야 만날 수 있다. 바람이 잔잔한 새벽이면 중국에서 닭 우는 소리가 들린다고 할 정도로 보령시에 속한 섬 중에서 가장 멀리 떨어져 있다. 외연도 마을 뒤편 상록수림은 국내 남서부 도서의 식물군을 한눈에 살필 수 있는 식물의 보고로 숲 안에 들어서면 해가 지는 것도 모를 정도로 수목들이 빽빽하다. 외연도를 중심으로 주위에 자그마한 섬 10개가 호위하듯 둘러싸고 있어 흔히 외연열도라고도 부르며, 낚싯대를 처음 잡은 사람들도 수확이 좋아 낚시꾼 사이에서는 명당으로 알려져 있다.

대천 맛집

● 입안 가득 펼쳐지는 신선한 바다내음 **대천항 수산시장**

Address 충남 보령시 대천항로 334 Tel 041-931-0667(대상수산) Open 09:00~22:00
Menu 블랙타이거새우 1kg 2만5천원, 광어 1kg 2만원, 오징어튀김 10개 5천원

바다를 접하고 있어 어느 식당을 가나 해산물의 신선함은 보장되지만 문제는 가격. 대천항 수산시장은 시내보다 적어도 1~3만원 정도 저렴하고 멍게나 조개를 더해주는 서비스 인심까지 후하다. 가게마다 가격 차이는 있지만 대체로 맛과 품질이 비슷하니 어떤 곳을 들어가도 후회는 없을 터. 원하는 해산물을 구입한 후 약 1만원 정도 자릿세를 내면 먹고 갈 수 있다.

서천역

가을은 미식가에게 최고의 계절이다. 만물이 소생하는 봄에 씨 뿌리고, 무르익는 여름에 재배하고, 결실을 거두는 시기가 바로 가을이기 때문이다. 메마르고 가녀린 풀들마저 서로 몸 비비며 무리지어 있는 광경만으로도 애틋한 정서를 이끌어내는 가을과 추운 강물과 장엄한 노을을 배경으로 둥지를 찾아 깃을 치는 철새들마저 떠난 겨울. 당신의 혀를 춤추게 할 계절의 진미를 맛보고 싶다면 서천이 정답이다. 서천이 생태도시란 사실을 모르는 이는 드물다. 날이 쌀쌀해질 무렵의 전어는 산란기를 지나고 살이 쪄 기름기가 올라 고소한 맛이 일품이다. 1만원짜리 몇 장이면 전어를 굽고 찌고 삶고 무치고 할 수 있으니 미각여행을 떠나기에 이보다 좋은 곳이 없다.

INFO

 서천역(041-950-4226)

 tour.seocheon.go.kr(서천군 문화관광)

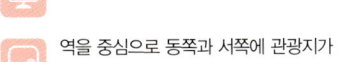 역을 중심으로 동쪽과 서쪽에 관광지가 펼쳐져 있다. 동쪽이던지 서쪽이던지 우선은 서천역 앞 삼거리 버스정류장으로 이동해야 한다. 서천 또한 버스 번호 대신 어느 방면으로 향하는지가 적혀 있으므로 미리 지명을 익히고 가는 게 좋다.

널리 분포된 관광지를 꼼꼼하게 둘러보려면 가을에 가는 것이 가장 편하다. 9월 전어축제 기간과 10월에만 매주 시티투어버스가 운행되기 때문이다. 시티투어버스는 코레일 홈페이지에서 예약할 수 있다.

| 01 | 달빛 아래 놓인 성
월하성 갯벌체험장

Access 서천역에서 서천–동백행 버스 승차 후 서천터미널에서 서천–서면행 환승, 월하성 하차 **Address** 충남 서천군 서면 월하성길 96 **Tel** 어촌계장 최용수 010-5427-9292 **Fee** 바다낚시 1척 임대료 1일 20만원, 갯벌체험 입장료 5000원 장비대여 1000원

작은 배들이 곳곳에 포진해 있는 월하성 포구. 얼핏 소박한 느낌이 드는 이 포구에서는 서해 바다를 사진에 담는 것 외에도 할 일이 많다. 물이 들어오면 갯바위 낚시를 해야 하고 물이 빠지면 바다 멀리 모래갯벌에 나가 조개잡이를 할 수 있기 때문이다. 이곳에서 나오는 조개는 맛조개와 바지락, 꼬막, 밀조개 등이다. 이 중에서 맛조개는 잡는 방법도 간단하다. 갯벌을 조금 파낸 후 소금을 솔솔 뿌려놓으면 맛조개가 짭조름한 맛에 슥 고개를 내미는 것. 쉽게 잡을 수 있으니 재미도 보고 동행자와도 좋은 추억거리가 될 것이다. 잡은 맛조개는 바닷물이나 소금물에 1~2시간 정도 담갔다가 석쇠에 구우면 끝. 한번 맛보고 나면 날씨가 쌀쌀해질 때마다 그리워질 것이다.

tip 밤에 손전등을 들고 나가는 '횃불 골뱅이잡이' 프로그램은 도시에서 경험해보지 못한 새로운 재미를 전한다. 한여름 밤 갯벌에서 무방비 상태로 다니는 골뱅이, 소라들을 바구니에 주워 담아 오는 프로그램으로 7~8월에만 진행된다. 물때가 맞아야 하므로 사전 문의는 필수다.

| 02 | 동백정에서 바라본 평온한 서해 풍경
마량리동백숲

Access 서천역에서 서천–동백행 버스 승차, 마량 하차 Address 충남 서천군 서면 마량리 산14 Tel 041-952-7999 Open 10:00~18:00 Fee 어른 1000원, 청소년 500원, 초등학생 300원

| 03 | 한국 최초로 성경이 전래된 곳
마량포구

Access 서천역에서 서천–동백행 버스 승차, 마량 하차 Address 충남 서천군 서면 마량리

붉은 꽃잎이 수줍게 피어난 마량리동백숲. 이 작은 동산에는 동백나무가 85주 있다. 차나무과에 속하는 동백나무는 일반적으로 키도 둘레도 만만치 않게 크다. 하지만 이곳의 동백나무는 강한 바람 때문에 2m 내외로 자랐으며, 바람을 피해 옆으로 퍼져 있는 게 특징이다. 전설에 의하면 약 500년 전 마량의 수군첨사절제가 꿈에서 바닷가에 있는 꽃물치를 많이 증식시키면 마을에 웃음꽃이 피고 번영할 것이라는 계시를 받고 바닷가에 가보니 꽃이 있어 증식시킨 것이라고 전해진다. 비가 오는 날이면 더욱 즐거운 여행지가 된다. 비가 내린 덕분에 숲길은 한적하고, 붉게 툭툭 떨어지는 동백은 더욱 은밀하고 고혹적이기 때문.

일출은 정동진에서만 감상할 수 있는 게 아니다. 서해에서는 마량포구에 앉아서 해돋이는 물론 해넘이까지 감상할 수 있다. 황금빛으로 서서히 물들어가는 낙조와 뜸을 들이며 바다를 물들이는 은근하고 소박한 일출은 동해와는 또 다른 멋이다. 장관을 감상한 후에는 새벽같이 바다에 나간 어민들이 갓 잡아온 싱싱한 해산물을 경매하는 어판장과 국내 최고의 품질과 맛을 자랑하는 서천 김 양식장까지 함께 둘러볼 수 있다.

| 04 | 한국관광공사가 지정한 자연학습장 |

춘장대해수욕장

Access 서천역에서 서천-동백행 버스 승차, 춘장대해수욕장 하차 Address 충남 서천군 서면춘장대길 8번길 27 Tel 041-952-2695 Web chunjangdae.or.kr

우리나라에는 해수욕장이 약 350곳 있다. 각 지역 해수욕장마다 특징이 있지만 춘장대해수욕장만큼 해송과 아카시아가 풍족한 해수욕장은 드물다. 나무가 드리운 그늘 아래에서 여름철 뜨거운 햇빛을 피할 수 있어 야영과 휴식을 즐기기에도 좋다. 여름철이면 피서객들의 텐트와 자동차가 해송 숲을 가득 메우는 게 그 증거. 또한 완만한 경사로 수심이 얕아 여름철 해수욕장에서 흔히 일어나는 수상 안전 사고가 없으며 물이 빠지면 각종 조개잡이와 낚시 등 체험학습을 할 수 있다. 이런 이유로 춘장대해수욕장은 한국해양수산개발원에서 조사한 10대 해수욕장으로 선정되었으며, 한국철도공사에서는 이곳을 꼭 가봐야 할 우리나라 낭만 피서지 12선으로 추천하기도 했다. 해수욕장 내에는 종합안내소, 공중화장실, 급수대, 매점, 샤워장, 탈의장, 일반음식점과 숙박시설 등 관광객 편의시설까지 완벽하게 갖추고 있어 편리하다.

| 05 | 붉은 노을을 조명 삼아 걷는 산책
홍원항 붉은낭만길

Access 서천역에서 서천-동백행 버스 승차, 홍원항입구 하차
Address 충남 서천군 서면 도둔리

서천의 미항으로 손꼽히는 홍원항에는 낭만이 가득하다. 즐비하게 늘어서 있는 수십 척의 어선들과 멀리 방파제 끝 등대에서 잔잔한 서해 바다를 바라볼 수 있기 때문. 이곳의 방점은 붉은낭만길이다. 춘장대해수욕장에서부터 홍원항과 부사호까지 이어지는 8.8km 구간으로 약 3시간 정도 소요되는 산책로다. 최근 옛길의 멋은 유지하면서 여행자들을 위해 각종 편의시설까지 더해, 붉은 노을빛을 머금은 아름다운 해안 절경을 구경하려는 이들로 가득하다. 홍원항에 도착해 막 들어온 고깃배로 다가가 싱싱한 홍합과 굴 등 해산물을 구입해 먹는 것으로 이 붉은낭만길 산책은 끝이 난다.

tip 선셋 장항 페스티벌에 맞춰 일정을 잡는 것도 좋다. 한여름에 약 10일간 진행되며 뮤직 페스티벌, 매직쇼 같은 볼거리가 펼쳐진다. 자세한 일정과 프로그램은 홈페이지(sunset-janghang.com) 참고.

| 06 | 백제 때부터 이어온 우리의 모시

한산모시관

Access 서천역에서 서천–한산행 버스 승차, 한산모시타운 하차
Address 충남 서천군 한산면 충절로 1089 Tel 041-951-4100
Open 하절기 09:00~18:00, 동절기 09:00~17:00 Fee 어른 1000원, 학생 500원, 어린이 300원 Web hansanmosi.kr

현대 기술이 아무리 발달한들 모시만큼 시원한 옷감을 찾긴 어렵다. 모시는 우리나라의 미를 상징하는 여름 전통 옷감이다. 백제 때 한 노인의 현몽으로 우연히 발견된 데에서 그 유래를 찾을 수 있으니 역사가 자그마치 1500년이다. 한산모시관에서는 모시의 제작기술을 직접 살펴볼 수 있으며, 모시관 내 숍에서는 모시 의류를 구입할 수도 있다. 한복뿐만 아니라 전통 소재에 현대적인 감각을 더한 원피스나 블라우스 등도 있어 더운 여름 외출복으로 욕심날 정도. 일주일 전 전화 또는 인터넷으로 예약하면 문화관광해설사의 안내를 들을 수 있고, 한산 모시 체험 관광도 할 수 있다.

07 광활한 갈대의 아름다움
신성리 갈대밭

Access 서천역에서 서천-임천행 버스 승차 후 한산에서 부여-한산행으로 환승, 시음리 하차 **Address** 충남 서천군 한산면 신성리 **Tel** 041-950-4224

영화〈공동경비구역 JSA〉에서 비무장지대의 배경이 되었던 곳, 바로 금강변 신성리 갈대밭이다. 영화 속에서는 스산한 풍경으로 그려졌지만, 11월 갈대꽃이 한창일 때 이곳을 찾으면 은빛 가득한 장관과 조우하게 된다. 장성한 어른도 그 갈대밭에 숨으면 찾기 어려울 정도로 키가 큰 갈대 사이에 여러 산책로가 숨어 있다. 바람이 불 때마다 갈대잎들이 서로를 부비며 내는 소리가 갈대숲 풍경에 완벽한 배경음악처럼 흥겹다. 늦가을 갈대꽃 필 때가 가장 아름답지만 봄을 제외하고는 언제 찾아도 운치 있다.

서천 맛집

● 지금 막 잡은 생선의 싱싱함 **칠구지횟집**

Address 충남 서천군 서면 서인로 95 **Tel** 041-951-5630 **Open** 08:00~22:00 **Menu** 회 시가, 칼국수 7000원

횟집에서 낚싯배를 직접 운영한다. 주인장이 잡은 싱싱한 활어와 주꾸미, 전어, 숭어 등 자연산만 취급해 안심하고 맛볼 수 있다. 이곳에 들렀다면 그날 가장 물이 좋은 생선을 추천받아 먹는 게 좋다. 회와 함께 바지락으로 시원한 국물맛을 낸 칼국수는 변함없이 인기 있는 메뉴.

● 서천의 자연을 담은 밥상 **고수복**

Address 충남 서천군 비인면 갯벌체험로 452-7 **Tel** 041-952-1929 **Open** 월~금요일 09:00~18:00, 토~일요일 09:00~16:00 **Close** 매주 일요일, 공휴일 **Menu** 고수복 정식 9000원 **Web** 고수복.com

제4회 한산모시 맛자랑 전국경연대회 대상 수상자가 운영하는 향토음식점이다. 손김체험, 텃밭체험, 갯벌체험 등 다양한 프로그램을 운영하고 있어 지역 식재료를 직접 체험하고 맛까지 볼 수 있는 일석이조의 공간. 서해 바다에서 볼 수 있는 해초 고수록이 입맛을 돋우고, 서천의 물김으로 끓인 김국으로 영양까지 고려한 고수록 정식을 추천한다.

군산역

원래는 군산선이 지나던 군산역. 2008년 장항선이 연결되면서 군산역은 시내에서 30분 정도 떨어진 외곽에 새롭게 자리를 잡았다. 새만금 방조제와 금강 등 군산은 분명 바다와 친숙한 도시지만, 흔히 바닷가 도시가 가지고 있는 시끌벅적하고 생생한 분위기와는 거리가 있다. 부침을 거듭한 지난 100여 년의 시간이 고스란히 머물고 있는 덕분이다. 그 빈티지한 풍경에 끌려 출사여행을 떠나오는 이들이 많고, 많은 영화에도 등장했다. 그러나 감성여행이 전부는 아니다. 전국 미식가들을 불러들이는 앙꼬빵이나 짬뽕 등 군산을 대표하는 맛과 겨울 철새들의 화려한 군무는 오직 이곳에서만 만날 수 있다.

INFO

 진포 관광안내소(063-445-4472)

 tour.gunsan.go.kr(군산시 문화관광), its.gunsan.go.kr(군산시 교통정보시스템)

 시내버스 종점인 군산역에선 주요 관광지로 향하는 버스를 쉽게 탈 수 있다. 구 군산세관부터 동국사까지 근대건축물이 몰려 있는 구시가지에선 도보로 여행하는 게 편하다.

 군산을 여행하는 색다른 방법. 주요 관광지마다 비치된 스탬프로 '여권'을 채우는 스탬프 투어, 군산의 소박한 풍경을 따라 걷는 구불길 도보 여행, 그리고 33가지 코스로 단장한 자전거 라이딩 투어를 추천.

| 01 | 금강의 살아 있는 자연을 만나다

금강철새조망대

Access 군산역에서 82번 버스 승차, 금강철새조망대 하차 Address 전북 군산시 성산면 철새로 120 Tel 063-454-5680 Open 10:00~18:00 Fee 어른 2000원, 청소년 1000원, 어린이 500원 Web gmbo.kr

우리나라 최대 철새 도래지로 꼽히는 금강하구. 겨울이면 고니, 기러기, 가창오리 등 각종 철새들이 군무를 추며 이곳을 찾아온다. 금강 일대의 철새들을 보다 쉽게 관찰할 수 있도록 조성된 금강철새조망대. 각종 희귀한 철새들과 금강의 아름다운 풍경을 실시간으로 관찰할 수 있는 11층 조망대를 중심으로 철새뿐 아니라 금강의 자연과 관련된 다양한 체험관들이 준비되어 있다. 조류의 진화 과정과 철새들의 비행원리를 배울 수 있는 상설전시관, 60여 종의 새들이 알에서 깨어나 자라는 과정을 볼 수 있는 부화체험관, 금강에 서식하는 어류들을 전시 중인 수족관 외에 조류공원, 철새신체탐험관, 식물생태관, 생태연못 등 신비로운 금강의 생태를 체험할 수 있다. 매년 11월엔 군산세계철새축제가 열리며, 축제 기간 동안 가장 근접한 거리에서 철새를 관찰할 수 있는 탐조버스투어가 진행된다.

02 이국적인 풍경의 근대건축물
구 군산세관

Access 군산역에서 1·2·11·12번 버스 승차, 근대역사박물관이나 내항사거리 하차 Address 전북 군산시 해망로 244-7 Open 화~금요일 10:00~17:00, 토~일요일 10:00~13:00 Close 월요일, 공휴일 Fee 무료

군산항이 개항한 후 들어선 군산세관. 호남, 충청 지역에서 생산된 쌀과 곡식을 일본으로 보내기 위해 지어진 건물로 창문을 제외하고는 건축 당시 모습 그대로 보존되어 있다. 군산의 다른 근대건축물과는 또 다른 형태를 보여주고 있는데, 아치형 창문과 붉은 벽돌로 쌓은 외벽, 뾰족한 첨탑 지붕 등 고딕과 로마네스크 양식이 혼재된 유럽 중세풍의 분위기가 강하다. 현재는 호남관세전시관이 들어서 19세기 후반 군산항과 주변 풍경을 담은 사진과 세관 역사에 관한 자료들을 전시 중이다.

tip 구 군산세관 맞은편, 옛 군산의 모습을 생생하게 보여주는 군산 근대역사박물관(museum.gunsan.go.kr)이 있다. 국제 무역항 군산의 과거와 현재를 볼 수 있는 해양물류역사관, 옥구농민 항일항쟁 과정을 재현한 특별전시관, 바다 도시 군산을 아이 눈높이로 재현한 어린이박물관 등으로 구성되어 있다. 특히 1930년대 군산의 거리를 복원한 근대생활관은 관람객들이 직접 당시 생활상을 체험해볼 수 있어 인기다. 관람시간은 09:00~18:00이며, 매주 월요일 휴관이다.

03 영화에 등장한 일본식 가옥
구 히로쓰 가옥

Access 군산역에서 3·7·11·12번 버스 승차, 외환은행 하차 Address 전북 군산시 구영1길 17 Open 10:00~18:00 Close 월요일 Fee 무료

일본 특유의 건축 양식을 엿볼 수 있는 국가등록문화재이다. 군산 지역 포목상이었던 일본인 히로쓰가 지은 목조주택으로 당시 모습을 그대로 유지해 군산 근대골목을 대표하는 건축물이 되었다. 걸을 때마다 삐거덕거리는 집 안 풍경도 인상적이다. 다다미방의 문을 열면 도코노마, 오시이레 등 일본식 내부 구조가 고스란히 남아 있다. 뒷마당엔 우리나라 문화재를 일본으로 반출하기 위해 만든 2층 건물의 금고도 볼 수 있다. 영화 〈장군의 아들〉과 〈타짜〉의 촬영지로 더 유명해졌다.

tip 영화동, 신흥동 등 구 히로쓰 가옥 주변 골목들은 옛 군산의 중심가였다. 세관과 은행이 들어서면서 일제 수탈이 극심해진 1930년대에 이곳은 상업금융의 중심지로 호황을 누렸다. 일본인들이 주로 거주하던 곳으로 골목을 걷다 보면 격자무늬 창살이나 경사가 급한 팔작지붕 등 일본풍의 가옥들을 심심치 않게 볼 수 있다. 군산시에서 보존하고 있는 대표적인 건축물들을 따라 근대건축물 투어도 가능하다. 구 군산세관에서 시작해 구 장기 18은행, 구 조선은행, 구 히로쓰 가옥까지 쉬엄쉬엄 걸어볼 것. 사이사이 펼쳐지는 낮은 골목 풍경도 그냥 지나치기엔 아쉽다.

| PLUS + | 도심 속 초록빛 휴양지
월명공원 |

Access 군산역에서 1·2·11·12번 버스 승차. 해망굴앞이나 중앙사거리 하차 **Address** 전북 군산시 월명공원 1길

금강과 군산 시내를 한눈에 조망할 수 있는 월명공원. 월명산, 장계산, 점방산 등 야트막한 산자락을 따라 조성되어 있어 이른 새벽부터 산 속 트레킹을 즐기듯 공원을 찾는 시민들이 많다. 구석구석 볼거리도 많다. 〈8월의 크리스마스〉 촬영지인 흥천사와 백제 시대 때 창건한 은적사, 유명 작가들의 조각 작품을 볼 수 있는 바다조각공원, 맑은 날엔 멀리 금강 하구 둑과 서해까지 볼 수 있는 전망대, 그리고 수시탑, 월명호수, 채만식 문학비 등이 산책로를 따라 자리하고 있다. 계절마다 벚꽃과 단풍이 온 산을 물들여 경치도 아름답다. 흥천사 방면으로 월명공원을 내려가면 국가등록문화재로 지정된 해망굴이 나온다. 1926년에 개통된 터널로, 당시 일본인 거주 지역이었던 시내와 수산업 중심지였던 해망동을 연결하는 길이었다. 지금은 해망동과 금동을 오가는 주민들과 출사여행객들이 드나드는 터널이 되었다.

04	벚꽃 처마가 단아한 일본식 사찰

동국사

Access 군산역에서 3·7·11·12번 버스 승차, 명산사거리 하차 Address 전북 군산시 동국사길 16 Tel 063-462-5366 Web dongguksa.or.kr

화려한 단청 대신 벚꽃이 그려진 대웅전의 처마가 생소하다. 우리네 절과는 조금 다른 모습을 지닌 동국사는 국내 유일한 일본식 사찰이다. 1913년 창건되어 현재 국가등록문화재로 지정됐고, 대웅전과 승려들이 거처하는 요사채, 종각 등이 남아 있다. 창이 많은 외벽, 장식이 없는 처마, 격자 창살의 미서기문 등 일본 건축 양식이 그대로 보존되어 있다. 법당 내부도 이국적이다. 격자무늬 천장과 검정 바탕에 금박을 입힌 탱화에서 일본의 색이 느껴진다. 일본에서 들여온 삼나무에 옻칠을 한 목조 법당은 100년이 흐른 지금도 여전히 반질거린다.

tip 동국사로 오르는 길, 풍경이 예사롭지 않다. '동국사길'이라 부르는 이 골목에 '문화공동체 감'이 운영하는 창작 문화 공간 '여인숙'이 있다. 한때 삼봉여인숙이었던 건물을 사무실, 갤러리, 작가들을 위한 레지던시 공간으로 만들어 매년 회화, 조각, 문학 등 다양한 장르의 작가들이 여인숙에 입주해 창작 활동을 진행한다. 갤러리는 골목길에서도 이어진다. 낡고 허름한 담벼락에 색색의 타일을 붙이고 벽화를 그렸다. 이용원도, 채소가게도, 꽃집도 감각적인 간판을 달았다. 예술이 골목에 자리를 잡았고, 주민과 소통하며 또 하나의 갤러리 공간을 만들어냈다.

군산역 227

| 05 | 빈티지한 감성의 출사지
경암동 철길마을

Access 군산역에서 11 · 12번 버스 승차, 경포초등학교 하차(이마트 맞은편, 부향하나로아파트 부근) Address 전북 군산시 구암3.1로

기다란 폐기찻길을 사이에 두고 낡은 집들이 옹기종기 들어서 있다. 1970~80년대를 보는 듯한 빈티지한 풍경 덕에 드라마와 영화, CF 촬영지로 유명하고, 출사여행을 온 외지인들이 주민보다 더 자주 보이는 마을이다. 원래 갈 곳 없던 이들이 모여 살던 작은 동네였다. 1944년 신문용지 제조업체가 군산에 들어선 후 군산역과 공장을 잇는 화물열차 선로가 놓였고, 그중 일부가 동네를 관통하게 됐다. 당시 주민들은 기차가 집 앞을 아슬아슬 지나며 내는 소음과 흔들림을 견뎌야 했다. 하지만 지난 2008년을 마지막으로 더 이상 기차는 달리지 않는다. 남은 주민들은 버려진 기찻길 위로 빨랫줄을 걸고 다시 이곳에 적응하고 있다. 잡초가 우거진 기찻길과 어우러진 아련한 풍경. 감성을 자극하는 카메라 프레임 속 철길마을은 분명 매력적이다. 하지만 남은 주민들에겐 여전히 소중한 삶의 터전이니 가급적 예의를 갖추고 돌아볼 것.

| PLUS | 로맨틱한 한밤의 산책
은파호수공원

Access 군산역에서 11·12번 버스 승차, 궁전예식장 하차
Address 전북 군산시 은파순환길 9

미제저수지를 중심으로 산책로, 호수, 공연장 등이 조성된 도심공원. 한때 조정경기장으로 쓰였을 만큼 규모도 거대하다. 계절에 따라 달라지는 풍경이 아름다우며, 봄이면 호숫가 산책로를 따라 벚꽃 축제가 열리고, 여름엔 수십 종의 연꽃이 만개한다. 무엇보다 은파호수공원은 야경으로 유명하다. 호수 위를 가로지르는 물빛다리에 조명이 켜지고 그 아래 음악분수가 펼쳐지는 시간. 물가에 잔잔하게 번지는 화려한 야경을 배경으로 밤이 늦도록 산책과 데이트를 즐기는 이들이 많다.

군산 맛집

● 푸짐한 해산물 짬뽕의 맛 **쌍용반점**

Address 전북 군산시 내항2길 121 Tel 063-443-1259 Open 11:30~20:00 Menu 짬뽕 7000원, 자장면 6000원

짬뽕이 맛있기로 소문난 군산. 복성루, 쌍용반점, 수송반점 등 짬뽕 맛집으로 입소문난 3~4곳을 순례하러 오는 여행자도 많다. 그만큼 집집마다 개성이 남다른데, 그중 쌍용반점은 홍합, 굴, 조개를 우려낸 칼칼하면서 개운한 국물 맛과 그릇이 넘치도록 담아내는 풍성한 양으로 유명하다. 점심시간엔 자장면과 짬뽕만 주문 가능하다.

● 5대째 이어져온 군산 대표 빵집 **이성당**

Address 전북 군산시 중앙로 177 Tel 063-445-2772 Open 07:30~22:30 Close 첫째, 셋째 주 일요일 Menu 앙고빵 1300원, 야채빵 1500원, 팥빙수 5000원

국내에서 가장 오래된 역사를 자랑하는 제과점. 전국 각지에서 찾아오는 사람들로 늘 북적이는 군산의 명소다. 야채빵, 꽈배기, 소보로 등 추억의 빵들이 인기가 많은데, 그중에서도 팥앙금으로 속을 가득 채운 앙고빵은 구워내기 바쁘게 사라진다. 씹는 맛이 달콤한 이성당표 팥이 인기 비결. 얼린 딸기를 올린 팥빙수도 사계절 내내 사랑받는 메뉴다.

● 석쇠에 정성껏 구워낸 한우떡갈비 **완주옥**

Address 전북 군산시 평화길 100 Tel 063-445-2644 Open 11:00~21:00 Menu 한우떡갈비 1인분 2만2000원, 한우곰탕 9000원, 미니곰탕 2000원

완주옥의 떡갈비는 그 모양새가 담양의 것과는 좀 다르다. 특유의 달달한 양념과 식욕을 돋우는 불맛은 비슷한데, 고기를 다져내는 게 아니라 갈빗대에 붙은 고깃살 그대로 연탄불에 구워낸다. 한우의 고소한 육즙이 살아 있고, 곁들여 나오는 구운 마늘 역시 별미다. 백김치를 길게 찢어 쌈 싸듯 떡갈비를 돌돌 말아 먹으면 느끼하지 않고 개운한 맛이 난다.

마산 진주 하동 벌교 보성

- 경부선
- 호남선
- 전라선
- 장항선
- **경전선**
- 중앙선
- 동해남부선
- 태백선
- 기타

하루

+ 추 천 +
코 스

경전선

마산역

1905년 내륙 교통이 철도에 의존하던 시절, 마산역은 삼랑진과 마산항을 잇는 마산선의 일반 역으로 영업을 시작했다. 내륙과 항구를 직접 연결하는 철도로 일제의 군사적 목적과 이후 화물운송의 주요 통로로 이용되며 화려한 시절을 보낸다. 그러나 도로 교통이 발달하면서 마산역은 지금의 도심 외곽 자리로 이전하게 되었고, 항구를 잇는 철도의 효용성은 점차 낮아져 급기야 2011년 2월 완전히 폐선되었다. '임항선 그린웨이'라는 도심 공원으로 탈바꿈한 폐선 구간은 마산역의 과거를 읽을 수 있는 흔적인 셈. 기차가 더 이상 마산항으로 가지는 않지만, 마산역이 KTX를 비롯해 모든 여객 열차가 정차하는 경상남도의 중심 역이라는 사실에는 변함없다. 2010년 마산·창원·진해가 통합되면서 마산역의 주소지는 이제 마산시가 아닌 창원시 마산합포구로 바뀌었다.

INFO

 마산역(055-253-3695)

 masanhp.changwon.go.kr(마산합포구청)
culture.changwon.go.kr(창원시 문화관광)

 마산역 앞에서 시내로 가는 버스(부림시장 방면)가 수시로 운행된다.

싱싱한 제철 해산물 안주가 한상 통째로 차려진다 해서 이름 붙은 '통술'. 오동동과 신마산 통술거리에 가면 허름하지만 주인아주머니의 인심이 푸짐한 통술집을 만날 수 있다.

| 01 | 추상조각의 거장이 남기고 간 미술관
문신미술관

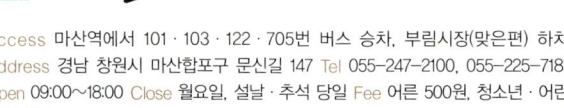

Access 마산역에서 101·103·122·705번 버스 승차, 부림시장(맞은편) 하차
Address 경남 창원시 마산합포구 문신길 147 Tel 055-247-2100, 055-225-7181
Open 09:00~18:00 Close 월요일, 설날·추석 당일 Fee 어른 500원, 청소년·어린이 200원 Web moonsin.changwon.go.kr

대칭과 균형의 미를 살린 대형 조각 작품으로 일찍이 프랑스 미술계에서 명성을 얻은 추상조각의 거장 문신. 1923년 한국인 아버지와 일본인 어머니 사이에서 태어난 그에게 유년 시절을 보낸 마산은 고향이나 다름없었다. 프랑스에서의 활발한 작품 활동을 뒤로하고 1980년 귀향, 미술관 건립에 온 힘을 쏟는다. 마산 앞바다와 시가지가 한눈에 내려다보이는 언덕 위의 땅을 직접 고르고 설계도를 만들고 외벽에 그림을 그리고 개관하기까지 장장 15년. 그토록 염원했던 미술관이 개관되었으나 다음 해인 1995년, 선생은 유명을 달리하고 말았다. 이후 시에 기증하면서 시립미술관으로 운영되고 있으며 2010년엔 문신원형미술관이 증축되었다. 석고원형, 유화, 채화, 드로잉, 유품, 공구 등 총 3900여 점의 작품 및 자료를 소장·전시하고 있다.

tip 미술관 아트 숍에서는 선생의 추상미술을 인쇄한 엽서를 비롯해 도자기, 액세서리, 스카프 등을 판매한다. 이곳에서만 살 수 있는 기념품. 시원한 바닷바람이 부는 야외 테라스에서의 커피 한잔도 썩 괜찮다.

| 02 | 250년 세월을 이어온 마산 상인들의 삶 |

마산어시장

Access 마산역에서 100 · 800 · 801번 버스 승차, 어시장 하차
Address 경남 창원시 마산합포구 어시장길

마산어시장은 오랜 세월 마산 사람들의 삶을 지탱하는 근간이었다. 1760년(영조 36년) 마산포에 조창이 설치되면서 시장의 모습을 갖추기 시작했고 마산장, 마산포장, 마산시장 등 이름을 바꿔가며 점차 영역을 확대해 나갔다. 19만㎡에 2000여 개의 점포가 즐비한 어시장은 새벽녘부터 저녁나절까지 비릿한 생선과 퀴퀴한 젓갈 냄새, 손님을 부르는 '경상도 아지매'의 구성진 목소리가 떠나지 않는 질박한 삶터가 되었다. 맛 좋기로 소문난 진동산 생선을 파는 진동골목과 횟집마다 다른 칼질로 솜씨를 뽐내는 횟집골목이 특히 사람들로 북적인다.

| 03 | 도심에서 떠나는 섬 나들이
돝섬 해피랜드

Access 마산역에서 101 · 103 · 263 · 705번 버스 승차, 중부경찰서 하차 Address 경남 창원시 마산합포구 돝섬2길 130 Tel 055-245-0116(마산여객터미널) Open 선박운항시간 09:00~18:00(평일 1시간 간격, 주말 수시 운행) Fee 왕복 뱃삯(입장료 포함) 어른 · 청소년 6000원, 어린이 3800원 Web dotseom.kr

마산항에서 1.5km 떨어진 곳에 위치한 돝섬은 배로 10분 남짓 걸리는 무인도다. 비록 짧은 시간이지만 배를 타고 바닷물을 가르며 달리는 기분은 마냥 설렌다. 돼지의 누운 모양과 닮았다 하여 돼지의 옛말인 '돝'에서 따와 돝섬이라 불리는 이곳은 거의 높낮이가 없는 평편한 지형이다. 해상공원으로 조성되어 벚나무, 배롱나무, 홍단풍과 같은 조경수와 다양한 야생화로 꾸며져 있으며, 2012 창원조각비엔날레의 조각 작품들이 영구 전시되어 있다. 섬 가장자리를 따라 1.1km의 산책로를 거닐면 섬 동쪽 방향으로는 경남 최대 교량인 마창대교를, 섬 서쪽 방향으로는 창원 조선소의 현대적인 모습을 마주할 수 있다. 큰 볼거리는 없어도 어디론가 멀리 떠나온 듯한 기분은 충분히 만끽할 수 있다.

| PLUS + | 예술을 품은 폐교
마산아트센터

Access 마산역에서 101 · 122 · 705 · 800 · 801번 버스 승차 후 마산남부터미널에서 진주행 시외버스 환승, 양촌 하차 Address 경남 창원시 마산합포구 진전면 팔의사로 361 Tel 055-271-5150 Open 10:00~18:00 Close 월요일 Fee 무료 Web mac2004.or.kr

폐교된 초등학교가 2004년 미술관과 카페 · 게스트하우스 · 창작 스튜디오로 이루어진 복합문화공간, 마산아트센터로 재탄생되었다. 모래 운동장이 있던

자리엔 푸릇푸릇한 잔디를 깔아 조각 작품을 두었고, 반질반질한 마룻바닥이 있는 실내는 전시관으로 꾸며졌다. 오래된 나무 아래 자리 잡은 카페에선 시간 가는 줄 모르고 몽상에 빠져들게 된다. 젊은 작가를 지원하는 레지던스 프로그램을 운영하고 있으며, 예술가와 지역 주민이 함께 하는 공공미술 프로젝트를 2011년부터 진행하고 있다. 버스에서 내려 아트센터까지 가는 길가 담벼락에 그려진 벽화 역시 이러한 과정 속에서 탄생한 작품.

마산 맛집

● 국물까지 싹싹 긁어 먹는 마약떡볶이 *6·25떡볶이*

Address 경남 창원시 마산합포구 동서북12길 16-23 Tel 055-247-4830 Open 08:00~20:00 Menu 6·25떡볶이·모둠튀김 2000원

1970~80년대 돈만 있으면 대포도 구할 수 있다는 말이 나올 정도로 없는 것이 없다는 부림시장. 그 안에서 20년 넘는 세월 분식계의 절대강자로 군림하고 있는 6·25떡볶이. 뜨거운 그릇을 쉽게 잡을 수 있도록 받친 화분받침은 이 집의 트레이드마크. 전형적인 국물 떡볶이로 희멀건 해 보이지만 간이 잘 뱄고 입 안이 살짝 얼얼할 정도로 매콤하다. 여기에 같이 나오는 삶은 달걀을 풀어 넣으면 바닥까지 싹싹 긁어 먹게 되는 마력이 있다.

● 죽음보다 깊은 맛 *경북복집(복집거리)*

Address 경남 창원시 마산합포구 복요리 15 Tel 055-223-8002 Open 08:00~21:00 Menu 복국(자주복) 1만원

청정해역에서만 서식하는 복어는 치명적인 독이 있어 조리하기 까다로운 식자재 중 하나. 하지만 한번 그 맛을 보면 반하지 않고는 배길 수 없는 깊은 맛을 뽐낸다. 마산어시장 앞에 30여 곳의 복요리점이 들어섰는데 복어 집합장을 통해 보다 저렴한 가격에 복요리를 즐길 수 있다. 이곳 복집거리에서 30년이 넘은 경북복집. 복어 머리를 푹 고아낸 국물에 콩나물, 미나리, 마늘 등을 듬뿍 넣고 끓인 복국은 속풀이 해장으로 그만이다. 쫀득거리는 살을 발라 먹는 재미도 쏠쏠.

〉〉〉 에디터 추천 코스

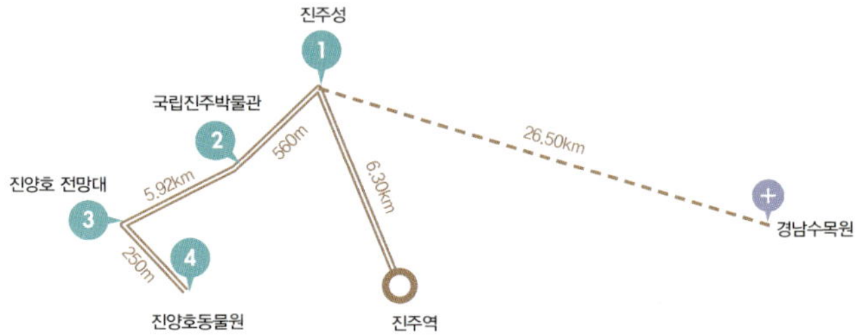

- 1 진주성
- 2 국립진주박물관 — 560m
- 3 진양호 전망대 — 5.92km
- 4 진양호동물원 — 250m
- 진주역 — 6.30km
- 경남수목원 — 26.50km

진주역

경상도와 전라도를 잇는 경전선. 그 가운데 진주역이 있다. 명승지로 손꼽히는 진주성과 짙푸른 남강, 영롱한 진양호, 아름다운 경남수목원 등 뛰어난 풍광을 자랑하지만 여간해서 기차로 가기가 쉽지 않았다. 서울에서 부산 인근까지 내려간 다음 다시 남해 방면으로 돌아가는 노선 때문. '진주라 천리길'이라는 옛 노래 가사처럼 진주는 기차여행의 사각지대처럼 여겨졌다. 그러던 것이 2012년 12월 5일 KTX 노선 개통으로 새로운 전환점을 맞이하게 되었다. 서울은 물론 대전과 대구, 마산과 한층 더 가까워진 것. 오가는 시간이 절반으로 줄었으니 여유롭게 여행을 즐길 일만 남았다.

INFO

 진주성 공북문 앞(055-749-2458)

 tour.jinju.go.kr(진주시 문화관광)

 진주역에서 진주시내(진주성)와 진양호 권역으로 가는 버스가 운행 중이다. 진주수목원을 가려면 시외버스를 이용해야 한다.

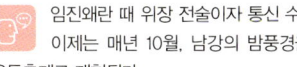 임진왜란 때 위장 전술이자 통신 수단으로 띄운 등불이 이제는 매년 10월, 남강의 밤풍경을 화려하게 수놓는 유등축제로 재현된다.

| 01 | 짙푸른 남강 벼랑에 쌓인 충절
진주성

Access 진주역에서 128 · 131 · 132 · 134 · 135번 버스 승차, 농협중앙지점 하차
Address 경남 진주시 남강로 626 Tel 055-749-2480 Open 09:00~18:00 Fee 어른 2000원, 청소년 1000원, 어린이 600원 Web castle.jinju.go.kr

남강 벼랑 위에 축조된 둘레 1760m의 진주성은 진주대첩이 일어난 임진왜란의 최대 격전지였다. 10만 명의 왜군을 상대로 김시민 장군과 의병, 승병이 힘을 합쳐 사생결단의 전투를 치렀으며, 관기였던 논개는 촉석루에서 적장을 껴안고 남강에 투신하기도 했다. 촉석루 뒤편으로 내려가면 논개의 호국과 순절을 목도한 바위(의암)만이 홀로 자리를 지키고 있다. 진주성 내에는 우리나라 3대 누각인 촉석루를 비롯해 논개의 사당인 의기사, 김시민 장군의 위패를 모신 충렬사 등이 넓게 자리하고 있다. 매주 토요일 촉석루에서는 무형문화재 공연이 펼쳐지고, 진주성 일원에서는 수성중군영 교대의식도 이루어진다. 해가 지면 촉석루에 조명이 켜지는데, 남강 건너편 대나무숲에서 아름다운 야경을 감상할 수 있다.

02 풍경에 녹아든 건축
국립진주박물관

Access 진주역에서 128·131·132·134·135버스 승차, 농협중앙지점 하차 Address 경남 진주시 남강로 626-35 Tel 055-742-5951 Open 화~금요일 09:00~18:00, 토~일요일 09:00~19:00 Close 월요일, 1월 1일 Fee 무료 Web jinju.museum.go.kr

진주성 깊숙한 곳에 자리한 국립진주박물관은 소장품보다 박물관 자체가 더 유명하다. 공간사옥, 경동교회, 서울올림픽 주경기장 등으로 잘 알려진 우리나라 현대 건축의 1세대 건축가 고 김수근이 설계했기 때문이다. 진주성의 기존 경관을 해치지 않도록 규모를 낮추고 거대한 지붕을 분절하는 등 섬세하게 조율된 디자인이 돋보인다. 임진왜란의 실상과 역사적 의미를 소개하는 한편 경남 지역의 유형·무형 문화재를 전시하고 있다.

03 가슴속이 시원해지는 호반 풍경
진양호 전망대

Access 진주역에서 아무 버스나 승차 후 진주역환승정류장에서 120~124·126~128번 버스 환승, 진양호공원 하차 Address 경남 진주시 남강로1번길 146

진양호는 남강댐 건설로 인해 생긴 인공 호수이다. 물이 맑고 주변 풍광이 뛰어나 이 일대에 산책로, 동물원, 놀이공원(진주랜드), 소싸움경기장, 호텔, 삼림욕장 등이 조성되었다. 진양호의 진면목을 확인하려면 무엇보다 전망대에 올라야 한다. 카페와 쉼터가 마련된 3층 규모의 전망대에 서면 탁 트인 넓은 호반 너머로 웅장하게 솟은 지리산이 병풍을 두른 듯 펼쳐진다. 진양호와 붉게 타오르는 저녁노을이 어우러진 풍경은 진주팔경에 꼽힐 정도로 환상적이다.

04 엄마 손잡고 나들이 가듯
진양호동물원

Access 진주역에서 아무 버스나 승차 후 진주역환승정류장에서 120~124·126~128번 버스 환승, 진양호공원 하차 **Address** 경남 진주시 남강로1번길 130 **Tel** 055-749-2514 **Open** 3~10월 09:00~18:00, 11~2월 09:00~17:00 **Fee** 어른 1000원, 청소년 800원, 어린이 500원

1986년 개원한 진양호동물원은 호랑이·사자·곰·낙타·독수리·수리부엉이 등 55종 300여 마리의 동물들이 살고 있다. 화려한 볼거리나 진귀한 동물이 있는 건 아니지만, 엄마 손잡고 갔던 옛 추억이 새록새록 떠오르는 친근한 동물원이다. 양, 염소와 같은 온순한 동물들은 울타리 안으로 들어가 가까이에서 볼 수 있도록 했고 사슴, 노루 등도 방목하다시피 자유롭게 풀어놓았다.

PLUS + 푸릇푸릇 꽃과 나무들의 천국
경남수목원

Access 진주역에서 아무 버스나 승차 후 진주역환승정류장에서 120·122·123·124·126·127·129·144번 버스 환승, 시외버스터미널에서 마산행 버스 타고 수목원 하차 **Address** 경남 진주시 이반성면 수목원로 386 **Tel** 055-771-6541 **Open** 3~10월 09:00~18:00, 11~2월 09:00~17:00 **Close** 월요일 **Fee** 어른 1500원, 청소년 1000원, 어린이 500원 **Web** tree.gndo.kr

햇살 좋은 날이면 여지없이 수많은 가족 나들이객과 연인들로 북적이는 경남수목원. 온대식물 생육에 적합한 기후 조건을 갖춘 적선산 아래 자리했으며 남부 지방에서 주로 서식하는 다양한 국내·외 식물을 온실과 야외에 수집, 보존하고 있다. 아름드리 메타세쿼이아가 만드는 숲길을 비롯해 침엽수원, 활엽수원, 화목원, 열대식물원, 난대식물원, 대나무숲 등에서 국내·외 식물 2600여 종을 다양하게 즐길 수 있다. 여러 곤충과 암석 등의 표본을 전시하고 있는 자연표본실과 실제 숲 속을 걷는듯한 오감체험을 할 수 있는 생태체험실 등이 자리한 산림박물관은 아이들의 배움터로 특히 인기가 높다.

진주 맛집

● 일곱 색깔 꽃밥! 진주비빔밥 **천황식당**

Address 경남 진주시 촉석로 207번길 3 Tel 055-741-2646
Open 09:00~21:00 Close 첫째·셋째 주 월요일 Menu 육회비빔밥 8000원, 불고기 2만원

● 팥국물 뿌려 먹는 별미 찐빵 **수복빵집**

Address 경남 진주시 진주대로 1088번길 8 Tel 055-741-0520 Open 10:00~재료 소진 시 Menu 찐빵(6개) 3000원, 팥빙수·단팥죽 5000원

1927년 영업을 시작한 이 집의 내력은 오래된 기와지붕과 나무문, 빛바랜 나무탁자가 말해준다. 데쳐서 잘게 썬 각종 나물과 선분홍빛 육회, 고추장 양념 그리고 보탕국을 한두 숟가락 넣어 자작하게 비벼 먹는 정갈한 진주식 비빔밥을 맛볼 수 있다. 깊으면서도 개운한 맛의 선짓국은 진주비빔밥과 단짝. 숯불에 구워져 나오는 달콤짭조름한 석쇠 한우불고기도 일품이다.

옛날 분식집을 떠오르게 하는 소박한 실내에선 오랜 세월 이 집을 지켜온 부부가 부지런히 찐빵을 찌고 있다. 앙증맞은 크기의 찐빵 위에 뿌려 나오는 팥국물이 이곳의 트레이드마크. 쫀득한 찐빵과 담백하고 진한 팥국물이 제법 잘 어울린다. 여름철엔 들어오는 손님마다 너나할 것 없이 팥빙수를 주문한다.

● 파리지앵처럼 즐기는 프랑스 가정식 요리 **빠리지엔느**

Address 경남 진주시 신평공원길 61-1 Tel 055-747-7722
Open 12:00~15:00, 17:30~21:00(예약 필수) Close 비정기적(전화 확인) Menu 런치 코스 1만5000원, 디너 코스 4만원부터

20년간 파리에서 살다 온 주인이 차린 프렌치 레스토랑. 그동안 사 모은 파리 스타일의 그릇과 다기 세트, 인테리어 소품들이 가게 구석구석에서 빛을 발한다.

메뉴는 그때그때 달라지는데 보통 점심엔 파스타, 저녁엔 스테이크를 메인으로 한 프랑스 가정식 요리. 발음도 어려운 낯선 요리도 있지만 주인의 친절한 설명 한 스푼이 더해지니 나도 어느새 파리지앵이 된 듯하다.

하동역

하동은 아직까지 당일치기 기차 여행을 하기에 지리적으로 편한 위치는 아니다. 하지만 순천이나 진주를 돌아보고 1박 2일 일정으로 다른 곳을 더 가보고 싶다면 하동역을 추천한다. 지리산을 등지고 섬진강 줄기 따라 자리한 하동은 물과 바람, 햇살의 축복이 넉넉히 내린 땅이다. 2009년 슬로시티로 선정된 하동(악양면)은 전국에서 유일하게 비닐하우스 농사를 짓지 않는, 자연에 순응하고 느림의 미학을 실천하는 고장이다. 지리산이 길러낸 야생녹차와 섬진강변에 흐드러진 벚꽃처럼 천혜의 자연환경을 품은 하동에서 박경리의 〈토지〉와 같은 대하소설이 탄생한 것도 우연은 아닐 터. 아무리 멀다 한들 하동에서의 하루를 놓칠 수는 없는 이유다.

INFO

최참판댁(055-880-2950), 화개장터(055-883-5722)

tour.hadong.go.kr(하동군 문화관광)
slowcityhadong.or.kr(하동슬로시티)

하동역에서 700m 떨어진 하동버스터미널에서 악양(최참판댁), 화개버스터미널(화개장터), 쌍계사 방면 버스를 탈 수 있다. 하동버스터미널(055-883-2663)과 화개버스터미널(055-883-2793)에 문의.

〈공지영의 지리산 행복학교〉속 지리산학교가 이곳 하동 악양면에 있다. 느리지만 행복하게 사는 사람들의 이야기를 여행하며 읽는 것도 좋은 방법.

01 산사에 울려 퍼지는 범패와 차향
쌍계사

Access 하동역에서 약 700m 떨어진 하동버스터미널에서 화개 방면 버스 승차, 쌍계사 하차 **Address** 경남 하동군 화개면 쌍계사길 59 **Tel** 055-883-1901 **Fee** 어른 2500원, 청소년 1000원, 어린이 500원 **Web** ssanggyesa.net

지리산 기슭의 쌍계사는 주변 산세와 지형을 따라 제 몸을 낮추고 꽃과 나무가 어우러진 아름다운 사찰이다. 하나의 축을 중심으로 전각들이 배치된 다른 사찰과 달리 금당 영역과 대웅전 영역이 서로 다른 축으로 분할된 독특한 가람 구성을 하고 있는 것이 특징. 좁은 터에 대한 묘수로 아기자기하고 아늑한 분위기가 더해졌다. 봄철 십리벚꽃길의 종착지이자 지리산의 기운을 품은 차나무 재배지로 더 유명한 쌍계사는 관광철엔 심한 몸살을 앓는다. 고즈넉한 산사의 분위기를 느끼고 싶다면 성수기에는 피하는 것이 좋다. 쌍계사를 중창한 신라 시대 고승 진감선사가 불교음악인 '범패(梵唄)'를 우리 민족에 맞게 고쳐 널리 퍼트렸으니, 지금도 쌍계사 범종루에서는 해질 무렵 북소리와 함께 범패를 들을 수 있다.

tip 대나무의 이슬을 먹고 자라 죽로차 또는 작설차라고도 불리는 지리산 야생녹차의 시배지가 이곳 쌍계사 주변으로 알려져 있다. 진감선사가 처음 씨앗을 뿌린 1200년 된 차나무를 볼 수 있으며, 하동 차의 역사와 유물을 망라한 차문화센터도 마련되어 있다. 매년 5월 이 일대에선 하동 야생차문화축제가 개최된다.

PLUS	남녀가 정분나는 벚꽃터널

십리벚꽃길

Access 하동역에서 약 700m 떨어진 하동버스터미널에서 화개 방면 버스 승차, 화개버스터미널 하차 Address 경남 하동군 화개면 십리벚꽃길

4월이 되면 하동에서 구례로 이어지는 25km 도로가 온통 하얀 벚꽃으로 뒤덮인다. 일명 섬진강 벚꽃길 백 리. 그중에서 백미로 꼽히는 길이 화개장터에서 쌍계사 입구까지 맞닿은 6km 구간, 십리벚꽃길이다. 섬진강과 만나는 화개천을 끼고 양쪽 길에 50~70년은 넘은 1200그루의 벚나무가 빼곡히 심어져 있다. 1930년대부터 조성된 이 벚꽃터널을 연인이 함께 걸으면 부부로 백년해로한다 해서 '혼례길'이라고도 불린다. 벚꽃이 필 무렵 가장 맛이 좋다 해서 이름 붙은 벚굴이 이 계절 길가 포장마차의 주 메뉴. 섬진강이 길러낸 달콤한 그 맛에 어느새 뽀얀 속살은 간데없고 손바닥만 한 굴 껍질만 산더미처럼 쌓여 있다.

| 02 | 구경 한번 와 보세요
화개장터

Access 하동역에서 약 700m 떨어진 하동버스터미널에서 화개 방면 버스 승차, 화개버스터미널 하차 Address 경남 하동군 화개면 쌍계로 21 Tel 055-880-2383

전라도 구례와 경상도 하동 경계에 있는 화개장터는 조선 시대 가장 큰 5일장 가운데 하나였다. 화개천이 섬진강과 합류하는 지점에서 열리던 장으로 뱃길을 따라 지리산의 산나물과 약재, 전라도 곡창지대의 쌀이나 보리, 남해안의 해산물 등이 모여들었다. 전국의 보부상들로 북적이던 화개장터는 해방 후 쇠락의 길을 걷다가 1980년대 대중가요 '화개장터'로 예전의 명성을 다시 얻게 되었다. 화개다리 건너편에 현대적으로 복원된 화개장터는 규모나 멋스러움이 예전만 못하지만 지리산의 질 좋은 산나물과 약재, 섬진강의 참게로 만든 참게장을 구입할 수 있어 관광객들이 빼놓지 않고 들르는 코스. 섬진강 재첩국과 빙어튀김 등을 맛볼 수 있는 음식점도 즐비하다.

| 03 | 소설 〈토지〉 속 인물들이 걸어 나올 듯
평사리 최참판댁

Access 하동역에서 약 700m 떨어진 하동버스터미널에서 악양 방면 버스 승차, 최참판댁 하차 Address 경남 하동군 악양면 평사리길 76-23 Tel 055-880-2960 Open 09:00~18:00 Fee 어른 1000원, 청소년 800원, 어린이 600원

박경리의 〈토지〉는 구한말과 일제강점기, 광복에 이르기까지 만석꾼 대지주 최 참판 일가의 비극적 일생을 다룬 대하소설이다. 하동군 악양면 평사리는 소설의 주인공이자 최참판댁 마지막 당주의 고명딸 서희가 길상과 연을 맺고, 고향 땅에 대한 열망을 키우게 되는 주요 무대. 평사리의 네모반듯한 황금 들녘 '무

딤이들'이 내려다보이는 언덕 위에 소설 속 모습 그대로 재현된 최참판댁은 안채, 별당, 사랑채 등 10여 동의 한옥으로 지어졌다. 드라마 〈토지〉가 촬영되기도 했던 이곳에선 서희와 길상이가 혼례를 올리는 장면이 주말 마당극으로 펼쳐지기도 한다. 읍내 장터와 물레방아, 초가집 등 드라마 세트로 지어진 시설이 인근에 남아 있으며 토지문학관과 한옥체험관 등도 관광객들이 빼놓지 않고 들르는 곳이다.

tip 최참판댁 초입에 지역문화학교인 '지리산학교' 졸업생들이 연 가게가 한데 모여 있다. 닭 요리 전문점인 '지리산갑부네'(018-230-1431), 퀼트 카페인 '달팽이가게'(055-883-8878), 잔치국수가 맛있는 '아씨국수'(010-2933-5091) 등 악양 사람들의 소박하지만 풍요로운 삶을 살짝 엿볼 수 있다.

PLUS + 오랫동안 머물고 싶은 다원
매암차문화박물관

Access 하동역에서 약 700m 떨어진 하동버스터미널에서 악양 방면 버스 승차, 악양시청 하차 **Address** 경남 하동군 악양 서로 346-1 **Tel** 055-883-3500 **Open** 하절기 10:00~19:00, 동절기 10:00~18:00 **Close** 월요일 **Fee** 무료 **Web** tea-maeam.com

신라 시대 왕이 지리산에 차나무를 심도록 했다는 내용이 〈삼국사기〉에 전해지며 하동 녹차는 일명 '왕의 녹차'로 불리게 되었다. 주로 십리벚꽃길로 유명한 화개계곡의 비탈면을 따라 하동 녹차밭이 펼쳐진다. 반면 악양면의 매암다원은 평지에 조성된 경우. 1963년부터 야생녹차를 자연 농법으로 재배하고 차 제조 역시 전통 기법을 따르고 있다. 약 2만3000㎡의 녹차밭이 정원처럼 아름답게 꾸며져 있으며, 차와 관련된 다양한 유물들이 전시되어 있는 매암차문화박물관도 자리하고 있다. 멋스러운 고재가구와 다기로 꾸며진 다방은 이곳을 찾는 또 하나의 이유. 햇살이 아스라이 부서지는 다방 안에서 차를 우리고 계산하는 것까지 전부 셀프로 운영되고 있어 눈치 안 보고 호젓한 시간을 보낼 수 있다.

tip 매암다원에서 1.5km 떨어진 곳에 박경리 소설 〈토지〉에 나오는 최참판댁의 실제 모델인 조씨 고가가 있다. 조부잣집으로 통했던 이 고택은 한국전쟁을 거치며 안채와 방지만이 남았지만 지리산을 배경으로 하여 들녘을 내려다보는 위치와 고풍스러운 기와 등에서 과거의 영화를 짐작할 수 있다. 현재 그 후손이 살고 있으며 일반인에게 개방한다.

| 04 | 반짝이는 금모래빛 강변

하동송림공원

Access 하동역에서 하동군청 방면으로 약 2km Address 경남 하동군 하동읍 섬진강대로 2107-8

백사장은 바다에서만 보는 줄 알았다. 섬진강의 굵은 줄기를 따라 군데군데 고운 모래가 쌓여 있는데, 섬진교 인근에 제법 넓게 백사장이 형성되어 캠핑족들의 차지가 되고 있다. 발목에 찰랑거리는 강물에서 놀고 있으면 재첩잡이 어선이 일을 나서는 풍경을 목격하기도 한다. 이곳이 더욱 특별한 이유는 백사장 뒤편의 하동 송림 때문. 1745년(영조 21년)에 도호부사 전천상이 강바람과 모래바람을 막기 위해 식재한 것으로 2만6000㎡ 면적에 1000여 그루의 노송이 울창한 숲을 이루고 있다. 천연기념물 제455호로 지정되어 있는 하동 송림은 여름철 시원한 그늘과 청량한 공기를 만끽할 수 있는 최고의 피서지를 제공한다.

하동 맛집

● 절집 앞 자연의 맛 사찰국수 **단야식당**

Address 경남 하동군 화개면 쌍계사길 59 Tel 055-883-1667 Open 3~8월 09:00~20:00, 9~2월 11:00~18:00 Close 비정기적 Menu 사찰국수 7000원(2인 이상), 산채비빔밥 7000원

쌍계사 초입의 사찰국수로 유명한 집이다. 곡물이 부족하던 시절 면 대신 다양한 나물에 들깨국물로 탕을 만든 절집 음식에서 착안했다. 걸쭉한 들깨 국물에 메밀면을 말아 내오는데 어디에서도 먹어본 적 없는 감동적인 자연의 맛이다. 화학조미료를 넣지 않음은 물론, 밑반찬이나 장류도 직접 만들어 낸다. 지리산 산나물에 깊은 맛의 고추장을 곁들인 산채비빔밥도 추천.

● 섬진강변 사람들의 속풀이 재첩국 **여여식당**

Address 경남 하동군 하동읍 경서대로 92 Tel 055-884-0080 Open 08:00~20:00 Menu 재첩국백반 8000원, 재첩회무침 소 2만원

1994년 문을 연 이래 변함없이 섬진강에서 건져올린 자연산 재첩만을 쓴다. 푸르스름한 빛깔을 띠는 뽀얀 재첩국물에 소금 간을 하고 부추를 송

송 썰어 넣은 게 전부. 전혀 비릿하지 않고 오히려 개운하게 속을 풀어준다. 삶은 재첩에 갖은 채소와 초고추장으로 버무린 재첩회무침도 별미.

벌교역

벌교는 근대 지방 도시의 독특한 풍경이 남아 있는 소읍이다. 1930년대 내륙을 연결하는 포구와 경전선 철도의 개통으로 갯벌잡이나 하던 조용한 동네는 번화한 도시로 변모했다. 당시 지어졌던 2층 목조의 적산가옥과 낡은 철교는 일본인들이 오갔을 '본정통(일본인 거리)'의 모습을 짐작케 한다. 벌교는 또한 조정래 작가의 대하소설 〈태백산맥〉의 무대이기도 하다. 1940~50년대 우리 현대사의 아픔을 다룬 소설을 따라가다 보면 작가에게 수많은 영감을 주었을 들판과 거리, 건축, 공간 그리고 그 속의 삶을 만날 수 있다.

INFO

 보성군 문화관광과(061-850-5211~4)

 tour.boseong.go.kr(보성군 문화관광)

 서울에서 출발한다면 순천역까지 기차로 이동 후 벌교행 시외버스를 이용하는 게 빠르고 편리하다. 벌교를 돌아보는 데는 걸어서 반나절이면 충분하다.

 꼬막 중에서도 최고로 대접받는 벌교 꼬막. 찬바람이 불어야 꼬막에 제대로 맛이 들기 시작한다.

01 소설〈태백산맥〉이 탄생하기까지
조정래태백산맥문학관

+ 하루 추천 코스 +

Access 벌교역에서 보성제일고 방면으로 약 1km **Address** 전남 보성군 벌교읍 홍암로 89-19 **Tel** 061-858-2992 **Open** 하절기 09:00~18:00, 동절기 09:00~17:00 **Close** 월요일, 설날·추석 당일 **Fee** 어른 2000원, 청소년 1500원, 어린이 1000원 **Web** tbsm.boseong.go.kr

여순사건과 한국전쟁을 배경으로 극한 이데올로기의 대립이 남긴 비극적 상흔과 민족적 아픔을 다룬 대하소설〈태백산맥〉. 조정래 작가는 학창 시절을 보낸 벌교를 소설의 무대로 삼고 치밀한 현지답사와 방대한 자료조사를 통해 소설을 완성했다. 월간지〈현대문학〉에 6년간 연재, 원고지 1만6500매에 달하는 원고, 10권의 책. 소설〈태백산맥〉은 문학적 완성도뿐 아니라 1980년대 차마 들추지 못한 우리 역사의 맨얼굴을 드러냄으로써 엄청난 반향을 불러왔다. 2008년 지상 2층 규모로 문을 연 태백산맥문학관은 이 국보급 소설이 어떻게 탄생하게 되었는지 작가의 자료수집 과정부터 육필원고, 소설이 일으킨 사회적 파장 등을 자세히 소개하고 있다. 소설〈태백산맥〉을 따라 벌교 문학기행을 떠나기 전 꼭 들러야 할 곳이다.

tip 소설〈태백산맥〉문학기행 코스: 조정래태백산맥문학관 → 현부자네 집 → 소화의 집 → 중도방죽 → 철다리 → 벌교역 → 보성여관 → 옛 금융조합 → 벌교 홍교 → 김범우의 집 → 소화다리

| 02 | 일본식 여관의 환골탈태
보성여관

Access 벌교역에서 벌교초교 방면으로 약 250m Address 전남 보성군 벌교읍 태백산맥길 19 Tel 061-858-7528 Open 10:00~17:00 Close 월요일 Fee 어른 1000원, 청소년 800원, 어린이 500원 / 숙박(1박) 8만~15만원

1935년 지어진 보성여관은 당시의 번성을 상징적으로 보여주는 곳이다. 일본식 목조와 한식 벽돌조가 혼용된 2층 규모의 건축물로 역사적 가치를 인정받아 등록문화재로 지정되었고 2012년 옛 모습 그대로 복원되었다. 1층에는 벌교와 보성여관의 역사가 정리되어 있는 전시관이 마련되었고, 클래식한 가구와 소품으로 꾸며진 카페도 자리 잡았다. 옛 보성여관의 취지를 살려 숙박도 가능하도록 했다. 탐스러운 주홍빛 꽃봉오리의 석류나무가 뿌리내린 비밀스러운 중정에 서면 지난 시절이 흑백 필름처럼 지나가는 듯하다.

벌교 맛집

● 쫄깃한 벌교 꼬막으로 한상 푸짐하게 **현부자네 집**

Address 전남 보성군 벌교읍 홍암로 89-24 Tel 061-857-7737 Open 11:00~21:00 Menu 꼬막정식 1만5000원

벌교 읍내에는 꼬막정식을 파는 집이 여럿 있다. 태백산맥문학관 맞은편 현부자네에선 탱글탱글하게 삶은 참꼬막과 꼬막전, 꼬막회무침은 물론 굴비, 간장게장, 두부된장찌개, 각종 나물 반찬 등을 푸짐하게 차려낸다. 큰 그릇에 밥을 덜고 꼬막회무침과 식성 따라 각종 반찬을 넣고 함께 비벼 먹는 것이 정석. 새콤한 고추장 양념에 비빈 쫄깃한 꼬막밥이 끝도 없이 들어간다.

》 에디터 추천 코스

보성역
1 대한다원
2 율포해수욕장
3 강골마을

17.50km

보성역

세상살이 속도에는 아랑곳없이 느릿느릿 촌부의 발이 되어주는 경전선. 그중 유난히 여행자들의 발길이 끊이지 않는 역이 있다. 우리나라 최대의 보성 녹차밭과 가장 가까운 보성역이다. 산과 바다를 모두 끼고 있는 보성은 온화한 기후와 큰 일교차, 풍부한 강수량으로 차나무가 자생할 수 있는 최적의 환경. 그 덕에 1957년 활성산 자락의 대한다원을 시작으로 수많은 다원이 생겨났다. 산 하나를 통째로 집어 삼킨 녹차밭의 거대한 물결은 두고두고 기억에 남을 만한 풍경이다.

INFO

 보성군 문화관광과(061-850-5211~4)

 tour.boseong.go.kr(보성군 문화관광)

 보성역 광장 왼쪽 육교를 건너면 육교 아래 버스정류장에서 녹차밭으로 가는 버스를 탈 수 있다. 각 관광지로 가는 버스시간은 보성터미널(061-852-2777)에 문의하면 된다.

 매년 5월 첫 차를 수확하는 시기에 맞춰 보성다향제가 열린다. 손수 찻잎을 따거나 즉석에서 덖은 차를 맛보는 등 다채로운 체험을 할 수 있다.

| 01 | 초록빛 바다에 누워

대한다원

하루 추천 코스

Access 보성역 육교 건너편에서 율포 방면 버스 승차, 대한다원 하차 **Address** 전남 보성군 보성읍 녹차로 763-67 **Tel** 02-511-3455(매표 관련), 061-852-4584(음식점) **Open** 하절기 09:00~19:00, 동절기 09:00~18:00 **Fee** 어른 3000원, 청소년·어린이 2000원, 6세 미만 무료 **Web** dhdawon.com

그곳에 가면 초록빛 바다를 만날 수 있다. 보성은 우리나라 녹차 생산량의 40%가 재배되는 녹차의 고장이다. 그중 보성 녹차밭의 시초로 알려진 대한다원은 녹차 재배 면적이 약 165ha, 주변 삼나무 숲까지 더하면 약 560ha의 최대 다원이다. 처음부터 관광농원을 지향한 덕에 산책로와 편의시설이 잘 갖추어져 있고, 대나무 숲과 계곡 등 주변 풍광도 뛰어나다. 산 능선을 따라 물결치는 녹차밭과 은은한 향을 뿜어내는 삼나무 숲 속에서의 산책은 도시에서의 묵은 때를 벗고 마음까지 힐링되는 느낌. 산 능선을 따라 한참 만에 다다른 정상 전망대에서 녹차밭을 내려다보는 장관도 놓칠 수 없다. 내려올 때 삼나무 숲길을 이용하면 제법 등산하는 기분도 낼 수 있다. 다원 내에 마련된 쉼터에서는 녹차생돈가스, 녹차냉면 등 한 끼 식사는 물론 녹차셰이크, 녹차아이스크림 등의 음료 및 각종 과자와 사탕, 기념품 등을 판매한다.

tip 보성은 천지 사방이 녹차밭이다. 입장료가 아깝다면 보성차밭전망대를 가보자. 인근의 '초록잎이 펼치는 세상'(061-852-7988)에서는 광활한 녹차밭과 멀리 남해의 풍광을 바라보며 곡우 전후 어린 새순만을 손으로 따서 만든 곡우차와 수제 녹차양갱을 즐길 수 있다. 녹차향이 제대로 느껴지는 녹차아이스크림도 추천. 녹차·녹차아이스크림 각 3000원

03 옛것이 대접받는 마을
강골마을

Access 보성역 육교 건너편에서 득량 방면 버스 승차, 하차 **Address** 전남 보성군 득량면 역전길 15-9 **Tel** 061-853-2885

오봉산 자락에 터를 잡은 강골마을은 잊혀져가고 있는 전통의 원형을 지켜나가는 귀한 마을이다. 400년 전 광주 이 씨 집성촌으로 시작해 현재 조선 후기에 지어진 25채의 한옥이 동네를 이루고 있다. 그 가운데 대나무 숲을 병풍처럼 두른 이식래 가옥, 솟을대문에 기품이 넘치는 이용욱 가옥, 정원이 아름다운 이금재 가옥, 그리고 주변 숲과 아담한 연못, 누각이 어우러진 열화정 등 네 채가 중요민속자료로 지정되기도 했다. 세월의 깊이만큼이나 두터운 돌담과 고즈넉한 골목, 아름드리 고목, 깊은 우물이 어우러진 마을에선 하룻밤 '불편한' 한옥체험도 가능하다. 한겨울 아낙들이 모여 아궁이에 불을 지피며 만드는 강골마을 쌀엿은 소문난 건강 간식. 선물용으로도 그만이다.

tip 만약 강골마을만 들르고 싶다면 보성역 대신 득량역에서 내리면 된다. 득량역에서 강골마을까지는 도보로 15분 거리. 정감 어린 기차역과 이발소, 한약방을 만날 수 있는 예스러운 득량면 거리도 놓치지 말자.

02 잔잔한 호수 같은 은빛 모래 해변
율포해수욕장

Access 보성역 육교 건너편에서 율포 방면 버스 승차, 율포해수욕장 하차 **Address** 전남 보성군 회천면 봉서동길 36-8

보성 땅과 고흥 반도에 둘러싸인 득량만은 소문난 청정 해역. 율포해수욕장은 이 득량만에 인접해 있어 깨끗할 뿐 아니라 사시사철 호수처럼 잔잔하다. 비록 넓진 않지만 고운 은빛 모래와 우거진 송림, 아름다운 노을은 편안하고 여유로운 시간을 선사한다. 지하 암반층에서 끌어올린 해수와 보성 녹차가 만난 녹차해수탕도 놓치지 말자. 고혈압과 신경통에 효능이 있으며 목욕탕 안에서 바다 풍경을 만끽할 수 있다.

보성 맛집

● 담백하고 정직한 녹차요리 **토담**

Address 전남 보성군 회천면 우암길 23 **Tel** 061-852-9808 **Open** 11:00~20:00(월요일 11:00~15:00) **Menu** 녹차수제비 6000원, 녹돈오삼불고기 1만1000원(2인 이상)

율포해수욕장 인근에 자리 잡은 토담은 녹차의 고장 보성에 걸맞게 녹차를 넣어 만든 다양한 요리를 선보이고 있다. 오래된 토담집을 고쳐 쓰고 있는 소박한 식당 외관과 화학조미료를 일절 넣지 않은 담담한 음식 맛이 얼추 닮았다. 녹차를 넣은 연둣빛 수제비와 부침개, 녹차를 먹여 키운 녹돈을 맛볼 수 있다.

양수/운길산 원주 단양 풍기 안동

- 경부선
- 호남선
- 전라선
- 장항선
- 경전선
- **중앙선**
- 동해남부선
- 태백선
- 기타

하루 추천 코스

중앙선

》 에디터 추천 코스

- 4 남양주종합촬영소
- 5 왈츠와 닥터만 커피박물관
- 2.39km
- 10.11km
- 3 남한강 자전거길
- 양수역
- 2.13km
- 700m
- 1 세미원
- 2 두물머리
- 700m

양수역
_운길산역

중앙선 노선 중 수도권 전철이 달리는 구간은 용산역에서 용문역까지다. 덕분에 서울에서 양평까지 기차가 아닌 전철을 타고 오갈 수 있게 됐다. 그중 양수역과 운길산역은 양평과 남양주의 대표적인 관광지가 있는 곳으로 용산역에서 약 1시간이면 도착할 수 있다. 한나절이면 다녀올 수 있어 가족여행이나 데이트 코스로도 부담이 없고 세미원, 두물머리 등 주요 관광지들의 풍경이 아름다워 출사족들도 자주 찾는다. 남한강변을 따라 자전거를 달리는 마니아들도 빼놓을 수 없다. 주머니 가볍게, 발걸음 가볍게 훌쩍 나들이를 떠나기 좋은 여행지다.

INFO

 양평군청(031-773-5101), 남양주시청(031-592-4900)

 tour.yp21.net(양평 문화관광), nyj.go.kr/culture/index.jsp(남양주 문화관광)

 양수역 관광지들은 대부분 도보로 둘러볼 수 있다. 운길산역에선 56번 시내버스나 택시, 또는 셔틀버스(남양주 종합촬영소)를 이용하면 된다.

 두 역 모두 자전거 여행지로 제격이다. 자전거를 가지고 중앙선 전철을 탈 수 있으며, 양수역에서 자전거를 대여할 수도 있다.

| 01 | 초록빛 연꽃으로 가득한 세상

세미원

하루 추천 코스

Access 양수역에서 양서문화체육공원 방면으로 약 700m Address 경기도 양평군 양서면 양수로 93 Tel 031-775-1834 Open 하절기 09:00~18:00, 동절기 09:00~17:00 Close 월요일 Fee 어른 4000원, 청소년·어린이 2000원 Web semiwon.or.kr

연꽃을 테마로 한 세미원은 물과 꽃으로 가득한 공원이자 수생식물을 통해 한강물을 깨끗하게 정화시키는 곳이기도 하다. 불모지나 다름없던 버려진 땅에 연꽃을 심고, 물길을 따라 징검다리를 놓고, 너른 잔디밭을 만들어 아름다운 정원이 완성됐다. 넓은 면적만큼이나 볼거리도 다양하다. 연꽃과 관련된 유물 1000여 점을 볼 수 있는 연꽃박물관, 1년 내내 연꽃을 볼 수 있는 수련온실, 한강의 청정함을 기원하는 장독대 분수, 옛 선조들이 가꾸던 정원을 복원한 석창원 등이 있다. 세미원의 역사를 들을 수 있는 문화해설 프로그램, 수생식물을 관찰하고 탐사하는 생태교육 프로그램 등 체험학습도 가능하다. 연못마다 연꽃이 만개하는 7~8월엔 연꽃축제도 열린다.

02 운치 가득한 물가의 풍경
두물머리

Access 양수역에서 세미원을 지나 약 1.4km Address 경기도 양평군 양서면 두물머리길

금강산에서 발원한 북한강과 강원도에서 흘러온 남한강이 만나는 두물머리. 한때는 서울 뚝섬, 마포나루 등으로 향하는 배들이 거치던 나루터였다. 세월이 흐르고 이젠 옛 나루터를 추억하는 관광지로 변했지만, 한강 팔경 중 하나로 꼽히는 경치 덕분에 지금도 많은 이들이 이곳을 찾는다. 400여 년 수령의 커다란 느티나무 아래 관광객들이 쉬어가고, 예스러운 황포돛배가 강변을 유유히 흐르는 고즈넉한 분위기. 물안개가 피어오르는 새벽과 해 질 녘 풍경이 특히 아름다워 출사지나 드라마, 영화 배경지로 잘 알려져 있다. 주변으로 산책 코스가 조성되어 있어 강변을 따라 걷거나 자전거 라이딩을 즐기는 관광객도 많다. 세미원과 연결되는 배다리가 개통되면서 양수역에서 시작해 세미원, 석창원을 거쳐 두물머리로 이어지는 약 4.5km의 물레길이 완성됐다.

03 강변을 따라 자전거를 달리다
남한강 자전거길

Access 양수역 1번 출구 앞 Address 경기도 양평군 양서면 목왕로 55-10(양수역 자전거 대여소) Tel 031-771-6198

04 영화 속 장면을 마주하다
남양주종합촬영소

Access 운길산역에서 남양주종합촬영소행 셔틀버스 승차 또는 운길산역 건너편에서 56번 버스 승차, 남양주종합촬영소 하차 Address 경기도 남양주시 조안면 북한강로 855번길 138 Tel 031-579-0600 Open 하절기 10:00~18:00, 동절기 10:00~17:00 Close 월요일, 설날·추석 당일 Fee 어른 3000원, 청소년 2500원, 어린이 2000원 Web studio.kofic.or.kr

양수역엔 자전거 여행객들이 많다. 팔당역에서 충주역까지 이어지는 자전거길이 양수역을 지나기 때문. 남한강변, 두물머리, 북한강 철교, 능내역 간이역사, 다산유적지까지 이어지는 양수역~운길산역~능내역 코스가 제법 운치 있다. 길목마다 음식점과 카페도 운영 중. 중앙선 전철에 자전거 탑승이 가능하고, 몸만 가볍게 와 양수역에서 자전거를 대여해도 좋다. 대여료는 이용시간에 따라 달라지며, 일몰 때까지 탈 수 있다. 양수역 주변 관광지를 자전거로 둘러보거나 북한강 철교를 지나 운길산역까지 자전거 전용도로를 달려도 좋다. 시원한 바람을 가르며 강물 위를 달리는 짜릿함과 남한강변의 탁 트인 풍경을 만끽할 수 있다.

영화나 드라마 촬영과 제작을 위해 만들어진 아시아 최대 규모의 종합 촬영소. 수많은 작품들이 거쳐간 이곳은 시대를 넘나드는 세트장과 실내 스튜디오, 녹음실, 의상실, 소품실, 영화문화관 등 실제 촬영지뿐 아니라 영화에 대한 모든 것을 직접 살펴볼 수 있는 시설들로 가득하다. 특히 〈공동경비구역 JSA〉 촬영지였던 실물 크기의 판문점 세트장이나 여러 영화와 드라마에 등장한 한옥 세트장 '운당' 등 생생하게 재현되어 있는 낯익은 공간들이 인기 코스다. 배우와 스태프들로 꽉 찬 세트장에서 영화배우가 되고, 영화감독이 되어보는 시간. 시네극장에선 매달 한국영화 한 편을 무료로 상영한다.

tip 남양주종합촬영소는 입구에서부터 도보로 약 30분 이상 소요된다. 운길산역 맞은편 버스정류장에서 56번 시내버스를 타면 입구에서 내려 촬영소까지 걸어가야 하니, 택시를 타고 들어가는 게 편하다. 가장 좋은 방법은 운길산역과 남양주종합촬영소를 오가는 셔틀버스를 이용하는 것.

05 커피 마니아를 위한 공간
왈츠와 닥터만 커피박물관

Access 운길산역 건너편에서 56번 버스 승차, 남양주종합촬영소 하차 Address 경기도 남양주시 조안면 북한강로 856-37 Tel 031-576-0020 Open 10:30~18:00 Close 월요일 Fee 어른 5000원, 청소년·어린이 3000원(체험료 포함) Web wndcof.com

문을 열고 들어서자 퍼지는 진한 커피 향. 이곳은 커피 전문가 박종만 관장이 운영하는 국내 최초 커피박물관이다. 역사와 문화, 제조 과정 등 커피에 관한 모든 것을 소개하며, 박종만 관장이 전 세계에서 수집한 로스팅 도구와 산지별 생두, 커피와 관련된 다양한 앤티크 소품들을 전시하고 있다. 보는 것만이 전부가 아니다. 관람객들이 직접 전동 그라인더로 원두를 갈아 핸드 드립 커피를 내리고 마시는 체험 코스도 준비되어 있다. 신분증을 맡기면 음성안내기를 통해 전시 내용에 대한 자세한 설명을 들을 수 있다. 1층에 자리한 레스토랑에서는 원두커피와 코스 요리를 맛볼 수 있고, 클래식 공연과 함께 디너를 즐기는 '닥터만 금요음악회'를 매주 진행한다. 박물관 뒤편으로 아늑한 북한강변 산책로가 이어져 도심에선 경험할 수 없는 진정한 '커피 한 잔의 여유'를 만끽할 수 있다.

양수 맛집

● 코스로 즐기는 연 요리 **연밭**

Address 경기도 양평군 양서면 목왕로 34 Tel 031-772-6200 Open 11:00~20:00 Close 월요일 Menu 연밭정식 1만5000원

연꽃 관광지가 많은 양수역에 연 요리 전문 음식점이 있다. 근처 연밭과 텃밭에서 공수하는 연잎과 식재료로 요리를 만들며, 자극적이지 않고 담백한 맛이 특징이다. 연잎향이 은은하게 풍기는 찰밥과 명태찜, 찌개 등으로 구성된 코스 요리를 맛볼 수 있다. 특히 연잎, 연근 등으로 만든 다양한 연 요리가 이색적이다. 초록빛 연밭이 펼쳐지는 창밖 풍경도 숨겨진 별미다.

● 속이 시원해지는 동치미국수 **송촌식당**

Address 경기도 남양주시 조안면 북한강로 547 Tel 031-576-4070 Open 09:30~21:30 Menu 동치미국수·찐만두 6000원, 녹두빈대떡 1만2000원

살얼음 동동 띄운 동치미국수로 이름난 운길산역 맛집. 보기엔 김치말이국수에 가까운데 주문 즉시 삶아내는 면발과 칼칼하면서 새큼한 육수, 아삭한 백김치의 조화가 맛깔스럽다. 여기에 다진 청양고추까지 넣으면 속이 알싸해지면서 더 시원한 느낌. 김치로 소를 가득 채운 찐만두와 바삭하게 부쳐낸 녹두빈대떡을 곁들이면 든든하다.

》 에디터 추천 코스

1. 치악산국립공원
2. 박경리문학공원
3. 강원감영

원주역
18.70km
3.46km

원주역

청량리와 원주를 잇는 중앙선 철도 복선화 사업이 완공되면서 원주까지의 거리는 이전보다 30분 정도 단축됐다. 청량리역에서 새마을호나 무궁화호로 약 1시간 정도 달리면 도착하는 원주. 강원도에 속한 도시지만 경기도와 충청도를 접하는 위치라 어디서든 떠나오기 좋다. 한때는 강원도를 관할하던 중심지로, 그때의 영광을 품은 문화재가 도심 한복판에 자리하고 있다. 공기 좋고 물 맑은 치악산을 찾는 등산객들의 발길이 끊이지 않고, 원주의 산천을 사랑한 박경리 작가가 머물렀던 도시. 역사와 문학, 산의 정취가 어우러진 고즈넉한 여행이 원주에서 완성된다.

INFO

원주역 내(033-733-1330)

tourism.wonju.go.kr (원주시 문화관광)

원주역 앞 버스정류장에서 각 관광지행 버스를 탈 수 있다. 시내권 관광지는 배차시간이나 소요시간 모두 길지 않아 오가기 쉽지만, 치악산행 버스는 배차 간격이 30분 정도로 긴 편이다.

원주문화원(www.wjmunwha.or.kr)에서 진행하는 원주시티투어를 이용하는 것도 좋은 방법. 치악산과 구룡사, 박경리문학공원 등을 둘러보며, 4~10월 주말에만 운영한다.

| 01 | 원주를 상징하는 명산
치악산국립공원

하루 추천 코스

Access 원주역에서 41번 버스 승차, 구룡사 하차 **Address** 강원도 원주시 소초면 구룡사로 **Tel** 033-732-5231 **Fee** 구룡사 입장료 어른 2500원, 청소년 800원, 어린이 500원 **Web** chiak.knps.or.kr

산 좀 탄다는 등산객들이 전국에서 몰려오는 치악산. 구룡사, 상원사 등 원주팔경으로 꼽히는 사찰과 구룡소, 세렴폭포, 영원산성 등 볼거리도 많은 곳이다. 산세가 험하기로 유명한데, 가볍게 치악산을 둘러보고 싶다면 구룡탐방지원센터에서 시작해 구룡사, 구룡소, 세렴폭포로 이어지는 코스를 추천한다. 초보자도 무난하게 오를 수 있고, 1시간 30분 정도 소요되는 거리. 좀 더 욕심을 낸다면 비로봉까지 다녀와도 좋다. 구룡계곡을 따라 오르는 길은 경사가 없어 걷기 편하고, 무엇보다 경치가 아름답다. 특히 구룡사까지 1km 남짓 펼쳐지는 금강송 우거진 흙길은 걷는 것만으로도 몸과 마음이 치유되는 기분이다. 구룡사는 아홉 마리의 용이 머물던 곳이란 전설이 전해져 오는 사찰로 신라 문무왕 때 의상대사가 창건했다. 규모부터 웅장한 2층 누각 보광루와 대웅전 등 대부분의 전각들이 문화재로 지정되어 있다.

02 대하소설 〈토지〉가 탄생한 곳
박경리문학공원

Access 원주역에서 41번 버스 승차, 박경리문학공원 하차 Address 강원도 원주시 토지길 1 Tel 033-762-6843 Open 10:00~17:00 Close 1월 1일, 설날·추석 당일, 매달 넷째 주 월요일 Fee 무료 Web tojipark.com

대하소설 〈토지〉와 박경리 작가의 자취를 테마로 조성된 공원 겸 전시관. 박경리 작가가 〈토지〉를 집필하며 실제 살았던 소담한 이층집과 손수 가꾼 연못, 텃밭이 옛 모습 그대로 남아 있고, 집 내부는 생전의 집필 공간을 재현해두었다. 소설 속 배경을 옮겨놓은 세 개의 정원, 홍이동산, 용두레벌, 평사리 마당이 옛집을 둘러싸고 있어 작품을 떠올리며 한적하게 산책을 즐길 수 있다. 박경리 작가의 문학세계를 더 자세히 알고 싶다면 박경리 문학의 집을 둘러보면 좋다. 작가의 일생과 더불어 평생에 걸쳐 완성한 대표작들을 만날 수 있다. 육필원고와 만년필, 국어사전, 재봉틀 등 박경리 작가를 기억하게 하는 유품과 소설 〈토지〉와 관련된 자료들이 전시 중이다. 보다 상세한 해설과 옛집 관람을 원한다면 박경리 문학의 집에 상주하고 있는 해설사에게 신청하면 된다.

| 03 | 조선 시대 감영의 생생한 흔적

강원감영

Access 원주역에서 3·41·90번 버스 승차, 강원감영 하차 Address 강원도 원주시 원일로 85 Tel 033-737-4767 Open 09:00~18:00 Fee 무료

구도심 곳곳에 원주의 지난 역사를 만날 수 있는 문화재들이 있다. 그 시작은 원일로에 자리한 강원감영. 조선 초기부터 강원도를 관할하는 행정업무가 이뤄지던 주요 관청으로 강원감영 설치 이후 약 500년 동안 원주는 지방행정의 중심지였다. 당시 관찰사를 비롯해 강원감영을 찾은 이들이 지나야 했던 문루, 포정루, 중삼문, 내삼문을 비롯해 관찰사의 집무실이었던 선화당과 관찰사의 가족이 기거했던 내아 등이 고스란히 남아 있어 조선 시대 감영의 건축 형태를 잘 보여준다. 강원감영의 역사와 관련된 다양한 자료와 발굴 당시 출토된 유물들을 전시 중인 사료관이 있고 매년 가을엔 제례, 수문병 교대식 등 강원감영의 전통을 재현하는 강원감영문화제가 열린다.

tip 원주의 근대문화와 역사를 간직한 또 다른 문화재들이 강원감영 부근에 자리하고 있다. 강원감영 맞은편 강원객사를 비롯해 관아 건물들이 있었던 중앙로 '문화의 거리'에선 등록문화재로 지정된 옛 조선식산은행 원주지점 건물(현 SC제일은행)을 볼 수 있다. 일제강점기의 흔적을 보여주는 근대식 건물로 그 형태가 온전하게 보존되어 있다. 강원감영에서 남부시장 방면으로 원일로를 걷다 보면 원주지역 민주화 운동의 상징이자 원형 돔을 얹은 종탑이 인상적인 원동성당도 만날 수 있다.

원주 **맛집**

● 감자전에 진한 동동주 한잔 **치악산국립공원**

Address 강원도 원주시 소초면 구룡사로 Open 09:00~22:00 Menu 감자전 6000원, 더덕구이 1만2000원

치악산국립공원 입구에 맛집들이 늘어서 있다. 등산객들의 발길을 사로잡는 메뉴는 감자전, 더덕구이, 도토리묵, 메밀전 등 다양하다. 주문 즉시 감자를 곱게 갈아 참나물과 함께 부쳐내는 담백한 감자전을 비롯해 모든 메뉴는 찹쌀이나 더덕으로 맛을 낸 치악산표 동동주와 맛있게 어울린다. 맛집들 대부분 메뉴와 가격이 비슷하다.

● 주머니 가볍게 즐기는 시장표 맛 **중앙시장**

Address 강원도 원주시 중앙시장길 6 Open 07:30~21:00 Menu 칼국수 3000~3500원, 칼만두국 3000~4000원, 메밀전병 1개 1000~2000원

강원도의 별미인 메밀전병과 메밀전, 그리고 매스컴을 타며 전국적으로 입소문이 난 칼국수 등 중앙시장의 먹을거리는 풍성하다. 당면과 무채로 속을 가득 채운 매콤한 메밀전병과 참나물, 부추, 김치 등을 올려 얇게 부쳐낸 메밀전은 가벼운 주전부리로 좋다. 든든한 한 끼를 원한다면 구수한 멸치국물에 푸짐한 양을 자랑하는 칼국수가 제격이다. 생배추로 담백한 맛을 살린 칼칼한 김치만두를 넣은 칼만두국도 인기.

단양역

기차 여행자에겐 조금 불편한 곳일지 모른다. 관광지들은 단양역에서 멀리 떨어져 있고, 가는 길도 쉽지만은 않다. 그럼에도 단양은 한 번 가면 다음을 그리게 되는 도시다. 고수대교에서 마주한 첫인상은 아름답다. 물안개 피어오르는 남한강이 시내를 가로지르고, 그 물길에 어우러진 산세가 한 폭의 그림처럼 펼쳐졌다. 단양팔경이라 부르는 절경이 여기서부터 시작된다. 자연이 빚어낸 천연 동굴도 만나고, 소백산 자락에 숨은 사찰 구인사도 둘러본다. 그렇다고 마냥 한갓진 관광도시가 아니다. 바람을 타고 너울거리는 패러글라이딩이 심장을 뛰게 하고, 맛깔스러운 건강식이 입맛을 자극한다. 이토록 다양한 매력이 여행자의 발길을 다시 단양으로 부른다.

INFO

 고수대교 부근(043-422-1146)

 tour.dy21.net(단양군 문화관광)

 단양역은 버스 이용이 어려운 편. 배차시간이 길고 운행 횟수도 많지 않아 미리 탑승 시각을 알아두고 움직여야 한다. 차라리 단양역에서 버스나 택시를 타고 시내로 나와 각 관광지로 이동하는 게 편하다. 043-422-2866(단양 버스)

도담삼봉, 고수동굴 등 주요 관광지가 몰려 있는 시내에선 단양군에서 운영하는 공영 자전거 '타보래'를 이용하는 것도 좋은 방법. 고수대교 부근 수변공원에서 대여할 수 있으며, 겨울 시즌엔 운영하지 않는다.

01 소백산 자락에 화려한 수를 놓다
구인사

추천 코스

Access 단양역에서 구인사 방면 버스 승차, 구인사 하차 **Address** 충북 단양군 영춘면 구인사길 73 **Tel** 043-423-7100 **Web** guinsa.org

일주문을 지나 가장 먼저 만나는 사천왕문부터 남다른 규모에 놀라게 된다. 대한불교 천태종의 총본산인 구인사는 소백산 연화봉 아래에 사찰을 지어 올렸다. 보통 평지에서 단층의 단아함을 뽐내는 사찰과 달리 하늘 높이 솟은 법당들이 좁은 산세를 따라 자리하고 있다. 오르막길을 오르면 1만 명까지 수용한다는 오층대법당과 관음전, 대조사전 등 구인사의 전각들이 이어진다. 경내 가장 안쪽에 자리한 대조사전까지 걸으면 마치 소백산을 등반한 듯 숨이 차고 다리가 후들거린다. 법당마다 이국적인 화려한 색감과 웅장한 자태를 뽐내 무엇보다 눈이 즐거운 사찰이다.

tip 단양역이나 단양시외버스터미널에서 구인사까지 버스로 1시간 정도 소요된다. 또, 구인사와 단양역, 시내를 오가는 버스의 운행 시각이 정해져 있고 배차시간도 길다. 마냥 머물다 발이 묶일 수 있으니 나가는 버스 시간에 맞춰 구인사를 둘러보는 게 좋다.

| 02 | 설화 속 온달 장군을 만나다
온달관광지

Access 단양역에서 구인사 방면 버스 승차, 온달산성 하차 Address 충북 단양군 영춘면 온달로 23 Tel 043-423-8820 Open 09:00~18:00 Fee 어른 5000원, 청소년 3500원, 어린이 2500원

평강공주와 바보 온달의 이야기를 테마로 한 온달관광지. 드라마세트장, 온달산성, 온달동굴 등 볼거리가 다양하다. 〈연개소문〉〈태왕사신기〉등 사극드라마 촬영지로 잘 알려진 드라마세트장은 촬영 당시의 소품들까지 고스란히 남아 있어 과거로 시간여행을 떠나온 듯 생생한 풍경이 펼쳐진다. 드라마세트장과 연결된 산길을 약 30분 정도 오르면 온달산성이 나온다. 실제 고구려 장수였던 온달 장군이 돌로 성곽을 쌓고 신라군과 싸우다 전사했다고 전해지는 곳으로, 그의 이름을 따 '온달산성'이라 부른다. 무엇보다 남한강 물길이 한눈에 내려다보이는 탁 트인 전망이 인상적이다. 천연기념물로 지정된 석회암 천연동굴 온달동굴과 온달 장군, 고구려와 관련된 자료들을 전시 중인 온달관도 볼 수 있다.

| 04 | 흥미진진 천연 동굴 탐험 |

고수동굴

Access 단양역에서 고수대교 방면 버스 승차 후 상진리에서 170번 버스 환승, 고수동굴 하차 **Address** 충북 단양군 단양읍 고수동굴길 8 **Tel** 043-422-3072 **Open** 하절기 09:00~17:30, 동절기 09:00~17:00 **Fee** 어른 5000원, 청소년 3000원, 어린이 2000원 **Web** kosu.or.kr

천연기념물로 지정된 동굴로 종유석, 석순, 돌기둥을 비롯해 석화, 동굴산호, 아라고나이트 등 세계적으로 희귀한 생성물까지 볼 수 있다. 백층탑, 사자바위, 황금주 등 오랜 시간 다듬어진 석회암들이 하나의 작품처럼 펼쳐진다. 폭포수처럼 내리뻗은 자태도 놀랍지만 정교하게 조각된 듯한 기암괴석들이 특히 눈길을 사로잡는다. 약 1700m 길이로 느긋하게 둘러보면 1시간 정도 걸린다.

| 03 | 남한강과 어우러진 단양팔경 |

도담삼봉, 석문

Access 단양역에서 단양 시내 방면 버스 승차 후 시내에서 도담삼봉 방면 버스 환승, 도담삼봉 하차 **Address** 충북 단양군 매포읍 삼봉로 644-13

남편봉, 처봉, 첩봉이라 불리는 세 봉우리가 남한강 한가운데 우뚝 솟아 있다. 단양팔경 중 하나로 꼽히는 도담삼봉은 정도전이 풍경에 반해 자신의 호를 '삼봉'이라 하고, 퇴계 이황이 그 아름다움을 시로 읊을 정도로 절경을 자랑한다. 도담삼봉이 내려다보이는 전망대를 지나면 또 다른 단양팔경인 석문이 나온다. 강물 위로 다리가 놓인 듯한 독특한 형태. 석문 너머 보이는 남한강의 풍경 역시 아름답다. 그 옛날 선인들이 배를 띄워 풍류를 즐겼듯 유람선을 타고 두 단양팔경을 돌아봐도 좋다.

| 05 | 국내 최대 민물고기 생태관

다누리 아쿠아리움

Access 단양역에서 단양 시내 방면 버스 승차, 단양시외버스 터미널 하차 **Address** 충북 단양군 단양읍 수변로 111 **Tel** 043-420-2971 **Open** 09:00~18:00 **Close** 홈페이지 휴관 안내 참고 **Fee** 어른 8000원, 청소년 6000원, 어린이 5000원 **Web** aqua.danuri.go.kr

2012년 5월에 개장한 민물고기 아쿠아리움. 단양 현지에 서식하는 민물고기부터 천연기념물, 국내외 희귀 어종까지 한자리에서 만날 수 있다. 낚시와 관련된 다양한 자료들도 전시 중. 새롭게 단장한 단양 고속버스터미널 옆 다누리센터에 자리하고 있다. 아쿠아리움, 도서관, 관광정보관으로 구성된 다누리센터는 관광객을 위한 색다른 체험 공간이자 쉼터로 떠오르고 있다.

단양 맛집

● 단양 마늘이 선사하는 진수성찬 **장다리식당**

Address 충북 단양군 단양읍 중앙2로 5-8 **Tel** 043-423-3960 **Open** 10:30~21:00 **Close** 첫째, 셋째 주 월요일 **Menu** 마늘정식 1만2000~3만원

● 집에서 끓인 듯 구수한 올갱이 해장국 **대교식당**

Address 충북 단양군 단양읍 중앙2로 9 **Tel** 043-423-4005 **Open** 08:00~21:00 **Menu** 올갱이 해장국·올갱이 들깨탕 8000원

단양의 맛으로 빼놓을 수 없는 마늘정식. 수육, 육회, 생선구이, 찌개 등 20여 가지가 넘는 갖가지 요리들이 한 상 가득 푸짐하게 펼쳐진다. 그중에서도 맛 좋고 영양도 좋은 단양 마늘로 만든 음식들이 인상적이다. 마늘, 콩, 호박 등을 넣고 지은 구수한 마늘솥밥부터 샐러드, 튀김, 장아찌 등 마늘 하나로 다양한 요리를 선보이는 솜씨가 놀랍다. 하나같이 담백하고 건강한 맛.

청정지역에서 주로 난다는 올갱이(다슬기)는 쫄깃하게 씹히는 식감과 담백한 맛이 특징. 남한강에서 채취한 깨끗한 올갱이의 속살과 아욱, 부추 등을 넣고 푹 끓여낸 올갱이 해장국은 인공 조미료의 도움 없이도 감칠맛이 제대로 우러난다. 3년 묵은 집된장을 풀어 국물에 깊은 맛을 더했고, 고춧가루가 아닌 청양고추로 맛을 내 깔끔하다. 여기에 들깨가루를 더한 올갱이 들깨탕도 별미.

>>> 에디터 추천 코스

부석사
② 소수서원&선비촌
14.45km
① 죽령옛길
15.89km
6.41km
풍기역
23.33km
무섬마을 ③

풍기역

풍기역에 내려 제일 먼저 보이는 것은 알록달록 인삼 그림이 그려진 급수탑이다. 소백산의 유기물이 풍부한 토양에서 자란 풍기 인삼은 육질이 탄탄하고 인삼향이 진한 것으로 유명하다. 소백산이 길러낸 것은 비단 인삼만이 아니다. 삼국 시대 격전지였던 죽령 고갯길엔 오가는 발길이 끊이지 않았고, 신라 시대 고승 의상이 절터로 눈여겨본 곳도 영주 봉황산 자락이었다. 조선 시대 풍기 군수 주세붕이 창건한 백운동서원은 후일 최초의 사액서원인 소수서원으로 수많은 유학자를 배출했으니, '선비의 고장'이란 명성이 아깝지 않다.

INFO

 부석사(054-638-5833), 선비촌(054-637-8586)

 tour.yeongju.go.kr(영주시 문화관광)

 풍기역 앞 인삼시장 맞은편 버스정류장에서는 소수서원과 영주역 방면으로, 그 반대편에서는 희방사역 방면으로 가는 버스가 하루 10여 차례 운행한다. 시내버스터미널(054-633-0011~13)에 문의.

 풍기인삼축제가 열리는 매년 10월, 인삼밭에서 직접 인삼을 캐보고 평소보다 싸게 구입할 수 있다.

01 2000년 역사를 간직한 고갯길
죽령옛길

추천 코스 하루

Access 풍기역 앞에서 25번 버스 승차, 수철 하차 **Address** 경북 영주시 풍기읍 죽령로

소백산맥을 넘어가는 죽령 고갯길은 과거시험을 보기 위해 상경하는 선비들, 괴나리봇짐을 멘 보부상들의 행렬이 이어지던 영남의 관문. 고속도로가 생기고 다른 교통수단이 발달하면서 잊혀가던 죽령옛길이 지난 1999년 복원되면서 다시금 세상에 알려졌다. 희방사역에서 죽령주막까지 이르는 2.5km 길엔 몇 십 년 방치되어 제멋대로 자란 덩굴과 나뭇가지가 비밀스러운 숲길을 만들고 깊은 계곡에선 새들의 지저귐이 울려 퍼진다. 개별꽃, 피나물, 애기똥풀 등 야생화와 일본잎갈나무가 하늘을 찌를 듯 곧게 뻗은 삼림지대를 지나 1시간여 산길을 오르면 죽령주막이 기다리고 있다. 고속도로가 그 앞으로 뚫려 차로 쉽게 들를 수 있는 곳이 되었지만 힘겹게 산을 올라와 마주한 옛 주막의 정취까지 느낄 수는 없을 듯. 직접 빚은 인삼막걸리와 산나물전 한 젓가락이면 땀방울의 보상으로 충분하다. 5~6월에만 맛볼 수 있는 산나물전은 갓 따온 산나물향 가득한 별미.

tip 중앙선 희방사역에서 내리면 죽령옛길 입구까지 걸어갈 정도로 가깝지만 열차 편수가 그리 많지 않다. 다만 서울(청량리역)에서 출발할 경우 오전에 두 차례 열차(06:40, 08:25)가 있으니 희방사역에서 내려 죽령옛길을 걷고 버스로 풍기까지 이동하는 방법을 추천한다.

| 02 | 조선 시대 선비정신을 배우다

소수서원&선비촌

Access 풍기역 앞에서 27번 버스 승차, 선비촌 하차 Address 경북 영주시 순흥면 소백로 2740 Tel 054-639-7691~5 Open 3~5월 9~10월 09:00~18:00, 6~8월 09:00~19:00, 11~2월 09:00~17:00 Fee 어른 3000원, 청소년 2000원, 어린이 1000원 Web seonbichon.or.kr

소수서원은 도산서원, 병산서원 등과 함께 조선 시대 5대 서원이자 최초의 사액서원이다. 서원은 충·효·예·학을 근본으로 하는 조선 시대 선비정신의 산실이다. '소수(紹修)'란 무너진 유학을 다시 닦는다는 의미로 소수서원에선 16세기 초창기 서원의 순수한 모습을 엿볼 수 있다. 장엄한 누각이나 꽉 짜인 위계의 배치 대신 너른 마당에 흩뿌려지듯 편안한 구성과 서원 입구 죽계천과 소나무숲, 작은 정자 등 푸근함이 돋보인다. 유교와 관련된 보다 자세한 내용은 소수박물관에서 살펴볼 수 있다. 소수서원 뒤편 다리를 건너면 선비촌이 나온다. 선비정신을 계승하고 체험하도록 2004년 문을 열었다. 만죽재, 해우당, 두암고택 등 조선 시대 유서 깊은 고택을 비롯해 초가와 정자, 대장간 등 전통 민속마을을 재현해놓았다. 윷놀이, 제기차기 등 전통문화를 체험할 수 있으며 숙박도 가능하다.

| 03 | 낙동강 줄기 따라 터 잡은 선비 마을
무섬마을

Access 풍기역에서 25번 버스 승차 후 영주여객 정류장에서 20번(무섬마을 방면) 버스 환승. 무섬마을 하차 Address 경북 영주시 문수면 무섬로234번길 41 Tel 054-639-6062 Web 무섬마을.com

유장한 낙동강은 유서 깊은 전통 마을을 여럿 품고 있으니 안동의 하회마을이 대표적이다. 여기에 낙동강의 지류인 내성천이 휘감아 도는 영주의 무섬마을도 빠질 수 없다. '물 위에 떠 있는 섬'이란 뜻의 무섬마을은 300여 년 전 반남 박씨와 선성 김씨 집성촌으로 시작되었다. 경상북도 북부의 전형적인 'ㅁ'자형 양반 가옥 30여 채가 잘 남아 있으며 현재 30여 가구 50여 명의 주민들이 대를 이어 살고 있다. 마을과 강 건너편 바깥세상을 연결하던 외나무다리는 무섬마을의 상징. 무섬마을역사관에는 마을의 역사와 문화가 고스란히 담겨 있는데, 과거 장사를 치를 때 이 외나무다리를 건너 상여를 실어 나르던 모습이 장관이다. 주민들로 이루어진 무섬전통마을보존회에서는 희미해져가는 선조들의 옛 풍습과 문화를 지켜내고 있으며, 민속놀이와 다도 체험 등 전통문화체험을 운영하고 있다. 숙박도 가능. 궁중에서 먹던 비빔밥인 골동반을 맛볼 수 있는 무섬골동반(054-634-8000)에선 정성스러운 한정식이 푸짐하게 차려진다.

tip 영주여객에서 무섬마을까지 가는 20번 버스는 하루 네 차례(06:15, 09:50, 15:00, 18:40)뿐이다. 택시를 이용하는 것도 방법. 편도 약 1만원. 무섬마을에서 다시 영주 시내로 되돌아오면 풍기역까지 갈 필요 없이 영주역에서 기차를 타면 된다.

PLUS + 소백산의 너른 품에 안긴 극락세계
부석사

Access 풍기역에서 27번 버스 승차, 부석사 하차 Address 경북 영주시 부석면 부석사로 345 Tel 054-633-3464 Fee 어른 1200원, 청소년 1000원, 어린이 800원 Web pusoksa.org

봉황산 중턱에 자리 잡은 부석사는 신라 시대 고승 의상이 그의 화엄 사상을 널리 알리기 위해 676년 창건한 천년고찰이다. 현실세계에서 극락세계로 향하듯 경내는 몇 개의 석단을 통해 단계적으로 이루어져 있다. 소백산 자락의 너른 품을 바라보며 천왕문을 지나 범종각까지 일직선으로 이어지다 안양루에서 서쪽으로 꺾으면 무량수전에 다다른다. 안양루가 두 세계를 구분 짓는 경계인 셈이다. 현존하는 가장 오래된 목조건축물 중 하나인 무량수전은 부석사에서 가장 유명한 문화재. 기능적이면서도 아름답고 조화로운, 가장 한국적인 전통 건축으로 평가되고 있다.

풍기 맛집

● 슴슴한 평양식 메밀냉면 **서부냉면**

Address 경북 영주시 풍기읍 인삼로3번길 26 Tel 054-636-2457 Open 11:00~20:00 Menu 메밀냉면 8000원, 한우불고기(200g) 1만4000원

자극적인 맛에 길들여진 현대인에게 평양냉면은 심심함 그 자체다. 하지만 두세 번 먹다 보면 묘한 중독성이 있는 게 또 평양냉면의 매력. 서부냉면은 직접 맷돌에 갈아 만드는 메밀 반죽과 화학조미료 없이 한우 사골 국물과 동치미 국물로 맛을 낸 육수를 40년 넘는 세월 변함없이 지키고 있는 집이다. 씹으면 뚝뚝 끊기는 메밀 면발과 고소하고 담백한 육수가 제법 잘 어울린다.

● 시큼한 술향 나는 쫀득한 건강 떡 **순흥기지떡**

Address 경북 영주시 순흥면 소백로 2657 Tel 054-638-2928 Open 09:00~18:00 Menu 기지떡(1.5kg) 8000원, 인절미(1.6kg) 8500원

막걸리를 넣었다고 해서 술떡이라고도 불리는 기지떡은 전통 떡 가운데 유일한 발효 떡이다. 발효 덕에 잘 쉬지 않아 여름철에 주로 해 먹었다. 특별한 풍미를 가진 이 기지떡을 45년간 전통방식대로 만들어온 순흥기지떡. 영주 쌀을 쓰고 고명으로 석이버섯과 검은깨 등을 올렸다. 시큼한 술향과 함께 씹을수록 쫀득하고 달달하다.

》에디터 추천 코스

안동역

시대별 문화재를 다양하게 간직하고 있는 한국의 대표 전통문화 도시, 안동. 그래서 안동을 지붕 없는 박물관이라고도 부른다. 안동에는 문화재가 고르게 분포되어 있어 한국 문화 전체를 이해하기에 이곳만큼 좋은 여행지도 없다. 상고시대부터 사람이 모여 살던 터전으로 다양한 민속 문화가 삶 속에서 계승되어오고 있으며 불교와 유교, 기독교 등 한국문화사의 정신철학도 고스란히 남아 있기 때문. 최근 서울 시내에 유행처럼 번지고 있는 한옥 게스트하우스에서의 아쉬움을 달래기에도 충분하다. 동양의 문화와 함께 안동 고택에서만 가능한 일상의 재충전과 고즈넉한 로망을 경험해보길 추천한다.

INFO

 안동역(054-852-6800)

 tourandong.com(안동관광)

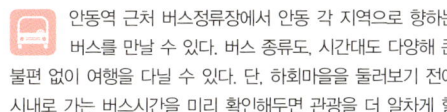 안동역 근처 버스정류장에서 안동 각 지역으로 향하는 버스를 만날 수 있다. 버스 종류도, 시간대도 다양해 큰 불편 없이 여행을 다닐 수 있다. 단, 하회마을을 둘러보기 전에 시내로 가는 버스시간을 미리 확인해두면 관광을 더 알차게 할 수 있다.

하회마을이 안동의 전부일 거란 생각을 깨뜨린 곳이 지례예술촌이다. 행여나 사람들이 몰려들어 그곳만의 매력이 반감될까 걱정될 정도.

01 명당에서 사는 행복
하회마을

 하루 추천 코스

Access 안동역 근처 교보생명에서 46번 버스 승차, 탈놀이전수관 하차 Address 경북 안동시 풍천면 하회종가길 40   Tel 054-853-0109   Open 09:30~18:00   Close 설·추석 당일   Fee 어른 3000원, 청소년 1500원, 어린이 1000원   Web hahoe.or.kr

집이 화두다. 집은 한 집안의 문화가, 그들의 시선이 담긴 지극히 사적인 공간이다. 그런 점에서 하회마을에서는 안동 사람들의 집에 대한 안목을 느낄 수 있다. 우선 마을 전체의 모양새는 물 위에 떠 있는 연꽃의 자태를 닮았다. 옛날 하회마을 선비들이 배를 타고 오가며 유유자적했다는 부용대에 올라서면 하회마을의 아름다운 자태에 고개가 절로 끄덕여진다. 하회마을을 가로지르는 큰길을 사이에 두고 북촌과 남촌으로 나뉜다. 마을의 중심부에는 류씨들이, 변두리에는 서로 다른 성씨들이 살고 있어 각각의 생활방식에 따라 두 가지 문화가 공존하는 것 또한 재미있는 볼거리다. 어깨 높이로 찬찬히 돌아가는 돌담장 너머로 고색창연한 고택들을 바라보노라면 어느새 몇 백 년을 훌쩍 거슬러 올라간 듯하다.

tip 전국의 탈 중 유일하게 국보로 지정된 하회탈. 하회마을에서는 이 탈을 쓰고 그들의 끈질긴 삶과 희로애락을 표현한 하회별신굿탈놀이를 만날 수 있다. 3월부터 11월까지 수·토·일요일 14:00~15:00에 공연한다. 문의 054-854-3664 hahoemask.co.kr

| 02 | 보물 같은 동네 시장

안동구시장

Access 안동역 앞 사거리에서 안동역을 등지고 좌회전 후 대안로를 따라 약 400m 직진 Address 경북 안동시 번영길 30

안동구시장으로 향할 땐 반드시 위를 비우고 가야 한다. 중앙로를 중심으로 사방에 안동의 맛이 숨어 있기 때문이다. 중앙로 서쪽에는 남녀노소가 좋아하는 안동의 대표 음식인 안동찜닭과 통닭 가게가 줄지어 있다. 안동찜닭은 한입 크기로 토막 낸 닭고기와 당면이 어우러져 매콤하면서도 달콤하며 담백한 맛이 일품이다. 찜닭이라 하여 닭을 쪘다고 생각하면 오산. 안동의 찜닭은 감자, 시금치, 대파 등 각종 채소와 당면, 빨갛고 매콤한 청양고추를 넣어 요리한다. 닭볶음과 비슷한 조리법이지만 소갈비처럼 간장으로 조리해 닭 특유의 잡내를 전혀 느낄 수 없어 남녀노소 모두에게 인기이다. 중앙로 동쪽에는 미슐랭에서 별 세개를 받은 제과점인 맘모스제과가, 찹쌀로 고두밥을 지은 후 떡메로 쳐

서 만든 쫄깃한 벙어리 찰떡이 기다리고 있다. 마지막으로 중앙로 남쪽에서 짭짤한 간고등어를 선물로 구입하면 안동구시장 나들이가 완성된다.

| 03 | 어느 부부의 순고한 사랑을 간직한 다리
월영교

Access 안동역 근처 교보생명에서 3번 버스 승차, 월영교 하차 Address 경북 안동시 석주로 일대

안동댐의 풍광과 어우러져 누구나 한 번씩 고개를 돌리게 되는 나무다리. 바로 전국에서 가장 긴 목책다리인 월영교이다. 월영교는 이 지역에 살았던 이응태 부부의 아름답고 숭고한 사랑을 기리는 특별한 장소이다. 450년 전 고성 이씨 이응태의 무덤에서 발견된 편지 한 장은 '현대판 사랑과 영혼'이라는 이름으로 많은 사람들의 호기심을 자극했다. 요절한 남편에 대한 그리움을 구구절절하게 써 내려간 편지와 함께 자신의 머리카락으로 만든 미투리 한 켤레는 450년 전의 사랑, 아름다운 부부의 애틋함을 전달하기에 충분하다. 그래서 월영교는 연인들의 사랑이 영원하기를 염원하는 사랑의 다리이기도 하다. 월영교에는 점핑날개곡사 분수대를 설치해 다리 양옆으로 시원한 물줄기를 내뿜으며, 월영교 위에 자리 잡은 팔각정에 올라앉으면 안동댐의 풍광이 한눈에 들어온다. 월영교 가까이에 냉장고가 없던 시절 그 역할을 담당하던 석빙고와 안동 지방 고유의 민속 문화를 확인할 수 있는 안동민속박물관이 있어 함께 둘러보기 좋다.

tip 월영교 분수는 동절기를 제외한 매주 토요일과 일요일에 하루 세 번 운영한다. 12:30, 18:30, 20:00에 각각 20분씩 진행한다.

| 04 | 안동 사람들도 모르는 마을
지례예술촌

Access 안동역에서 33번 버스 승차, 지례예술촌 하차. 버스 운전기사에게 미리 행선지를 말해두는 게 좋으며, 지례예술촌행 버스는 안동역에서 1일 2회 운행(07:20, 15:20). **Address** 경북 안동시 임동면 지례예술촌길 390 **Tel** 054-822-2590 **Web** jirye.com

어느 여행지에나 개인적으로 정이 가는 장소가 하나씩은 있게 마련이다. 안동에서 많은 사람들이 꼽는 '나만의 장소' 중 하나가 고택이다. 안동을 만끽하기에 그보다 좋은 곳은 없는 까닭이다. 지례예술촌을 찾은 사람은 꼭 다시 오게 된다는 말도 있다. 이곳은 원래 의성 김씨 지촌의 양반가 고택으로 현재는 지역문화재로 관리되고 있다. 예술인들의 집필과 연수 공간이 주된 기능이지만 청소년들의 예절교육 장소로 또는 일반인들의 전통생활 체험 장소로도 쓰인다. 매년 종가의 제사를 볼 수도 있고 기타 문화 체험 프로그램이 있어 숙박을 하지 않더라도 한번은 들러볼 만한 곳이다. 제사 스케줄은 홈페이지를 통해 미리 확인할 수 있으며 매달 진행되는 전통 체험 행사는 미리 예약해야 경험할 수 있다.

05 퇴계 이황 선생의 가르침
도산서원

Access 안동역 근처 교보생명에서 67번 버스 승차, 도산서원 하차 **Address** 경북 안동시 도산면 도산서원길 154 **Tel** 054-840-6599 **Open** 하절기 09:00~18:00, 동절기 09:00~17:00 **Fee** 어른 1500원, 청소년 700원, 어린이 600원 **Web** dosanseowon.com

아름드리 소나무가 운치 있게 드리워진 호젓한 산속, 푸르른 낙동강 강물이 발끝에 굽이치는 산기슭에 터 잡은 도산서원은 성리학의 대학자 퇴계 이황을 모신 서원이다. 관직에서 물러난 퇴계가 제자들을 모아놓고 날로 학문에 힘쓰던 서당 자리로, 선생이 돌아가신 뒤 제자들이 서원을 짓고 이후 선조가 도산서원이란 현판을 내려 사액서원이 되었다. 이곳에 걸려 있는 현판은 한석봉의 친필이므로 자세히 살펴보면 좋다. 서원에는 가장 오래된 도산서당을 비롯해 기숙사 격인 농운정사, 서적 5000여 권이 보관된 광명실, 전교당 등 눈여겨봐야 할 곳이 많다. 도산서원 구석구석에 숨겨진 이야기를 듣고 싶다면 홈페이지를 통해 문화관광해설사 가이드투어를 신청하길 추천한다. 인원이 15명 정도 모일 경우에만 진행하기 때문에 여행 일주일 전에 미리 신청해야 하며, 홈페이지에서 예약 후 반드시 전화로 확인해야 한다.

06 선비의 마을에서 맡은 문학의 향기
이육사문학관

Access 안동역 근처 교보생명에서 67번 버스 승차, 원원천, 이육사문학관 하차 **Address** 경북 안동시 도산면 백운로 525 **Tel** 054-852-7337 **Open** 3~10월 09:00~18:00, 11~2월 09:00~17:00 **Close** 매주 월요일, 설날, 추석 **Fee** 어른 2000원, 청소년 1500원, 어린이 1000원 **Web** 264.or.kr

이육사 탄신 100주년을 기념해 건립한 곳으로 건물 밖에는 이육사의 동상과 그의 시를 떠올리게 하는 청포도 샘이 흐른다. 문학관에서는 언제나 이육사의 생애와 문학을 감상할 수 있으며 비정기적으로 유명 작가들의 낭독회나 문학 강연이 펼쳐지기도 한다. 2013년 7월 27일에는 문정희 시인의 문학 강연을, 2013년 12월 14일에는 최승호 시인과 김별아 소설가의 목소리를 들을 수 있다. 비정기 강연은 홈페이지를 통해 확인할 수 있다.

안동 맛집

● 하얀 쌀밥과 짭짤한 안동간고등어의 궁합 **양반밥상**

Address 경북 안동시 석주로 201 **Tel** 054-855-9900 **Open** 11:00~21:00 **Menu** 양반밥상 정식(2인분) 1만4000원, 안동간고등어구이 8000원, 안동간고등어조림 9000원

간고등어는 바다와 거리가 멀었던 안동으로 동해안에서 생선을 운반해올 때 상하지 말라고 소금간을 두어 번 해준 데서 유래했다. 소금간을 바닷가에서 바로 하지 않고 하루 지나서 하는데 이건 생선이 상하기 바로 직전에 나오는 효소가 맛을 더 좋게 하기 때문이다. 이 집 간고등어는 비린내가 없고 맛이 담백하며 살이 차지다. 밥 한 그릇을 뚝딱 비우게 하며, 정식을 먹으면 안동의 전통 주까지 서비스로 제공돼 푸짐하게 안동의 식문화를 즐길 수 있다.

● 미슐랭이 선택한 빵집 **맘모스 제과**

Address 경북 안동시 문화광장길 34 **Tel** 054-857-6000 **Open** 08:00~23:00 **Menu** 딸기쇼트케이크 4000원, 맘모스빵 4000원

1974년부터 지금까지 전통을 이어온 빵집. 지역마다 전통 있는 빵집은 하나씩 있지만 권위 있는 레스토랑 평가 잡지 미슐랭 가이드로부터 별 세 개를 받은 곳은 전국에 단 세 군데, 그중 하나가 맘모스 제과이다. 옛 맛을 고집하는 것이 아니라 소비자의 입맛에 따라 트렌드를 점검하고 반영한 덕이다. 안동구시장에 자리 잡아 하루 여행을 시작하기 전 주전부리를 미리 사두기에 좋다. 가장 인기 있는 맘모스빵은 혼자서도 먹기 좋은 절반 크기도 판매하며, 한입 베어 물면 어린 시절 동네 제과점의 풍경이 떠올라 마음이 따뜻해진다.

송정 기장 포항

- 경부선
- 호남선
- 전라선
- 장항선
- 경전선
- 중앙선
- **동해남부선**
- 태백선
- 기타

하루
+ 추천 코스 +

동해남부선

》 에디터 추천 코스

송정역

부산진역과 포항역을 잇는 기차역인 동해남부선은 바다를 보면서 갈 수 있는 낭만적인 노선이다. 해운대, 송정, 기장, 일광, 좌천, 월내는 바다와 가까이 있어 기차를 타고 가면서 바다를 감상할 수 있다. 동해남부선인 송정역은 아담하고 운치가 있어 낭만적인 기차여행을 원하는 사람이라면 꼭 한번 들러볼 만하다. 송정역에서 송정해수욕장까지는 걸어서 10분 거리이며, 송정해수욕장 주변의 바다 풍경이 아름답다. 복잡하고 화려한 부산 바닷가 모습과 달리 나무와 바다, 하늘이 어우러진 경관과 아늑한 분위기는 바다를 여유롭게 즐기기에 좋다.

INFO

 관광안내전화(1333), 부산광역시관광협회(051-463-3111), 부산광역시 관광진흥과(051-888-3501)

 tour.busan.go.kr(부산시 문화관광)

 송정역에서 송정해수욕장까지는 걸어서 10분 거리라 도보로 이동하는 것이 더 편리하다. 해동용궁사는 181번 버스를 이용하거나 택시를 타면 된다.

 옛날 모습을 그대로 간직한 송정역은 바닷가와 가깝게 위치한 기차역으로 유명하다. 송정역에서 송정해수욕장까지의 거리가 멀지 않아 찬찬히 걸으며 바닷가 풍경을 원 없이 감상할 수 있다.

01 해수욕하기에 좋은		02 바다 풍경을 한눈에
송정해수욕장	추 천 코 스	**죽도공원**

Access 송정역에서 약 200m, 송정해수욕장 Address 부산시 해운대구 송정해변로 62(송정 관광안내소) Tel 051-749-7611~7 Web sunnfun.haeundae.go.kr

Access 송정역에서 약 460m, 죽도공원 Address 부산시 해운대구 해변로 Tel 051-749-4084

부산 해수욕장 하면 해운대나 광안리를 떠올리지만 해수욕을 하기에는 송정해수욕장이 더 낫다. 길고 넓은 백사장이 펼쳐져 있고 수심이 얕고 파도가 잔잔해 해수욕을 하기에는 그만이다. 또 사람이 많거나 번잡하지 않아 차분한 분위기에서 마음껏 바다를 즐길 수 있다. 매년 7월 1일에 개장해서 두 달 동안 해수욕을 할 수 있으며, 해마다 피서지로 이곳을 찾는 사람들이 점점 늘어나고 있다. 샤워장과 탈의실도 잘 갖춰져 있다. 굳이 해수욕을 즐기지 않아도 바닷물에 발을 담그거나 바닷가를 거니는 것만으로 평화로운 부산 바다를 느낄 수 있다.

송정해수욕장 입구에 있는 공원으로 바닷가를 배경으로 펼쳐진 경관이 아름답다. 시원한 바닷바람을 맞으며 소나무가 빽빽하게 들어선 팔각형 모양의 송

| 03 | 바다 가까이에 있는 사찰 |

해동용궁사

Access 송정역에서 619m 떨어진 송정1단지주공아파트에서 181번 버스 승차, 용궁사 국립수산과학원 하차 **Address** 부산시 기장군 기장읍 용궁길 86 **Tel** 051-722-7744 **Open** 04:00~일몰 시

우리나라의 대표적인 관음성지로 꼽히는 해동용궁사는 바다와 가까이 있는 사찰이다. 고려 시대에 나옹화상이 창건한 사찰로 1976년에 새로 부임한 정암 스님이 용을 타고 승천하는 관음보살의 꿈을 꾼 후 이름을 해동용궁사로 바꿨다. 관음성지는 바다와 용, 관음대불이 조화를 이뤄 진심을 담아 기도하면 소원 한 가지가 이루어진다고 알려져 있다. 사찰 입구에 들어서면 12간지 형상을 돌로 만든 조각품이 지키고 서 있고 108계단 입구의 포대화상은 배를 만지면 아들을 낳는다는 이야기가 전해져서인지 배 부위에 손때가 잔뜩 묻어 있다. 계단을 하나씩 내려가다 보면 눈앞에 바다가 펼쳐지는데, 마치 바다 위에 떠 있는 용궁에 들어가는 듯한 느낌을 받는다.

일정에서 바라보는 바다 풍경이 장관이다. 천년 바닷바람에 의해 깎인 바위와 깊고 푸른 바다, 그리고 맑은 하늘이 하나로 어우러져 한 폭의 풍경화를 완성한다. 송일정에서 해가 떠오를 때와 노을이 질 때 바라보는 경관은 더욱 아름답다. 이곳에서는 송정 바다를 지키고 있는 등대도 볼 수 있는데, 사진촬영을 하려는 사람들로 항상 붐빈다. 근처 방파제에 낚시를 즐기러 오는 사람도 많다.

tip 해동용궁사 입구에서 사찰까지는 차로 10분 정도 걸리기 때문에 셔틀버스를 이용하면 편리하다. 음력 1일, 15일, 24일 13:00에 1대만 운행한다. 요금은 1회 1000원이다.

송정 맛집

● 시원한 물회 한 그릇 **명품물회**

Address 부산시 기장군 기장읍 기장해안로 38 **Tel** 051-722-1722 **Open** 10:00~22:00 **Menu** 물회·비빔물회 1만3000원, 명품물회 1만8000원

송정해수욕장에서 기장 방면으로 5분 정도 올라가면 파란색 간판이 보인다. 물회가 주 메뉴로 사람이 워낙 많아 식사시간에는 번호표를 받고 20~30분 정도 기다려야 한다. 시원한 국물에 담긴 물회를 국수처럼 후루룩 먹거나 양념장으로 물회를 비벼 쌈채소랑 같이 먹어도 맛있다. 서비스로 나오는 국수사리나 밥을 곁들여 먹어도 좋다. 바다를 바라보면서 먹는 물회 한 그릇에 입맛이 살아난다.

》》 에디터 추천 코스

기장역

기장 미역, 기장 다시마, 기장 멸치 등 각종 수산물이 유명한 바닷가이다. 부산의 남쪽에 위치해 호젓한 분위기에서 자연과 바다를 느낄 수 있다. 기장에는 작은 포구들이 여러 곳 있는데, 그중에서도 멸치가 많이 잡히는 대변항이 제일 유명하다. 또한 축구공, 장승 등 특이한 모양의 등대들이 기장 바다의 풍경에 재미를 더해준다. 기장은 예술 마을로도 주목받고 있는데, 대룡마을은 곳곳에서 예술작품을 감상할 수 있어 마을 전체가 하나의 작은 미술관을 연상시킨다. 농촌 체험이나 예술 체험도 가능해 이곳을 찾는 사람들이 많다. 작지만 구경거리가 많은 기장은 동해남부선을 따라 여행할 때 꼭 들를 곳이다.

INFO

 기장군 문화관광(051-709-4082)

 gijang.go.kr/kjtour(기장군 문화관광)

 기장역에서 내려 기장시장 쪽으로 가면 버스정류장이 있다. 이곳에서 버스노선을 확인하고 버스를 타면 기장의 웬만한 관광지는 다 간다.

부산역에서 대중교통을 이용해 부전역이나 해운대역으로 가서 동해남부선을 타면 동해 바다를 따라 기차여행을 할 수 있다. 동해남부선에서 중요한 코스인 기장역도 하루 일정으로 코스를 짜서 이동하면 충분히 즐길 수 있다.

| 01 | 바다 위에 떠 있는 작은 섬
죽도

| 02 | 호젓한 포구의 풍경
대변항

Access 기장역에서 578m 떨어진 기장전화국에서 181번 버스 승차, 신암 하차 **Address** 부산시 기장군 기장읍 연화1길 180 **Tel** 051-709-5114

대변항 앞바다에 있는 작은 섬 죽도는 기장 지역의 유일한 섬이다. 거북이 등처럼 동그란 모양의 섬으로 쭉쭉 뻗은 대나무가 우거져 있어 죽도라고 불린다. 대나무뿐 아니라 동백나무도 울창하게 우거져 있는데, 비 오는 밤이면 빗소리와 나뭇잎 소리가 조화를 이뤄 낭만적인 화음이 난다고 해서 '야우夜雨의 승경勝景'이라고도 부른다. 바다 위에 떠 있는 작은 섬 죽도를 가려면 대변항에서 죽도다리를 건너면 되는데, 죽도다리에서 바라보는 넓은 바다의 모습이 인상적이다.

Access 기장역에서 578m 떨어진 기장전화국에서 181번 버스 승차, 대변항입구 하차 **Address** 부산시 기장군 기장해안로 640 **Tel** 051-709-5114

기장 미역과 멸치회로 유명한 대변항은 호젓한 항구의 풍경이 그대로 남아 있는 자그마한 포구이다. 멸치철인 봄에는 멸치잡이 배가 가득하고, 신선한 멸

치 맛을 보러 오는 사람들로 인산인해를 이룬다. 대변항에서는 푸른 바다와 어우러지는 등대를 볼 수 있는데 거대한 축구공이 있는 월드컵 등대와 얼핏 보면 로봇 같은 장승 등대가 나란히 보인다. 드라마나 영화 촬영지로 많이 등장한 대변항의 풍경과 특이한 등대를 보기 위해서 이곳을 찾는 사람들이 많다.

tip 기장에는 독특한 등대가 많은데, 서암항에는 젖병 모양과 닭벼 모양의 등대가 있다. 칠암항에는 야구방망이와 공이 나란히 서 있는 모양의 야구 등대가 있다.

03 농촌 속 갤러리로 거듭난
대룡마을

Access 기장역에서 270m 떨어진 기장중학교에서 마을버스 9번 승차, 도야 하차
Address 부산시 기장군 대룡1길 17 **Tel** 051-727-7709 **Fee** 각 체험당 약 3만6000원

부산에서 울산으로 넘어가는 지점에 있는 대룡마을은 자연과 예술을 한번에 만날 수 있는 곳. 전형적인 농촌마을에 작가들이 하나 둘 모여들면서 마을 전체가 하나의 갤러리가 된 예술 마을이다. 한옥으로 꾸며진 갤러리 겸 카페에는 작가들의 예술작품이 상시 전시되고 있으며 작품 구입도 가능하다. 마을 내에 예술가들이 운영하는 도자기, 공예 등 예술 체험 프로그램도 미리 예약하면 직접 배울 수 있다. 뿐만 아니라 고구마 캐기, 모내기 체험 등의 농사 체험과 우렁이 채집, 동물농장 등의 생태 체험 등 다양한 농촌 체험도 할 수 있다.

기장 맛집

● 짚불곰장어 그리고 회 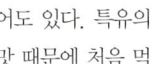 파도횟집

Address 부산시 기장군 기장읍 기장해안로 601 **Tel** 051-721-3762 **Open** 10:00~22:00 **Menu** 짚불곰장어 2만원, 양념곰장어 2만5000원

먹장어의 사투리인 곰장어는 기장에서 유명한 음식이다. 바다 속 모래나 진흙 바닥에 사는 곰장어를 껍질째 짚불에 구워서 새까매진 겉면을 훑어내고 먹는다. 구수한 짚향이 나며 통째로 잡고 우적우적 씹어 먹거나 가위로 잘라 먹으면 된다. 취향에 따라 껍질을 미리 벗기고 토막 내서 고추장양념을 해 굽는 양념곰장어도 있다. 특유의 맛 때문에 처음 먹는 사람들은 거부감이 들 수 있지만 씹으면 씹을수록 구수한 맛이 난다.

》》 에디터 추천 코스

- 환호해맞이공원
- 포항역
- 1 포스코역사관
- 2 오어사
- 3 후루사토야 (구룡포 근대문화역사거리)

4.79km
5.23km
12.51km
21.95km

포항역

포항역은 경북 포항시와 부산광역시를 연결하는 동해남부선의 종착역이다. 포항은 1960년대 말 정부의 중공업 육성 정책의 최대 수혜지다. '영일만의 기적'으로 불리는 포항제철의 눈부신 성공은 포항을 세계 굴지의 철강도시로 만들었고, 차가운 철의 이미지는 곧 도시의 인상이 되기도 했다. 딱딱할 것만 같던 도시 포항의 이미지는 구룡포에서 반전된다. 100년 전 골목이 남아 있는 동네와 입에 착착 붙는 과메기, 눈처럼 흰 살이 꽉 찬 대게는 어부들이 그물치고 고기 잡던 옛 시절을 떠올리게 한다. 시퍼런 바다와 깊은 산, 첨단과 아날로그가 어우러진 포항으로의 여행은 동해남부선의 복선 전철화가 완료되는 2014년, KTX 노선 개설로 좀 더 빠르고 편리해질 것이다.

INFO

 포항역 광장(054-270-5837), 종합버스터미널(054-270-5836)

 phtour.ipohang.org(포항시 문화관광)

 포항역에서 500m 거리에 있는 죽도시장 버스정류장에서 각 관광지로 가는 시내버스를 편리하게 이용할 수 있다.

 겨울철 구룡포의 차가운 바닷바람에 꾸덕꾸덕 말린 과메기 한 접시 맛보지 않고는 포항을 가봤다 말할 수 없다.

| 01 | 대한민국 철강 신화 속으로

포스코역사관

Access 포항역에서 500m 떨어진 죽도시장에서 101·102·200·300번 버스 승차, 포스코 본사 하차 Address 경북 포항시 남구 동해안로6213번길 14 Tel 054-220-7720~1 Open 월~금요일 09:00~18:00, 토요일 10:00~17:00 Close 일요일·공휴일 Fee 무료 Web museum.posco.co.kr

철강 산업은 1970년대 우리나라에 부를 가져다준 1등 공신이다. 그 중심에 포항제철(현 포스코)이 있었다. 영일만에 세워진 포항제철소의 거대한 용광로에서 1973년 최초의 쇳물이 쏟아진 이후 40여 년이라는 짧은 시간에 포스코는 세계적인 철강기업으로 거듭났다. 포스코 본사 입구에 2003년 문을 연 포스코역사관은 철강의 불모지에서 글로벌 기업으로 성장하기까지의 역경과 좌절, 성공 신화를 소개한다. 홈페이지에서 견학 예약을 하면 1시간 내외의 해설을 들으며 관람할 수 있다.

PLUS+ 바다가 내려다보이는 도심 공원
환호해맞이공원

Access 포항역에서 500m 떨어진 죽도시장 건너편에서 101 · 102 · 105 · 200 · 700번 버스 승차, 환호해맞이그린빌 하차 **Address** 경북 포항시 북구 해맞이공원길 30

북부해수욕장과 맞닿은 언덕 위에 조성된 환호해맞이공원. 너른 잔디밭 사이로 철강을 테마로 한 조각품들이 눈길을 끌고, 소나무숲길에 조성된 산책로와 다양한 여가 시설을 이용하는 시민들을 쉽게 만날 수 있다. 분수대가 설치된 너른 광장 옆에는 2009년 개관한 포항시립미술관이 자리하고 있다. 수준 높은 기획전은 물론 지역 미술가들을 꾸준히 소개하며 작지만 차별화된 미술관으로서의 행보를 이어가고 있다. 영일만이 한눈에 내려다보이는 야외공연장에 서면 바다 너머 포항제철소의 높은 굴뚝과 용광로가 파노라마처럼 펼쳐진다.

02 산속 호숫가에 숨은 절
오어사

Access 포항역에서 500m 떨어진 죽도시장에서 101 · 103번 버스 승차 후 오천읍에서 오어사 방면 버스 환승, 오어사 하차 **Address** 경북 포항시 남구 오천읍 오어로 1 **Tel** 054-292-2083

운제산 동쪽 기슭에 포근히 감싸인 오어사는 신라의 고승 원효와 혜공의 일화로 유명한 절이다. 두 승려가 계곡에서 물고기를 잡아 통째로 삼키고 일을 보았는데 하나는 죽은 반면 다른 하나는 살아서 이내 물속에서 헤엄치자 서로 '내 물고기(吾漁)'라고 주장했다는 이야기가 〈삼국유사〉에 전해진다. '오어사'라는 이름이 여기서 유래됐다. 그리 넓지 않은 터에 대웅전을 중심으로 나한전 · 설선당 · 칠성각이 옹기종기 모여 있는 오어사. 오어지로 모이는 물길이 절을 감싸 안듯 휘돌아흘러 색다른 운치를 더한다. 부속 암자로 오어지 건너편 계곡에 원효암이, 오어사 뒤편 깎아지른 암봉 위에 자장암이 자리하고 있다. 운제산의 넓고 깊은 품을 느끼기에 두 암자로 가는 길 모두 부족함이 없다.

tip 오천읍에서 오어사까지는 버스가 하루 10여 차례 운행되기 때문에 택시를 이용하는 것도 좋다. 택시요금 편도 약 1만원.

03 작은 일본을 만나다
후루사토야 (구룡포 근대문화역사거리)

Access 포항역에서 500m 떨어진 죽도시장에서 200번 버스 승차, 구룡포 하차 **Address** 경북 포항시 남구 구룡포길 143 **Tel** 054-276-9461, 010-8298-9461 **Open** 10:30~18:30 **Close** 월요일 **Menu** 일본녹차 5000원, 팥빙수(여름)·단팥죽(겨울) 5000원

1920~30년대 일본인들이 모여 살던 구룡포 거리엔 적산가옥이 여럿 남아 있다. 3년간의 대대적인 정비 사업을 통해 외관이 말끔해졌고 시에선 근대역사관도 운영하고 있다. 후루사토야는 일본 문화를 직접 체험해보고 싶은 여행자에게 반갑기 그지없는 공간이다. 후루사토야(古里家)는 우리말로 '고향집'을 뜻한다. 27년간 일본에서 생활하며 주일 영사관에서 근무한 박주연 대표가 고향인 포항으로 돌아온 뒤, 80년 된 여관 건물을 사들

여 찻집 겸 일본문화공간을 열었다. 일본에서 직접 공수한 도자기 인형과 기모노, 다기 등 전통 소품으로 꾸며 분위기를 제대로 살렸다. 일본녹차와 팥빙수를 주문하면 아기자기한 그릇에 담겨 나오는데 먹기 아까울 정도다. 이곳에서 다양한 한일교류 행사가 진행되고, 옆 건물 2층엔 한일문화체험관도 있다. 일본과 한국 문화가 활발히 교류되길 원하는 박주연 대표의 바람이 담겨 있는 공간이다.

포항 맛집

● 푸짐한 매운탕 국수 *까꾸네모리국수*

Address 경북 포항시 남구 구룡포읍 호미로 239-13 Tel 054-276-2298 Open 09:00~18:00 Close 설날 · 추석 당일 Menu 모리국수 6000원

● 포항 토박이가 추천하는 낙지전골 *죄방낙지*

Address 경북 포항시 북구 중앙상가6길 10 Tel 054-242-1467 Open 10:30~21:30 Menu 낙지전골 · 낙지볶음 7500원

이름도 생소한 모리국수는 갓 잡은 여러 가지 생선을 얼큰하게 끓여 칼국수를 넣은 구룡포식 국수요리다. 시장골목에서 40여 년간 한결같이 모리국수를 내고 있는 이 집은 그중에서도 단연 으뜸. 시원시원한 성격의 주인할머니를 닮아 어찌나 양이 푸짐한지 쉽사리 줄어들 것 같지 않지만 매콤한 첫 맛과 개운하고 깊은 뒷맛에 숟가락을 놓을 수 없다. 술 한잔 곁들이면 딱이다.

포항 토박이라면 한번쯤 가본 적이 있다는 시내 중심가의 맛집. 'Since 1985'라고 쓰인 낡은 간판이 제법 내공을 뽐낸다. 낙지전골이나 낙지볶음을 주문하면 곧바로 검정 프라이팬에 재료가 담겨 나오고, 보글보글 끓기 시작하면 스테인리스 그릇에 담긴 밥에 슥슥 비벼 먹으면 된다. 보기와 달리 간이 세지 않고 갖가지 쌈과 가정식 밑반찬은 어느 하나 버릴 것 없이 맛깔 난다. 남은 밥은 양념과 함께 프라이팬에 볶아 마무리.

영월 사북 태백

- 경부선
- 호남선
- 전라선
- 장항선
- 경전선
- 중앙선
- 동해남부선
- 태백선
- 기타

하루
+ 추천 코스 +

태백선

》 에디터 추천 코스

- 1 청령포
- 2 장릉
- 3 선돌
- 4 동강사진박물관
- 5 요리골목
- 6 고씨굴
- 영월역

2.37km
4.27km
2.42km
937m
13.72km
10.13km

영월역

태백선을 잇는 다른 도시의 역들과 마찬가지로 영월역 역시 1950년대 탄광개발과 함께 기차 운행을 시작했다. 험준한 산맥을 관통하는 터널을 여러 차례 지나면 휘돌아가는 동강 줄기를 따라 자리한 영월역에 닿는다. 한여름 영월은 래프팅 천국으로 탈바꿈한다. 굽이굽이 흐르는 동강과 서강 계곡마다 물살을 가르는 고무보트의 열기로 가득하다. 영월은 또한 비운의 왕 단종의 도시다. 17세의 어린 나이에 짧은 생을 마감한 단종의 애사가 서린 청령포와 장릉, 그리고 그와 관련된 숱한 사연을 곳곳에서 만날 수 있다. 생태여행과 역사여행을 모두 충족할 수 있는 영월로의 여행은 영화 〈라디오스타〉를 통해 미리 떠나볼 수 있다.

INFO

 영월관광안내(1577-0545), 장릉종합관광안내소(033-374-4215)

 ywtour.go.kr(영월 관광)

 영월역에서 영월 시내 방면으로 장릉, 청령포가 자리하고 그 반대 방면에 고씨동굴이 있다. 군내버스가 자주 다니는 편은 아니니 여러 곳을 하루에 둘러보려면 짧은 거리는 택시로 이동하는 것이 효율적이다.

곤충, 지리, 민화, 미디어 등 특색 있는 박물관 24곳이 자리한 박물관의 도시 영월. 박물관 투어를 계획해보는 것도 색다른 추억이 될 것이다.

| 01 | 어린 왕을 유폐했던 육지 속 섬

청령포

+ 하루
추 천
코 스 +

Access 영월역 앞 영월대교 건너 동우프라자에서 광천 방면 버스 승차, 청령포 매표소 하차 **Address** 강원도 영월군 남면 광천리 산67-1 **Open** 09:00~18:00 **Fee** 어른 2000원(도선료 400원 포함), 청소년·어린이 1200원(도선료 200원 포함)

단종은 조선 역대 왕 중에서 가장 비극적인 왕이다. 12세의 어린 나이에 왕좌에 올랐으나 숙부인 수양대군(세조)에게 왕위를 빼앗긴 후 역모를 꾀했다는 죄목으로 유배를 가게 된다. 삼면이 강으로 둘러싸이고 서쪽엔 험준한 암벽이 솟아 있어 나룻배를 이용하지 않고는 드나들 수 없었던 영월의 청령포는 어린 왕을 세상과 격리시키는 천혜의 감옥이었다. 지금도 배를 타고 들어가야 하는 청령포는 소나무가 장막처럼 빼곡하게 심어져 있어 그 속내를 쉬이 드러내지 않는다. 울창한 송림 사이로 난 나무 데크를 따라가면 단종이 기거했던 기와집과 초가 행랑채가 모습을 드러낸다. 단종이 그 아래 앉아 오열했다는 관음송과 왕비 정순왕후를 그리워하며 쌓아 올렸다는 망향탑 등 섬 안엔 단종의 흔적이 곳곳에 남아 긴 상념에 젖게 한다.

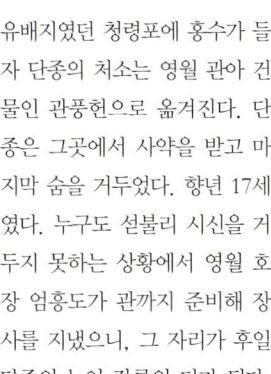

02 단종의 영원한 안식처
장릉

Access 영월역에서 400m 떨어진 덕포우체국 건너편에서 선돌 방면 버스 승차, 장릉 하차 Address 강원도 영월군 영월읍 단종로 190 Open 하절기 09:00~19:00, 동절기 09:00~18:00 Fee 어른 1400원, 청소년·어린이 1200원

유배지였던 청령포에 홍수가 들자 단종의 처소는 영월 관아 건물인 관풍헌으로 옮겨진다. 단종은 그곳에서 사약을 받고 마지막 숨을 거두었다. 향년 17세였다. 누구도 섣불리 시신을 거두지 못하는 상황에서 영월 호장 엄흥도가 관까지 준비해 장사를 지냈으니, 그 자리가 후일 단종의 능인 장릉의 터가 된다.

유네스코 세계문화유산으로 등록된 조선 왕릉은 모두 40기. 이 가운데 장릉은 궁이 있는 서울에서 가장 멀 뿐 아니라 규모나 격식이 단출하다. 특이한 것은 봉분이 제례시설과 멀리 떨어져 제법 높은 지대에 자리하고 있다는 점이다. 여타 왕릉과는 건립 과정이 다른 데서 연유한 것으로 추측된다. 이와 마찬가지로 단종을 위해 순절한 충신을 비롯한 264인의 위패를 모신 배식단사, 단종의 시신을 수습한 엄흥도의 정려비 등도 다른 왕릉에선 찾아볼 수 없는 것들이다.

 tip 단종의 넋을 위로하고 충신들의 뜻을 기리기 위해 매년 4월이면 장릉과 청령포, 동강 둔치에서 단종문화제가 개최된다. 역사적 고증을 철저히 거쳐 단종국장을 재현하고 있으며 칡줄다리기와 능말도깨비놀이 등 전통놀이도 진행된다.

03 유장한 서강 위로 우뚝 솟은 바위
선돌

Access 영월역에서 400m 떨어진 덕포우체국 건너편에서 선돌 방면 버스 승차, 선돌 하차 Address 강원도 영월군 영월읍 방절리 산122

협곡을 따라 흐르는 동강과 서강의 힘찬 물줄기는 영월 곳곳에 절경을 빚어놓았다. 영월의 관문인 소나기재 인근에 자리한 선돌도 그중 하나. 서강변에 70m 높이로 우뚝 솟은 선돌은 마치 절벽의 일부를 칼로 도려낸 듯 기기묘묘하다. 소나기재를 넘어 청령포로 유배길을 가던 단종이 그 모습을 보고 신선 같다고 해 '신선암'이라는 별칭을 얻기도 했다. 선돌을 바라보면 쪼개진 바위 너머 푸른 서강과 그 아래 마을의 모습이 액자처럼 걸린다. 유지태, 김지수 주연의 영화 <가을로>의 촬영지로도 유명하다.

04 영월의 기억을 기록하다
동강사진박물관

Access 영월역에서 택시 기본요금 또는 영월군청 방면 약 2km **Address** 강원도 영월군 영월읍 영월로 1909-10 **Tel** 033-375-4554 **Open** 09:00~18:00 **Close** 1월 1일 **Fee** 어른 1000원, 청소년·어린이 500원 **Web** dgphotomuseum.com

빼어난 절경과 문화유산이 즐비한 영월군은 이를 후대에 전하고자 2001년 '한국 최초의 사진마을'을 선언한다. 그 이듬해부터 동강사진축제를 개최하고 있으며 2005년엔 국내 최초의 공립 사진박물관인 동강사진박물관을 건립했다. 시내가 내려다보이는 언덕 위에 자리한 동강사진박물관은 한눈에 봐도 규모가 상당하다. 상설전시장엔 130여 점의 클래식카메라가 전시되어 있으며, 1·2층의 기획전시장에선 주로 수준 높은 다큐멘터리 사진전이 정기적으로 열린다.

05 우리 동네 골목미술관
요리골목

Access 영월역에서 약 1.2km 떨어진 청록다방에서 영월초등학교까지 **Address** 강원도 영월군 영월읍 요리골목길

한때 각종 음식점으로 변화했던 영월읍내의 골목길이 벽화거리로 거듭났다. 경기침체로 시들해진 거리에 활기를 불어넣기 위해 공공미술의 힘을 빌린 것. 이곳에 거주하는 실제 주민과 상인의 모습, 시인 안도현의 시로 꾸며진 정겨운 거리가 탄생했다. 영월에서 촬영된 영화 〈라디오스타〉의 두 주인공, 영화배우 안성기와 박중훈이 그려진 벽화는 요리골목의 명물. 영화 속에 등장하는 청록다방이 이 골목 끝에 자리하고 있다. 200m 남짓의 짧은 거리지만 카메라 셔터가 절로 눌러지는 소소한 즐거움이 있다.

| 06 | 4억 년 살아 있는 동굴
고씨굴

Access 영월역에서 400m 떨어진 덕포우체국에서 하동 방면 버스 승차, 고씨굴 하차 Address 강원도 영월군 김삿갓면 영월동로 1117 Tel 033-370-2621 Open 09:00~18:00 Fee 어른 3000원, 청소년·어린이 2400원

영월의 청정지역인 김삿갓면 산골짜기에 자리하고 있는 고씨굴은 약 4억8000만 년 전 형성된 석회암 동굴이다. 고씨굴은 임진왜란 때 고씨 가족이 숨어 산 것에서 붙여진 이름. 총 연장 3388m 중 620m 구간이 일반에 공개되고 있다. 석회질이 오랜 시간 쌓여 형성된 종유석과 석순, 석주, 동굴산호 등이 다양하게 분포하고 있으며 거칠게 쏟아지는 폭포도 볼 수 있다. 한여름에도 14도 내외로 서늘하고 외부의 빛과 소리가 차단되어 이곳에서는 시간과 계절이 무의미해진다. 희미한 불빛에 기대 어두컴컴한 동굴 안으로 들어가면 허리를 바짝 숙이거나 옆으로 지나가야 할 정도의 좁은 통로, 계단 난간을 꽉 쥐고 내려가야 할 경사도 나온다. 관람이라기보다 체험이나 탐험이란 표현이 더 어울린다. 헬멧은 필수. 성수기에는 15분 간격으로 50명씩 입장객을 제한하고 있다.

tip 고씨굴 입구 오른편엔 이국적인 분위기의 영월아프리카미술박물관(033-372-3229)이 자리하고 있다. 외교관 출신인 관장 부부의 친절한 설명을 들으며 아프리카 토속 공예품들을 감상할 수 있고, 따뜻한 햇빛이 쏟아지는 카페도 분위기 있다.

영월 맛집

● 구수한 멸치국물 속 녹색 칡 면발 **강원토속식당**

Address 강원도 영월군 김삿갓면 영월동로 1121-16 Tel 033-372-9014 Open 10:00~19:30 Menu 칡국수 6000원, 채묵 7000원

강원도 산에서 캐낸 칡으로 만든 국수는 오래된 지역 먹을거리. 고씨굴 입구 주변엔 유독 칡국수집이 몰려 있다. 원조로 알려진 강원토속식당에선 칡가루를 섞어 옅은 녹색빛을 띠는 납작하고 쫄깃한 칡국수를 맛볼 수 있다. 멸치와 다시마를 우려낸 육수는 속까지 뜨끈해지고 부추, 김치, 달걀지단, 감자, 김가루 등을 얹은 고명은 보기에도 좋고 먹는 재미까지 더한다.

● 시골 할머니의 산채보리밥 **장릉보리밥집**

Address 강원도 영월군 영월읍 단종로 178-10 Tel 033-374-3986 Open 하절기 11:00~21:00, 동절기 11:00~17:30 Close 설날·추석 연휴 Menu 보리밥 7000원, 감자·메밀부침개 4000원

집밥이 그리운 여행자들에겐 이만한 곳도 없다. 쌀과 보리에 감자를 함께 넣어 지은 밥과 시금치, 고사리, 호박, 오이, 숙주, 무생채 등 10여 가지 나물반찬이 한상 가득 차려 나온다. 보리밥 위에 각종 나물을 얹고 직접 담근 집고추장을 넣어 쓱쓱 비벼 먹는다. 된장찌개 한 숟가락 곁들이면 푸근한 시골집에 온 기분.

》》 에디터 추천 코스

사북역
790m
1 석탄역사체험관
2.01km
2 하이원리조트 스키장
2.49km
3 강원랜드 카지노

사북역

사북은 정선군의 대표적인 탄광촌. 드라마 〈에덴의 동쪽〉의 모티브가 되기도 했던 1980년 '사북사태'의 무대로 수많은 광부와 그 가족들이 삶을 꾸려가던 석탄의 도시였다. 1989년 석탄산업합리화정책의 칼바람을 맞으며 폐광의 길을 걷게 되었지만 대체산업이 미흡했던 강원도의 다른 지역과는 상황이 좀 달랐다. '도박의 도시'라는 불명예에도 불구하고 강원랜드 카지노가 사북 주민의 생계수단이 된 것. 여기에 스키장과 콘도, 골프장 등이 조성되면서 광부들이 이용하던 열차는 이제 스키어와 보더들을 실어 나르는 관광 열차가 되었다. 녹이 슨 옛 광업소와 그 뒤로 멀리 보이는 화려한 카지노 건물은 사북의 과거와 현재를 극명하게 말해주고 있다.

INFO

 정선관광(1544-9053)

 ariaritour.com(정선관광)

 시내버스보다 택시를 이용하길 권한다. 하이원리조트까지는 무료 셔틀버스가 1시간에 한 대꼴로 다닌다. 하이원리조트 홈페이지에서 확인.

 하이원리조트에 갈 때는 신용카드를 챙기자. 대부분의 신용카드로 관광곤돌라, 리프트권 등을 최대 30%까지 할인받을 수 있다.

01 광부들의 생생한 삶을 만나다
석탄역사체험관

+ 하루 추천 코스 +

Access 사북역에서 900m(지하차도 뒷길) **Address** 강원도 정선군 사북읍 하이원길 57-3 **Tel** 033-592-4333, 3331 **Open** 하절기 10:00~18:00, 동절기(주중) 10:00~16:30 **Close** 동절기 주말 **Fee** 무료

1960년대 개발된 동원탄좌 사북광업소는 5000~6000명의 탄광노동자가 종사하고 23개 갱구가 있던 우리나라 최대 규모의 민영 탄광이었다. 석탄산업합리화정책에 따라 2004년 폐광된 후 석탄유물보존위원회를 중심으로 광업소에 있던 유물들을 보존하는 한편 일반 관람객이 볼 수 있도록 전시해놓았다. 광부들의 옷과 개인 소지품을 보관하던 캐비닛부터 샤워장, 세탁실, 지하 600m까지 내려가던 수직갱도, 광부들의 장화 씻는 곳, 석탄을 운반하던 광차까지 광부들의 일과가 생생하게 그려질 정도로 당시 모습이 온전히 남아 있다. 실제 광부들이 이용하던 광차를 타고 갱구에 들어가 볼 수 있는데, 한여름에도 영상 13도를 유지하는 어둡고 찬 갱구의 공기에서 광부들의 삶이 어렴풋하게 느껴진다. 겨울철에는 비정기적으로 운영되기 때문에 미리 전화로 예약하고 가는 것이 좋다.

tip 매년 8월이면 석탄역사체험관 일대에서 사북석탄문화제가 개최된다. 탄광문화와 예술을 접목하는 다양한 시도를 이어가는 한편, 석탄으로 이용해 손수 연탄을 만드는 등 체험 프로그램이 마련된다.

02 봄엔 야생화 겨울엔 눈꽃
하이원리조트 스키장

Access 사북역 인근 지하차도 앞에서 하이원 셔틀버스 승차, 마운틴 스키하우스 하차 또는 택시요금 약 7000원 **Address** 강원도 정선군 사북읍 하이원길 265-1 **Tel** 1588-7789 **Open** 스키 시즌(12월 21일~2월 16일) 08:30~23:30, 비수기(4월 27일~7월 26일, 8월 27일~10월 28일) 09:30~16:30, 성수기(7월 27일~8월 26일) 09:30~18:30 **Fee** 리프트권(주간) 어른·청소년 7만원, 어린이 5만 2000원 관광곤돌라 어른·청소년 1만2000원, 어린이 1만원 **Web** high1.com

tip 검은 석탄을 싣고 운반하던 백운산 일대에 트레킹 코스인 '하늘길'이 조성되었다. 짧게는 15분에서 길게는 3시간 이상의 다양한 코스 중 백운산에서 함백산으로 이어지는 백두대간 줄기를 따라 걷는 2시간 코스를 추천.

백운산 중턱에 들어선 하이원리조트 스키장은 4.2km의 국내 최장 슬로프와 뛰어난 설질로 유명하다. 쳐다만 봐도 발바닥이 짜릿해지는 급경사 코스에선 신기에 가까운 묘기들이 펼쳐진다. 초보자라도 이곳에서 어깨를 당당히 펼 수 있다. 초보 코스는 주로 슬로프 하단에 자리하는 다른 스키장과 달리 지장산 정상 해발 고도 1345m의 마운틴톱에서 활강을 만끽할 수 있기 때문. 왕복 40분이 소요되는 곤돌라를 이용해 마운틴톱까지 올라가면 아래 세상과는 전혀 다른 풍경이 펼쳐진다. 겨울에는 나뭇가지마다 눈꽃이 영롱하게 맺히고 봄·여름·가을에는 계절마다 얼레지, 박새꽃, 바람꽃, 동자꽃 등 다양한 야생화를 만나볼 수 있다. 360도 회전식 레스토랑에 앉아 탁 트인 풍광을 바라보며 즐기는 식사나 차 한잔도 잊지 못할 추억이 될 것이다.

03 일확천금의 단꿈
강원랜드 카지노

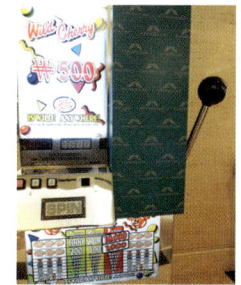

Access 사북역 인근 지하차도 앞에서 하이원 셔틀버스 승차, 강원랜드 하차 또는 택시요금 약 5000원 **Address** 강원도 정선군 사북읍 하이원길 265 **Tel** 1588-7789 **Open** 10:30~다음 날 06:00 **Fee** 카지노 입장권(만 20세 이상) 5000원 **Web** high1.com

하이원리조트 내에 있는 강원랜드 카지노는 국내에서 유일하게 내국인이 출입 가능한 카지노다. 132대의 게임 테이블과 960대의 머신이 분주하게 돌아가는 실내는 욕망이 들끓는 가마솥 같다. 주사위를 이용한 다이사이나 회전판을 돌려 숫자를 맞추는 룰렛은 초보자가 하기에도 쉬운 게임. 슬롯머신은 인기가 많아 쉽게 자리가 나지 않는 편이다. 카지노가 적성에 맞지 않는다면 야외로 나가보자. 여름밤이면 음악분수가, 겨울밤에는 불꽃쇼가 호텔과 카지노 건물의 화려한 조명 아래 펼쳐진다.

태백역

영월과 정선, 태백을 잇는 태백선은 우리나라의 석탄로드. 태백산의 질 좋은 무연탄은 철길 따라 이동하며 한겨울을 나는 연탄이 되기도 하고, 한강의 기적을 이루는 성장 동력이 되기도 했다. 1980년대 말 석탄산업이 사양길로 접어든 후 더 이상 사람들이 찾지 않는 도시가 되어버렸을 때 돌파구가 된 것은 또다시 태백산이었다. '하늘 아래 태백'이라는 천혜의 지형은 사시사철 독특한 기후와 풍경을 자랑하고, 태백산 일출과 눈꽃 트레킹은 겨울 기차여행의 정석으로 자리 잡았다. 눈부신 설원 위로 눈꽃나무가 요염한 자태를 뽐내는 태백의 겨울은 눈이 시릴 정도로 아름답다.

INFO

 태백역 광장(033-550-2828, 552-8363)

 tour.taebaek.go.kr(태백시 문화관광)

 태백역에서 100m 떨어진 태백시외버스터미널에서 각 관광지로 가는 버스를 탈 수 있다. 버스시간표는 태백시 홈페이지와 태백시외버스터미널(1688-3166)에서 확인.

 태백 눈 축제 기간에 운행되는 특별열차가 청량리뿐 아니라 서울역에서도 출발하며, 가는 내내 차창 너머 설경을 감상할 수 있다.

| 01 | 여름엔 녹색 배추밭 겨울엔 순백 설원
매봉산 풍력발전단지(바람의 언덕)

하루 추천 코스

| PLUS | 백만 송이 노란 물결
고원자생식물원

Access 태백역에서 13번 버스 승차, 피재 하차 Address 강원도 태백시 매봉산길

Access 태백역에서 13번 버스 승차, 수자원공사 하차 Address 강원도 태백시 구와우길 38-33 Tel 033-553-9707 Fee 어른 5000원, 청소년 3000원, 어린이(7세 이하) 무료 Web sunflowerfestival.co.kr

해발고도 1303m의 매봉산 정상엔 한여름에도 서늘한 바람이 분다. 그래서 풍력발전단지가 들어섰고 8기로 시작한 풍력발전기는 이제 17기로 늘어났다. '바람의 언덕'이라는 별칭이 붙은 산 능선 위에서 돌고 있는 거대한 풍력발전기는 분명 이국적이지만 이곳이 유명해진 이유는 이게 전부는 아니다. 여름이면 산 비탈면을 따라 시퍼런 고랭지 배추가 끝도 없이 펼쳐지고 겨울에는 온통 순백의 눈으로 뒤덮인 설원이 연출되니, 일찍이 사진애호가들에게 눈도장 확실히 찍혔던 것. 하지만 이런 풍경을 보기 위해서 때론 만만치 않은 대가를 치르기도 한다. 매봉산 정상에 가려면 3km의 비탈길을 올라야 하는데 정작 출사 적기인 7~8월엔 배추 출하 때문에, 한겨울엔 빙판길 때문에 종종 차량이 통제되어 온전히 자신의 두 발에 의지할 수밖에 없는 것. 그럼에도 하늘 아래 거칠 것 없는 광활한 풍광에 매료되어 수많은 사람들이 매봉산 정상에 오르고 있다.

소 아홉 마리가 누워 있는 모양을 닮았다 해서 이름 붙은 구와우(九臥牛)마을은 해발 850m 고지에 자리한 두메산골이다. 물 맑고 공기 좋다는 것 외엔 자랑할 것 없던 마을에 매년 여름 관광객들이 몰리기 시작한 건 해바라기 축제를 열면서부터다. 축제기간엔 약 60만㎡의 산 구릉을 노란 물결로 물들이는 백만 송이 해바라기는 물론 300여 종의 야생화, 7km의 생태 숲길, 기획전시 등을 즐길 수 있다. 고원자생식물원을 운영하며 해바라기축제를 기획한 김남표 대표가 2011년 겨울 불의의 사고로 세상을 떠난 후 마을 주민들이 재단을 만들어 구와우 해바라기 축제를 이어가고 있다.

02 검은 황금을 캐던 그때 그 시절
상장동 벽화마을

Access 태백역에서 1·7번 버스 승차, 상장동굴다리 하차 Address 강원도 태백시 상장남2길 Tel 033-552-1373(상장동주민센터) Web cafe.daum.net/5-0-7-0

사택촌은 탄광촌에서만 볼 수 있는 독특한 주거 형태. 똑같은 모양의 집이 바둑판 모양으로 배열되어 있어 처음 보는 사람들은 '양계장 같다'고도 했지만, 무료로 공급되는 사택은 말 그대로 모든 광부들의 꿈이었다. 하지만 광업소가 문을 닫으며 사택촌도 점차 사라져갔다. 상장동굴다리 옆 남부마을은 태백에서 가장 큰 광업소 중 하나였던 함태광업소의 사택촌으로 예전 모습이 남아 있는 드문 경우다. 4000여 명의 광부와 그 가족들이 북적거리며 살던 마을엔 이제 400여 명의 주민만이 남았지만 여전히 좁은 골목을 사이에 두고 이웃들과 한 가족이나 다름없이 살아가고 있다. 온정 넘치는 이 마을에 2011년 새로운 바람이 불었다. 회색 콘크리트 벽에는 샛노란 페인트

가 칠해졌고 그 위로 광부들의 고단했으되 행복했던 그 시절의 일상들이 새겨진 것. 초짜 광부를 뜻하는 '햇돼지'와 호시절 1만 원짜리 지폐를 물고 다니던 개 '만복이', 주름 속까지 꺼먼 광부들의 맨 얼굴을 마을 구석구석에서 만날 수 있다.

tip 상장동 벽화마을에선 광부들이 탄광에 들어갈 때 꼭 챙기던 도시락을 맛볼 수 있다. 김치볶음과 달걀뿐인 소박한 도시락이지만 광부들의 애환을 떠올리니 특별하게 다가온다. 가격은 양에 따라 2000~6000원. 문의 010-6551-2034

| 03 | 우리나라 석탄산업의 역사

태백석탄박물관

Access 태백역에서 7번 버스 승차, 태백산도립공원 하차 Address 강원도 태백시 천제단길 195 Tel 033-552-7720, 033-550-2743 Open 09:00~17:00 Fee 어른 2000원, 청소년 1500원, 어린이 700원 Web coalmuseum.or.kr

태백산도립공원 내에 자리한 태백석탄박물관은 동양 최대의 석탄 전문 박물관이다. 우리나라 유일의 부존 에너지 자원인 석탄의 생성 과정을 소개하고, 석탄산업의 변천사를 일목요연하게 정리해놓았다. 탄광촌의 독특한 생활양식과 문화, 풍습 등을 알 수 있으며 특히 갱도의 모습을 실제에 가깝게 연출해 탄광의 채탄 작업을 생생하게 체험할 수 있도록 했다. 야외 전시장에는 각종 광산 장비를 전시해놓았는데, 이 중 가공삭도는 도계광업소에서 실제 쓰던 것을 그대로 옮겨온 것이다.

PLUS
우리나라 근대 산업화의 상징
태백 철암역두 선탄 시설

Access 태백역에서 1·4번 버스 승차, 철암역 하차 Address 강원도 태백시 동태백로 389 Tel 033-580-2000(장성광업소)

일제강점기에 지어진 우리나라 최초의 무연탄 선탄시설이다. 탄광에서 채굴된 원탄은 선탄장에서 선별하고 가공 처리한 후 철암역을 통해 각지로 보내졌다. 석탄을 중심으로 한 우리나라 근대 산업사를 보여주는 상징적인 시설로 등록문화재 제21호로 지정되었다. 콘크리트 건물과 컨베이어 벨트 등 지을 당시의 모습을 거의 그대로 간직하고 있다. 현재도 가동되고 있으며 사진 촬영을 하려면 대한석탄공사 장성광업소 측에 미리 허가를 받아야 한다.

태백 맛집

● 몽글몽글 투박한 시골 순두부 **구와우순두부**

Address 강원도 태백시 구와우길 49-1 Tel 033-552-7220 Open 10:30~14:00(소진 시 마감) Close 첫째·셋째 주 일요일 Menu 순두부정식 6000원

구와우마을 초입에 있는 소문난 맛집이다. 아침마다 그날 그날 손님상에 오를 순두부를 만드는데 오후 2시 전에 다 팔리는 일이 허다하다. 대접 가득 나오는 뜨끈한 순두부는 목구멍으로 부드럽게 넘어가고 콩비지찌개는 고소하고 담백하다. 짭조름한 강된장과 소박한 나물 반찬이 시골 할머니댁 밥상처럼 친숙하다.

● 소박한 강원도 메밀의 맛 **강산막국수**

Address 강원도 태백시 서학길 79 Tel 033-552-6680 Open 11:30~21:00 Close 둘째·넷째 주 월요일 Menu 막국수·비빔국수 5500원, 감자부침 5000원

강원도에 와서 메밀막국수 한 그릇 맛보지 않으면 섭섭한 일. 꽃과 나무가 잘 가꾸어진 마당과 가정집 같은 편안한 분위기의 강산막국수는 직접 뽑은 메밀 면발로 유명한 집이다. 메밀가루를 60% 이상 사용해 메밀 맛이 진한 국수와 삼삼하면서도 깊은 맛이 느껴지는 육수가 깔끔하게 어울린다. 담백하고 쫀득한 감자부침도 인기.

김천 점촌 가평 춘천 묵호 강릉 임진강 진해 청주 삼척 정선 광주

- 경부선
- 호남선
- 전라선
- 장항선
- 경전선
- 중앙선
- 동해남부선
- 태백선
- **기타**

하루
+ 추천 코스 +

기타

김천역 (경북선)

충청도에서 경상도로 넘어가는 시작점에 있는 김천역은 경북선과 KTX 경부선이 지나는 교통의 중심지다. 경북선 김천역은 김천 시내에 자리 잡고 있어 버스를 타고 관광지로 이동하기 편하지만, KTX 김천(구미)역은 김천 외곽에 있어 이동이 불편하다. 관광지를 둘러보려면 경북선 김천역을 이용하는 것이 더 효율적이다. 김천은 신라 시대의 오랜 역사와 전통이 고스란히 남아 있는데, 그중 직지사는 불교 문화를 경험할 수 있는 절로 김천의 대표적 관광지다. 황악산 자락에 자리 잡은 직지사를 중심으로 조각 공원이 형성되어 있어 관광 명소로 주목받고 있다. 시내는 1~2시간 정도면 둘러볼 수 있지만 직지사는 하루 코스로 잡아야 빼놓지 않고 충분히 볼 수 있다.

INFO

 김천시청 문화관광과(054-420-6114)

 gc.go.kr/culture(김천시청 문화관광과)

 KTX보다는 경북선 김천역을 이용하는 것이 더 편리하다. 시내는 규모가 작아 걸어서 둘러봐도 좋지만 직지사를 가려면 김천역 앞 버스정류장에서 10-1 · 11번 · 111번 버스를 타고 종점까지 가야 한다.

김천역에서 나와 긴 육교를 지나서 정면에 보이는 벽화 마을을 구경하고, 내려오면서 시내 구경을 한 다음 직지사행 버스를 타면 된다. 김천역 앞 버스정류장에는 웬만한 관광지로 가는 버스는 다 표기되어 있으므로 쉽게 이용할 수 있다.

 01   벽 위에 핀 꽃 한 송이
자산동 벽화마을

추천코스

 02   조각 작품을 감상할 수 있는
직지문화공원

Access 김천역에서 자산동 벽화마을까지 약 700m **Address** 경북 김천시 성모길 79

Access 김천역에서 11 · 111 · 10-1 · 100-1 · 11-5번 버스 승차, 직지사종점역 하차 **Address** 경북 김천시 대항면 직지사길 95 **Tel** 054-420-6114

김천역에서 내려 육교를 건너 계속 올라가다 보면 작은 마을이 하나 보인다. 자산공원의 충혼탑을 목적지로 두고 천천히 올라가다 보면 벽에 그린 그림들이 눈에 들어온다. 입을 벙긋거리며 마주보고 있는 물고기 두 마리, 풀 위의 무당벌레, 우리나라를 상징하는 무궁화까지 선명한 색상의 벽화가 그려져 있다. 자산공원 주변을 소원 성취의 길, 출산 장려의 길, 야생화 벽화의 길, 벽화 산책길로 나누어 동네 골목골목 벽화를 그려놓아 볼거리가 풍부하다. 벽화를 구경하다 보면 어느새 충혼탑이 있는 자산공원에 도착하게 된다. 이곳에서는 김천 시내 풍경을 한눈에 내려다볼 수 있다.

직지사 올라가는 길에 있는 직지문화공원에는 인공 계곡과 잔디, 분수대, 노천극장 등이 마련되어 있다. 여성의 나체, 첼로, 맞잡은 두 손 등 다양한 주제의 조각품들이 공원 곳곳에 배치되어 있어 구경하는 재미가 쏠쏠하다. 공원에만 50점의 조각품과 20개의 시비가 전시되어 있다. 직지사를 올라가기 전 잠시 휴식을 취하거나 가족들과 함께 피크닉을 즐기기에 좋은 장소이다.

03 황악산 자락의 절
직지사

Access 김천역에서 11·111·10-1·100-1·11-5번 버스 승차, 직지사 하차 **Address** 경북 김천시 대항면 직지사길 95 **Tel** 054-420-1700~4

직지사로 향하는 숲 속의 오솔길을 걷다 보면 속세를 떠난 호젓한 분위기에 저절로 생각에 잠기게 된다. 학이 자주 찾아올 만큼 아름다운 풍경을 지닌 황악산 산기슭에 자리한 직지사는 천년이 넘는 사찰의 역사를 지니고 있다. 신라 초기 눌지왕 때 신라에 불법을 가르치러 온 고구려 승려 아도화상에 의해 창건된 사찰로 보물 제319호인 석조약사여래좌상과 보물 제606호인 삼층석탑 등 국가 지정 문화재 7점이 있는 유적지이기도 하다. 그중에서도 1000개의 불상이 모셔져 있는 비로전은 사람들이 가장 많이 찾는 전각이다.

김천 맛집

● 담백하고 고소한 지례흑돼지 **상부가든**

Address 경북 김천시 지례면 상부길 21 **Tel** 054-435-0247 **Open** 11:00~21:00 **Menu** 소금구이·양념구이 1인분 8000원

지례흑돼지는 제주흑돼지 못지않게 담백한 흑돼지 특유의 맛이 나는 게 특징이다. 김천시 지례면에 가면 지례흑돼지마을이 있는데, 김천시에서 관리해 직접 키우는 토종 흑돼지를 저렴한 가격으로 먹을 수 있는 곳이다. 마을 끝자락에 있는 상부가든은 깔끔한 흑돼지 맛을 볼 수 있는 곳으로 소금구이를 추천한다. 도톰한 흑돼지에 굵은 천일염을 뿌려서 석쇠에 구워 먹는데, 돼지 누린내는 나지 않고 고유의 흑돼지 맛을 느낄 수 있다. 양념이 고루 배어든 양념구이도 맛이 담백하다.

점촌역 (경북선)

기차역 노선도를 1박 2일 동안 들여다봐도 찾을 수 없는 역이 하나 있다. 바로 문경역. 관광지로 유명한 문경이지만 사실 행정구역 명칭이 점촌시였다는 사실을 아는 이는 드물다. 1995년 행정구역명이 문경시로 바뀌었지만 기차역과 버스터미널은 그대로 점촌역, 점촌터미널로 칭하는 것은 그 때문이다. 경사스러운 소식을 듣게 된다는 뜻의 문경. 행운의 마을이라는 소문 때문에 호남 선비들까지 추풍령이나 죽령을 두고 문경새재를 지나 과거를 보러 갔다고 한다. 그래서 문경을 상징하는 캐릭터는 과거에 급제한 후 임금님이 내려준 어사화를 꽂고 환하게 웃는 선비의 모습이다. 조선 팔도 고갯길의 대명사인 문경새재를 비롯해 낭떠러지 길인 토끼비리 등 지역 전체가 살아 있는 옛길 박물관이다.

INFO

 점촌역(054-552-3210)

 tour.gbmg.go.kr(문경시 문화관광)

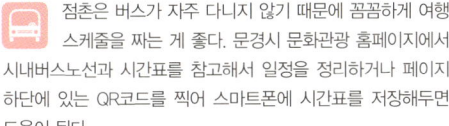 점촌은 버스가 자주 다니지 않기 때문에 꼼꼼하게 여행 스케줄을 짜는 게 좋다. 문경시 문화관광 홈페이지에서 시내버스노선과 시간표를 참고해서 일정을 정리하거나 페이지 하단에 있는 QR코드를 찍어 스마트폰에 시간표를 저장해두면 도움이 된다.

문경은 하늘을 날고, 총을 쏘고, 두 발을 구르며 자전거를 타는 등 각종 레포츠를 즐기기에 좋은 곳이다. 게다가 선비들이 거쳐가는 문경새재 고모산성까지 모두 거닐기 위해서는 편안한 옷과 운동화는 필수다.

01 선비들이 품은 청운의 꿈
문경새재

하루 추천 코스

Access 점촌역 근처 농협시지부에서 100번 버스 승차, 문경새재 하차 **Address** 경북 문경시 문경읍 새재로 932 **Tel** 054-571-0709 **Close** 설날·추석 당일 **Fee** 문경새재 입장료 무료 문경새재 오픈세트장 어른 2000원, 청소년 1000원, 어린이 500원 **Web** saejae.gbmg.go.kr

새들도 날다가 쉬어간다는 높고 험준한 문경새재는 국내에서도 아름다운 옛길로 손꼽힌다. 우선 이곳에 도착하면 누구나 '문경새재'라 새겨진 웅장한 문경문과 대면하게 된다. 맑은 물이 흘러내리는 초곡선을 좌측에 끼고 따라가다 보면 시간을 거슬러 오르는 듯하다. 특히 광화문, 근정문, 사정전, 교태전 등 조선조 건물 126동이 건립되어 있는 사극 촬영장에서는 한양으로 과거 시험을 보러 가는 선비와 조우할 것 같은 착각마저 든다. 이곳은 우리나라 최대 규모의 촬영장으로 조선 시대 민속촌을 겸한 사극 촬영 중심의 테마관광지이다. 계곡을 따라 800m쯤 오르면 높이 20m의 폭포가 굉음을 울리며 떨어지는데, 바로 여궁폭포다. 약 3~5시간 정도의 코스이므로 여유 있게 찾는 게 좋다. 문경새재 주변에는 사계절썰매장과 문경카트랜드가 있어 함께 둘러보기에도 좋다.

tip 문경새재에서는 연 6회 정도 '옛길달빛사랑여행(mgmtour.co.kr)'이라는 축제가 진행된다. 구수하게 사투리를 쓰는 해설자와 함께 하는 문경새재 트레킹으로, 미리 참가 신청을 하면 된다. 단순히 걷는 게 아니라 전통음식을 맛보고 각종 체험을 해 볼 수 있어 어른들에게도 인기가 많다. 참가비는 1만원.

02 산과 강이 서로를 보듬으며 흘러가는 공간
고모산성

Access 점촌역 근처 농협시지부에서 100·300번 버스 승차, 진남 하차 후 약 500m
Address 경북 문경시 상신로 4-7 Tel 054-550-8733~7

봄이면 진달래와 철쭉이 만발하고 계절 따라 천태만상으로 변하는 진남교반을 감상하려면 고모산성을 추천한다. 문경에는 산성이 유독 많은데, 이는 이 지역이 과거 군사상 중요한 고장임을 알려준다. 1500여 년의 기나긴 역사 속에 검푸른 이끼와 넝쿨에 묻혀 고색창연한 모습으로 진남교반을 말없이 굽어보고 있는 고모산성은 성 밖은 수직으로 쌓아 침범에 대비하고 성 안쪽은 비스듬히 쌓아 군병이 오르내리기 편리하게 했다. 남북으로 두 개의 통문을 낸 흔적이 뚜렷이 남았으나 성 안의 건축물은 흔적조차 없고, 농토로 사용되어 원형을 찾을 길 또한 없다. 이곳에서는 S자형 강변을 끼고 있어 태극기를 닮은 진남교반을 내려다볼 수 있다. 고모산성 정상에 있는 진남문에서는 길의 폭이 어깨 너비도 채 되지 않는 토끼비리로 이어진다. 발아래로 영강이 까마득하고 머리 위로 험한 절벽이 솟아 있어 이 길을 걷는 내내 심장이 졸아들지만, 이곳에서 바라본 풍경은 여행이 끝난 후에도 오랫동안 가슴에 남아 있다.

tip 폐광 이후 운행 중단으로 점차 훼손되어가고 있는 문경 가은선 석탄 운반용 선로를 활용, 전국 최초로 철로 자전거를 운행해 큰 인기를 모으고 있다. 철로 자전거를 타면 탄광 도시의 옛 정취를 곳곳에서 느낄 수 있다.

03 명중의 짜릿한 쾌감
문경관광사격장

Access 점촌역 근처 농협시지부에서 100번 버스 승차, 진남 하차 후 약 2km(택시 이용 가능) Address 경북 문경시 사격장길 155 Tel 054-553-0001 Open 08:00~18:00 Fee 클레이사격 25발 1만9000원, 권총 10발 1만3000원, 공기총 10발 4000원

문경에서 즐길 수 있는 레포츠는 많다. 그중에서도 일상에서 쌓인 스트레스를 한 방에 시원하게 날려버릴 수 있는 것을 추천해달라고 하면 단연 사격이다. 문경관광사격장은 사격 마니아들을 위한 시설을 갖추고 있으며 총을 고르는 것부터 방아쇠를 당기는 순간까지 쉽고 안전하게 배우고 즐길 수 있도록 일대일로 지도해준다. 클레이 사격을 주 종목으로 운영하고 있지만 그 외에 권총이나 공기총 사격도 경험해볼 수 있다. 무엇보다 전국에서 가장 저렴한 가격으로 운영하고 있다는 것이 장점.

| PLUS + | 마음을 차분하게 하는 힘
김룡사

Access 점촌역 근처 문경시내버스터미널에서 점촌–김용사행 버스 승차, 춘풍가든 하차 Address 경북 문경시 산북면 김용길 372 Tel 054-552-7006

산북면 운달산 자락 태고의 수림 속에 자리 잡은 김룡사. 신라 진평왕 10년 운달대사가 창건해 운봉사로 불리었다. 현재 4개의 산내 암자와 6개의 암자 터가 남아 있다. 숙종 29년에 조성된 괘불이 지방유형문화재로 지정되었고 지옥의 염라왕청에서 죽은 이가 생전에 지은 선악의 행업이 나타난다는 업경대, 후불탱 등 120여 점의 불교유물을 소장하고 있다. 작고 조용한 산사이지만 트레킹하기에도 적당하고, 사람들 발길이 많이 닿지 않아 조용하게 마음을 다스리기에 더할 나위 없이 좋다.

| PLUS | 원시림 속을 흐르는 맑은 계곡
운달계곡

Access 점촌역 근처 문경시내버스터미널에서 점촌–김용사행 승차, 춘풍가든 하차 **Address** 경북 문경시 산북면 김용리 372

태고 이래로 도끼 소리 모르고 자라온 나무가 대낮에도 하늘을 가리듯 빽빽이 들어선 원시림이 버티고 서 있다. 웅장하면서도 포근한 느낌으로 다가와 점촌역 주변에 있는 수많은 계곡 중에서도 가족여행자가 많이 찾는다. 캠핑장도 갖추고 있는데다가 골짜기를 따라 흐르는 계곡은 한여름에도 손을 담그면 얼음을 띄워놓은 듯 차가워 냉골을 방불케 하는 것. 물속에 발을 담그고 하늘을 뒤덮은 숲의 계곡바람을 맞고 있으며 뼛속까지 시원함이 전달된다.

점촌 맛집

● 지상 최대의 탕수육 맛 **영흥반점**

Address 경북 문경시 상신로 6-1 **Tel** 054-555-2670 **Open** 11:00~21:00 **Menu** 탕수육 소 1만8000원, 짬뽕 4000원

지상 최고의 탕수육을 맛볼 수 있다는 소문이 난 곳. 특이한 점은 탕수육에 소스 외에 이것저것 채소나 과일이 들어 있지 않다는 것. 맛 또한 전에 경험해본 적 없는 탕수육의 식감을 보인다. 튀김옷이 굉장히 얇아 씹는 순간 바삭하게 부서지면서 쫄깃한 고기를 맛볼 수 있다. 찹쌀가루가 들어간 것처럼 쫀득한 느낌이 씹을수록 고소하다. 화교가 운영하는 곳으로 탕수육 고유의 달착지근한 맛은 유지하면서도 담백해 접시를 비운 후에도 입 안이 텁텁하지 않고 개운하다. 가히 지상 최고의 탕수육이라 불릴 만하다.

● 거칠고 투박해 더 정감이 가는 동네 빵 **뉴욕제과**

Address 경북 문경시 산북면 한두리들길 2 **Tel** 054-552-7538 **Open** 07:00~18:00 **Close** 매달 첫째 · 넷째 주 월요일 **Menu** 찹쌀떡 1박스 20개 1만원

매일 아침 6~7시간 동안 빵을 만드는 주인. 간판이 없다면 빵집인지 모르고 지나칠 만큼 화려한 디스플레이가 없다. 진열장 하나에 들어 있는 빵이 전부. 이곳의 유명 메뉴는 찹쌀떡과 찹쌀 도넛. 국산 찹쌀과 팥을 사용한다. 직접 농사지은 찹쌀을 매일 빻아서 만드니 신선하다. 팥도 직거래를 통해 산 것만을 이용한다. 포장도 단출하다. 문은 일찍 열지만 맛을 보려면 예약해야 한다.

》》 에디터 추천 코스

가평역(경춘선)

경춘선을 타고 가다 보면 북한강을 바라보며 문화 체험과 레저를 동시에 즐길 수 있는 여행지 가평이 있다. ITX-청춘열차를 타고 1시간이면 도착하는 거리로 가깝고 볼거리도 많아 당일 여행 코스로 제격이다. 축령산이나 연인산에 등산을 가는 사람도 많지만, 가평에서는 이색 관광지를 둘러보는 재미가 더 쏠쏠하다. 작은 프랑스 마을인 쁘띠프랑스나 아침고요수목원에 들러 자연 속에서 여유로운 한때를 보내기에 좋다. 또한 북한강에서 수상 레저를 즐기거나 자라섬에서 캠핑을 하며 색다른 여행의 즐거움에 빠져보자.

INFO

 가평군 문화관광(031-580-2114)

 gptour.go.kr(가평군 문화관광)

 가평역에서 아침고요수목원, 쁘띠프랑스에 가는 버스가 있다. 자라섬으로 가는 버스도 운행하는데 짐이 많아 택시를 이용할 경우 15분 정도 걸린다.

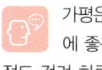 가평은 가족이나 연인, 친구들과 함께 부담 없이 가기에 좋은 여행지이다. 용산역에서 ITX-청춘열차로 1시간 정도 걸려 하루 종일 둘러볼 수 있다. 펜션 등 숙박시설도 많아 선택의 폭이 넓은 것이 특징.

| 01 | 꽃과 함께 하는 조용한 산책
아침고요수목원

Access 가평역에서 365m 떨어진 사그막입구에서 1330-3번 버스 승차 후 검문소에서 31-70번 버스 환승, 아침고요수목원 하차 Address 경기도 가평군 상면 수목원로 457 Tel 031-584-6701 Open 09:00~20:30 Fee 어른 9000원, 청소년·어린이 6500원 Web morningcalm.co.kr

드라마나 영화 촬영지로 유명한 아침고요수목원은 한국의 미를 듬뿍 담고 있는 곳이다. 다른 수목원과 달리 원예학적으로 한국적인 아름다움을 조화롭게 고려해 설계한 원예수목원이다. 20가지 주제를 가진 정원이 잘 가꿔져 있으며, 잔디밭과 화단을 지나 울창한 잣나무 숲 아래로 이어지는 산책로는 마음을 고요하게 해준다. 우리나라 지도 모양으로 만든 하경정원은 가장 인기가 많다. 5000여 종의 식물을 볼 수 있는 곳으로 천천히 걸으면서 수목원의 여유를 즐길 수 있다. 꽃이 개화하기 시작하는 4월이 가장 붐비는 시기. 매달 이색 행사를 진행하므로 홈페이지를 참고한다.

02 프랑스 마을 속으로
쁘띠프랑스

Access 가평역에서 365m 떨어진 사그막입구에서 1330-3번 버스 승차 후 청평역에서 31-20번 버스 환승, 쁘띠프랑스 하차 Address 경기도 가평군 청평면 호반로 1063 Tel 031-584-8200 Open 09:00~20:00 Fee 어른 8000원, 청소년 6000원, 어린이 5000원 Web pfcamp.com

쁘띠프랑스는 한국에 있는 작은 프랑스 문화 마을로 청평댐이 내려다보이는 곳에 옹기종기 모여 있다. 흰색의 아기자기한 집들이 모여 있는데 생텍쥐페리의 〈어린 왕자〉에 나오는 동화 마을을 콘셉트로 꾸몄다. 프랑스풍의 건물과 프랑스에서 직접 공수한 소품 등이 곳곳에 전시되어 있으며, 100년 된 오르골은 가장 유명한 소품이다. 특히 프랑스 샹송이 흘러 나와 마치 프랑스에 온 듯한 착각마저 불러일으킨다. 상시적으로 열리는 벼룩시장에서는 인형, 찻잔, 그릇 등 프랑스 생활 용품을 저렴한 가격에 구입할 수 있다.

| 03 | 청춘의 여행지
남이섬

Access 가평역에서 33-5번 버스 승차, 남이섬 하차 Address 강원도 춘천시 남산면 남이섬길 1 Tel 춘천남이관광안내소 031-580-8114, 580-8151 Open 10:00~18:00 Fee 어른 1만원, 청소년 8000원, 어린이 4000원 Web namisum.com

낭만과 추억이 어린 청춘의 섬, 남이섬은 춘천을 대표하는 관광지다. 남이섬은 본래 섬이 아니었으나 청평댐 건설로 인해 물이 차면서 북한강에 새로 생겼다. 남이섬은 섬 자체가 하나의 공원이자 유원지로 북한강이 흐르고 드넓은 잔디에 포플러, 메타세쿼이아, 자작나무 등이 숲을 이루고 있다. 그중에서도 유명한 메타세쿼이아 오솔길은 산책하기에 좋은 장소이다. 천천히 걸으며 섬을 구경하거나 자전거를 대여해 섬 한 바퀴를 둘러보는 것도 좋다. 홈페이지에서 신청하면 북한강을 바라보며 통나무집에서 숙박을 할 수 있다. 연인이나 친구, 가족들과 함께 와서 하루를 보내기에 좋은 곳으로, 제대로 다 구경하려면 반나절 정도는 걸린다. 드라마나 CF 촬영지로 많이 나와서 외국 관광객들이 꼭 들르는 관광지이기도 하다.

PLUS 친환경 캠핑장의 메카
자라섬

Access 가평역에서 633m 떨어진 남이 오거리에서 61330-3번 버스 승차, 가평터미널 하차 **Address** 경기도 가평군 가평읍 보납로 31 **Tel** 031-580-2700 **Fee** 캐라반사이트 1대 2만5000원, 오토캠핑장 1대 1만5000원, 캐라반 4인 기준 12만원, 모빌홈 4인 기준 15만원(성수기 기준) **Web** jarasum.net

가을밤을 아름답게 수놓는 재즈 페스티벌이 열리는 자라섬은 캠핑지로 더 유명하다. 북한강변에 위치한 자라섬 캠핑장은 세계캠핑캐러바닝대회 개최지로 친환경 캠핑 시설을 자랑한다. 모빌홈, 캐라반, 캐라반사이트, 오토캠핑장 등의 야영 시설이 있으며 취사장, 화장실, 샤워실 등의 공동 시설도 있어 편리하게 이용할 수 있다. 캠핑을 좋아하는 사람이라면 북한강을 바라보며 여유롭게 캠핑을 즐길 수 있는 곳이다. 또한 자라섬에서는 송어축제, 씽씽축제 등 계절마다 다양한 축제가 열리니 미리 참고하고 여행하면 좋다.

tip 자라섬을 이용하려면 홈페이지(jarasumworld.net)에서 예약해야 한다. 성수기에는 예약이 힘드므로 3개월 전에 미리 예약하는 것이 좋다.

가평 맛집

● 능이버섯의 깊은 향 **수리재 시골밥상**

Address 경기도 가평군 청평면 수리재길 252 **Tel** 031-584-3240 **Open** 09:00~20:00 **Menu** 시골밥상 정식 1만5000원, 능이버섯손두부전골 1만1000원

구수한 시골밥상 그대로, 직접 재배한 무공해 콩으로 만든 음식을 주로 선보인다. 시골밥상은 손두부와 삶은 돼지고기, 김치가 삼합처럼 나와 먹기 좋게 쌈으로 싸서 먹는다. 능이버섯손두부전골은 능이버섯의 향긋함이 두부에 고루 배어들어 먹으면 먹을수록 깊은 맛이 나는 것이 특징. 재료 고유의 맛이 우러나와 국물 맛이 담백하고 깔끔하다. 가평 잣막걸리를 곁들여 먹으면 더욱 맛있다. 가평 시내에서 한참 들어간 곳에 자리해 가평시내버스터미널에서 셔틀버스를 운행하고 있다.

》》 에디터 추천 코스

1 소양강댐
2 청평사
3 강원도립화목원
4 애니메이션박물관
5 김유정문학촌

춘천역

춘천역 (경춘선)

경춘선을 타고 떠나는 춘천행 기차여행은 낭만과 추억 그 자체이다. 북한강을 따라 올라가는 기차에서는 청춘을 노래하고 추억을 쌓는다. 요즘에는 ITX-청춘열차를 타고 갈 수 있는데, 2층 기차이면서 속도도 빨라 춘천 가는 길이 더욱 가까워졌다. 춘천은 하루 코스로도 둘러볼 곳이 많은데, 소양강댐과 청평사에 들렀다 막국수를 먹는 일정이나 강원도립화목원과 애니메이션박물관 등을 관람하는 코스도 괜찮다. 춘천은 여러 번 가도 될 만큼 관광 명소가 많으며 초보 기차여행자도 무난하게 갈 수 있는 여행지이다. 사시사철 언제 가도 주변 자연경관과 잘 어우러진 춘천의 모습을 볼 수 있다.

INFO

 춘천시청 관광과(033-250-3545)

 tour.chuncheon.go.kr(춘천시청 관광과)

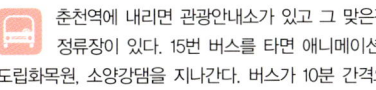 춘천역에 내리면 관광안내소가 있고 그 맞은편에 버스정류장이 있다. 15번 버스를 타면 애니메이션박물관과 도립화목원, 소양강댐을 지나간다. 버스가 10분 간격으로 자주 다니기 때문에 대부분의 관광지는 버스를 이용하면 편리하다.

용산역에서 ITX-청춘열차를 타면 춘천까지 1시간 30분이면 도착한다. ITX-청춘열차를 출퇴근용으로 이용하는 사람들이 있어 출퇴근 시간대는 피하는 것이 좋다. 교통카드로도 이용이 가능하다. 춘천에서 관광지로 이동할 때는 버스를 이용하는 것이 가장 편리하다.

| 01 | 소양강의 아름다운 풍경
소양강댐

하루
추천
코스

Access 춘천역에서 12 · 11 · 150번 버스 승차, 소양강댐 하차 Address 강원도 춘천시 신북읍 신생밭로 1128 Tel 033-572-4429, 033-570-3545, 3846 Open 09:00~20:00 Fee 무료

깊은 산을 끼고 큰 물줄기가 흐르는 소양강은 북한강과 만나는 지점에 있다. 소양강은 춘천에 가면 꼭 들르는 곳으로 주변의 자연경관이 수려하고 규모가 커서 웅장미가 느껴진다. 초겨울 낚시를 하는 장소로도 유명한데, 주로 향어와 송어가 잘 잡힌다. 한겨울에는 두껍게 언 얼음을 뚫고 하는 빙어낚시 관광객으로 인산인해를 이룬다. 소양강 상류에는 다목적댐인 소양강댐이 있다. 소양호선착장에서 소양호일주유람선을 타면 소양강의 물살을 가르며 주위의 아름다운 경치를 더욱 가까이 느낄 수 있다.

| 02 | 산과 계곡에 둘러싸인
청평사

Access 춘천역에서 12·11·150번 버스 승차, 소양강댐 하차 후 소양호선착장에서 배 환승, 청평사 하차 Address 강원도 춘천시 북산면 오봉산길 779 Tel 033-244-1095 Open 09:00~20:00 Fee 어른 2000원, 청소년 1200원, 어린이 800원

소양강댐을 지나 소양호선착장에서 배를 타고 도착하면 청평사로 가는 배가 있다. 북한강을 가로질러 10분 정도 가면 청평사가 있는 오봉산에 도착한다. 바위로 유명한 오봉산은 나지막한 산으로 구성폭포가 보이고, 더 올라가면 청평사가 있어 이곳을 찾는 등산객이 많다. 올라가는 길에는 삼층석탑과 회전문 등이 있어 여유롭게 오르며 하나하나 둘러보는 재미가 있다. 청평사는 고려 시대 지은 사찰로 서예사를 빛낸 글씨가 있다. 큰 바위에 적혀 있는 탄연 스님의 진락공 이자현비와 비석에 새겨진 이암의 문수원장경비이다. 계곡물이 잔잔히 흐르는 산 밑에 자리 잡아 주변 경관이 뛰어나고 조용히 사찰을 거닐며 사색을 즐기기에도 좋다.

tip 소양호선착장에서 왕복 티켓을 구입한 후 배를 타면 된다. 배는 규모가 크지 않아 사람이 많으면 서서 가야 한다. 선착장에서는 소양강을 한 바퀴 도는 소양호일주유람선도 운행한다. 댐→청평사 09:00~18:00 청평사→댐 10:00~18:30 운행, 왕복 어른 6000원, 초등학생 4000원.

| 03 | 사시사철 꽃이 피어 있는
강원도립화목원

Access 춘천역에서 12·110번 버스 승차, 화목원 하차 Address 강원도 춘천시 화목원길 24 Tel 033-248-6691~2 Open 3~10월 10:00~18:00, 11~2월 10:00~17:00 Fee 어른 1000원, 청소년 700원, 어린이 500원

강원도를 대표하는 수목원으로 1700여 종류의 식물 유전자원을 보유하고 있다. 반비식물원, 지피식물원, 암석원 등 다양한 주제로 나뉘어 있다. 숲해설가의 설명으로 화목원에 있는 들꽃, 식물, 나무의 숨겨진 재미있는 이야기를 들어볼 수 있다. 꽃이 피기 시작하는 4~5월에 가면 화목원 곳곳에 핀 꽃을 보는 재미에 시간 가는 줄 모른다. 특히 장미꽃이 만개하는 5월에는 장미향 가득한 장미원을 거닐며 낭만적인 시간을 보내기에도 좋다. 여름에는 시원한 나무 그늘에서 연못을 바라보며 여유로운 시간을 보낼 수 있다.

| 04 | 색다른 재미를 찾아
애니메이션박물관

Access 춘천역에서 83번 버스 승차, 애니메이션박물관 하차
Address 강원도 춘천시 서면 박사로 854 Tel 033-245-6470
Open 10:00~18:00 Fee 어른 5000원, 청소년·어린이 4000원 Web animationmuseum.com

매년 8월에 열리는 춘천 애니타운 페스티벌을 기념하기 위해 설립한 박물관이다. 애니타운 페스티벌은 1997년에 시작한 축제로 애니메이션이 만들어지는 다양한 기법과 제작 과정, 관련 기술과 정보를 한눈에 볼 수 있는 행사이다. 애니메이션박물관은 우리나라 애니메이션의 발전 과정을 직접 보여주고 애니메이션에 대한 관심과 흥미를 불러일으키고자 만들었다. 1만여 점의 애니메이션 관련 소장품과 체험 시설 등을 갖추고 있으며, 애니메이션이 상영되어 직접 관람도 할 수 있다.

| 05 | 문학과 낭만이 있는 곳
김유정문학촌

Access 춘천역에서 1번 버스 승차, 김유정문학촌 하차
Address 강원도 춘천시 신동면 실레길 25 Tel 031-261-4650
Open 09:00~18:00 Close 월요일 Fee 무료

정감 어린 시골 풍경이 그대로 보존되어 있는 실레마을은 소설가 김유정의 생가가 있는 곳이다. 소설가 김유정의 단편문학 〈봄봄〉〈동백꽃〉 등은 교과서에 등장하는 작품으로, 1930년대 우리나라 농촌의 실상을 해학적으로 표현해 문학적으로 높은 가치를 평가받고 있다. 실레마을은 작품 속 주요 배경으로 등장해 더욱 유명하며 마을 곳곳에 생가, 외양간, 디딜방앗간, 전시관 등이 있어 마을 전체가 김유정문학촌으로 불리기도 한다. 문학촌을 중심으로 소설 속

에 등장했던 실제 장소를 순례하는 문학산책로는 작품을 경험할 수 있는 색다른 방법. 매년 3월 29일에는 김유정 추모제, 4월 중순에는 김유정 문학제 등 다양한 기념행사가 열리니 행사 일정에 맞춰 방문해도 좋다. 김유정문학촌을 좀 더 자세히 알고 싶다면, 홈페이지에서 문화관광해설을 신청하면 된다.

tip 경춘선 강촌역과 남춘천역 사이의 김유정역에서 내리면 걸어서 5분이면 갈 수 있다. 김유정역은 우리나라 철도 최초로 역명에 사람 이름을 붙인 역이기도 하다.

춘천 맛집

● 맛깔나는 산채비빔밥 **부용가든**

Address 강원도 춘천시 북산면 오봉산길 779 Tel 033-244-5662 Open 07:00~20:00 Menu 산채비빔밥·메밀전병 8000원

오봉산을 오르기 전 청평사 가는 길목에 있는 음식점. 산을 오르며 허기진 배를 채우기에는 산채비빔밥이 제격이다. 도라지, 고사리, 산채나물에 고추장을 넣고 김가루와 참기름을 더해 맛이 더욱 고소하다. 싹싹 비벼서 한 숟가락 먹으면 향긋한 산채나물 향이 배어난다. 신김치가 들어 있는 메밀전병도 입맛을 돋운다. 청평사 올라가는 길목에 있는 음식점 중에서 맛이 깔끔한 편이다.

● 닭갈비골목의 첫 번째 집 **명물닭갈비**

Address 강원도 춘천시 금강로 62번길 7 Tel 033-257-2961 Open 월~금요일 09:00~18:00, 토~일요일 09:00~24:00 Menu 뼈없는닭갈비 1만원, 모둠닭갈비 1만5000원, 모둠사리 3000원, 볶음밥 2000원, 새싹막국수 5000원

춘천 하면 떠오르는 음식 닭갈비와 막국수는 가는 곳곳에 음식점이 있을 정도이다. 닭갈비 골목, 막국수 체험장 등 음식에 대한 자부심도 대단하다. 춘천시장 내 닭갈비 골목에 있는

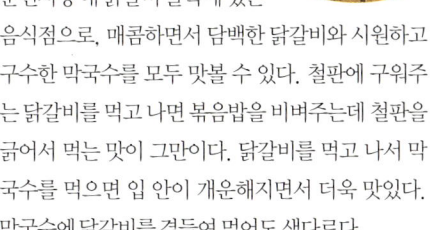

음식점으로, 매콤하면서 담백한 닭갈비와 시원하고 구수한 막국수를 모두 맛볼 수 있다. 철판에 구워주는 닭갈비를 먹고 나면 볶음밥을 비벼주는데 철판을 긁어서 먹는 맛이 그만이다. 닭갈비를 먹고 나서 막국수를 먹으면 입 안이 개운해지면서 더욱 맛있다. 막국수에 닭갈비를 곁들여 먹어도 색다르다.

》》 에디터 추천 코스

묵호등대 ②
750m
180m
③ 논골담길
묵호항 ①
530m
○ 묵호역

묵호역(영동선)

묵호역은 영동선이 지나가는 역으로 여름철에는 바다열차를 탈 수 있어 찾는 사람들이 부쩍 늘었다. 동해시에 있는 묵호는 묵호 해변을 중심으로 묵호항, 묵호등대 등의 관광지와 바다를 벗 삼아 사는 바닷가 사람들의 모습을 생생하게 볼 수 있는 어촌 마을이다. 만선을 꿈꾸며 떠난 배들이 돌아오는 풍경은 예전 그대로이지만, 현대식으로 정비된 묵호항의 모습을 보면 조금 아쉽기도 하다. 바닷가 풍경과 바닷가 사람들을 만나고 싶다면 묵호로 떠나보는 건 어떨까.

INFO

 동해시청 관광진흥과(033-530-2114)

 dhtour.go.kr(동해관광)

묵호역에서 내려 묵호항으로 이동하려면 버스를 이용하면 된다. 묵호항으로 가는 버스가 20분에 한 대씩 운행한다. 묵호등대나 논골담길은 묵호항 근처에 있으므로 걸어서 이동하면 된다.

묵호는 지역이 넓지 않아 20분 내외로 이동할 수 있다. 시간적 여유가 된다면 묵호역에서 묵호시장 쪽으로 쭉 내려와서 계속 걸으면 묵호항에 도착한다. 소요시간은 40분 정도. 묵호항까지 가는 버스도 있으니 대중교통을 이용하면 편하다. 묵호에서는 동해, 추암이 가까우니 동해 바다를 따라 여행하는 것도 좋다.

| 01 | 항구의 풍경 그대로
묵호항

추천
코스

| 02 | 동해 바다를 한눈에
묵호등대

Access 묵호역에서 약 530m, 묵호항 Address 강원도 동해시 일출로 58 Tel 동해시청 해양정책과 033-530-2271 Fee 무료

Access 묵호역에서 약 770m, 논골담길 Address 강원도 동해시 묵호진동 2-215 Tel 해양수산청 묵호등대 033-531-3258 Fee 무료

만선을 꿈꾸며 출항하는 배가 드나들던 묵호항은 무연탄을 실어 나르는 조그만 항구에서 국제 무역항이 되어 번창했던 동해에 있는 항구이다. 그때의 명성은 사라졌지만 여전히 오징어, 가자미 등을 가득 실은 어선이 분주하게 드나들고 있다. 개항한 지 70년이 지난 묵호항은 몇 해 전 노후화된 시설을 정비하며 비교적 깨끗하고 정리된 항구의 모습을 갖추게 됐다. 시설은 현대화됐지만 푸른 바다에 어선이 둥둥 떠 있고, 갈매기가 유유히 나는 여유로운 항구의 풍경은 그대로이다. 묵호항 옆에는 그날 잡은 생선을 회로 바로 먹을 수 있는 묵호항 활선어 판매 센터가 있다.

묵호등대에 올라서면 동해 바다가 한눈에 들어온다. 등대에서 바라보는 동해 바다는 깊고 푸른 물결이 고요하게 움직인다. 답답했던 마음이 확 트이고 짭조름한 바다내음이 코끝에 닿는다. 특히 한여름 밤에 묵호항 일대를 오가는 오징어잡이 어선들의 분주한 움직임과 불빛이 장관을 이룬다. 묵호등대는 공원으로 조성되어 있는데 등대홍보관에서는 등대의 역할과 역사도 살펴볼 수 있다.

| 03 | 어촌 사람들의 이야기가 담긴 |

논골담길

Access 묵호역 근처 동해프라자에서 32-2번 버스 승차, 영동고압가스 하차 Address 강원도 동해시 해맞이길 289 Tel 동해문화원 033-531-3298 Fee 무료

묵호등대를 올라가는 길에는 묵호항을 배경으로 살아온 사람들의 이야기가 담긴 벽화가 있다. 원래 논골3길은 뱃사람들과 시멘트, 무연탄 공장에서 일하던 사람들이 모여 살면서 만들어진 마을로 가파른 골목길 구석구석에 집들이 빼곡하게 들어서 있다. 지방문화원 어르신문화 프로그램의 일환으로 논골담길 프로젝트를 시작해서 벽화길로 만들었다. 오징어를 말리는 모습, 바다에서 고기잡이를 하는 어선의 풍경 등 묵호 사람들의 모습이 생생히 담겨 있다. 논골담길을 가다 보면 묵호등대가 보이고, 그 옆에는 출렁다리가 있다. 출렁다리는 드라마 〈찬란한 유산〉에 나오면서 유명해진 곳으로, 묵호의 새로운 관광 명소로 주목받고 있다.

묵호 맛집

● 색다른 맛의 홍합장칼국수 **한아름칼국수**

Address 강원도 동해시 묵호동 발한복개로 26 묵호시장 내 Tel 033-532-4954 Open 09:00~21:00 Menu 홍합장칼국수·홍합칼국수·감자부침 3500원

얼핏 보면 홍합짬뽕 같지만 면은 엄연히 칼국수인 홍합장칼국수는 홍합에서 우러나는 시원한 맛과 고추장을 풀어낸 얼큰한 국물 맛이 어우러져 색다른 맛을 느낄 수 있다. 홍합칼국수는 홍합으로만 국물을 낸 칼국수로 시원하고 담백한 맛이 특징. 홍합이 수북이 쌓여 있어 홍합을 하나씩 꺼내 먹는 재미가 있다. 감자를 갈아서 얇게 부친 감자부침은 쫀득하고 고소하다. 묵호시장 안에 있는 음식점으로 가격이 저렴해서 부담 없이 먹기에 좋다.

강릉역 (영동선)

강원도의 중심 도시 강릉에 있는 강릉역은 영동선의 중심 기차역이다. 정동진역을 가거나 바다열차를 이용하기 위해서는 강릉역을 거쳐야 한다. 강릉은 관광지가 잘 정비되어 있어 여행하기에 편한 지역이다. 강릉 하면 떠오르는 경포대와 경포해변, 그리고 오죽헌과 선교장 등 유적지가 가까운 거리에 있어 둘러볼 곳이 꽤 많다. 경포대를 중심으로 관광지가 둘러싸여 있는데, 버스로 한두 정거장 이동하거나 천천히 걸어서 구경해도 괜찮다. 강릉의 해변 옆에 있는 울창한 소나무를 따라 트레킹을 할 수 있는 코스도 있다. 바다와 소나무를 벗 삼아 삼림욕을 하기에도 좋은 장소. 강릉은 바다와 숲을 모두 즐기고 싶은 사람들에게 마음의 여유를 주는 여행지이다.

INFO

📞 관광강릉(033-640-5132)

🖥 tour.gangneung.go.kr(관광강릉)

 강릉역은 영동선의 중심이며, 바다열차가 지나가는 역이다. 강릉역에서는 버스를 이용하면 관광지로 쉽게 이동할 수 있다. 경포대까지 버스로 이동한 후 도보로 선교장이나 오죽헌을 구경하는 것도 방법. 안목해변이나 하슬라아트월드는 강릉역에서 버스를 이용해 이동한다.

 솔향 가득한 강릉은 바다와 소나무를 마음껏 구경할 수 있는 곳이다. 바다를 따라서 소나무길을 걷는 것도 강릉 여행의 색다른 재미를 느낄 수 있다. 또한 선교장이나 오죽헌 등 조상들의 가옥이 그대로 보존되어 있어 우리나라 가옥의 모습을 구경하기에도 좋다.

01 아름다운 경포호가 내려다보이는
경포대

+하루 추천 코스+

Access 강릉역에서 202·313번 버스 승차, 경포대 하차 Address 강원도 강릉시 경포로 365 Tel 033-640-5119

관동팔경 중 으뜸으로 손꼽이는 경포대는 하늘, 호수, 바다, 술잔, 님의 눈동자와 다섯 개의 달을 볼 수 있는 낭만적인 곳이다. 경포대에 올라서서 보는 경포호는 넓디넓은 호수와 선명한 물빛이 눈을 즐겁게 한다. 경포대에서 보는 위치와 높낮이에 따라 경관이 달리 보여 볼 때마다 색다른 풍경을 감상할 수 있다. 경포호 옆에는 소나무로 둘러싸인 경포 해변이 있다. 강원도에서 가장 유명한 해수욕장으로, 동해인데도 수심이 얕고 백사장이 넓어서 해수욕을 즐기기에는 안성맞춤. 경포대, 경포호, 경포 해변은 강릉에 가면 꼭 가야 하는 대표 관광 명소이다.

02 전 세계 축음기를 한곳에
참소리축음기박물관

Access 강릉역에서 202·313번 버스 승차, 경포대 하차 Address 강원도 강릉시 경포로 393 Tel 033-655-1130 Open 하절기 08:00~18:00, 동절기 08:00~17:30 Fee 어른 7000원, 청소년 6000원, 어린이 5000원 Web edison.kr

이름도 생소한 축음기박물관이 강릉에 있다. 건물의 외형도 축음기를 그대로 본뜬 모습이 인상적이다. 어린 시절 아버지로부터 받은 축음기가 인연이 되어 축음기 수집에 평생을 바친 손성목 관장이 세운 박물관이다. 세계 60여 개국을 돌아다니며 수집한 축음기와 뮤직박스, 라디오 등 4000여 점의 관련 자료와 15만여 점의 소장품이 전시되어 있다. 소장품의 가치와 규모 면에서 세계 최대라고 한다. 가이드의 안내로 축음기의 소리를 직접 들을 수 있으며 음악감상실에서는 완벽한 음향 시스템으로 음악을 감상할 수 있다.

03 품위 있는 사대부의 집
선교장

Access 강릉역에서 202번 버스 승차, 선교장 하차 Address 강원도 강릉시 운정길 63 Tel 선교장 033-648-5303, 문화예술과 033-640-5119 Open 3~10월 09:00~18:00, 11~2월 09:00~17:00 Fee 어른 3000원, 청소년 2000원, 어린이 1000원 Web knsgj.net

조선 시대 후기의 전형적인 사대부 가옥을 그대로 보존한 주택으로 중요민속자료 제5호로 지정되어 있다. 99칸의 상류 가옥으로 300년 동안 그 원형은 물론 주위 자연환경까지 그대로 보존되어 있어 아름다움을 더한다. 입구에 들어서면 작은 연못에 정자가 보이고 그 뒤에는 정갈하고 기품 있는 한옥의 모습이 눈에 들어온다. 한옥 숙박을 체험할 수 있는 체험관도 있다. 행랑채와 홍예원은 미리 신청하면 숙박이 가능하다. 정자인 활래정에서는 전통 다도체험도 할 수 있다. 조선 시대 사대부의 생활을 간접적으로 경험할 수 있는 가옥이다.

| 04 | 율곡 이이와 신사임당이 살았던
오죽헌

Access 강릉역에서 200 · 202 · 300 · 308번 버스 승차, 오죽헌 하차 Address 강원도 강릉시 율곡로 3139번길 24 Tel 033-640-4457 Open 하절기 08:00~18:00, 동절기 08:00~17:30 Fee 어른 3000원, 청소년 2000원, 어린이 1000원 Web ojukheon.gangneung.go.kr

오죽헌은 율곡 이이가 태어난 곳으로 신사임당의 친정집이다. 우리나라에 남아 있는 가장 오래된 민가 건축물로 알려져 있는 몽룡실에서 율곡 이이가 태어났다. 오죽헌은 큰 공원으로 조성되어 있는데, 안채와 율곡의 영정을 모신 사당인 문성사, 자경문 등이 있다. 대나무로 둘러싸인 작은 정원에 있는 율곡기념관에서는 사임당의 그림과 율곡 이이의 편지와 상소문을 볼 수 있다. 오죽헌 앞에는 바로 오천원권 화폐 뒷면에 그려진 오죽헌과 똑같은 모습을 촬영할 수 있는 포토존이 있다. 이곳에 오면 사진 촬영을 꼭 하는 명소이기도 하다. 또한 공원에 율곡 이이와 신사임당의 동상, 시비 등도 곳곳에 설치되어 있어 기념 촬영하기 좋다.

| 05 | 신선한 커피를 직접 생산하는
커피커퍼

Access 강릉역에서 300번 승차, 안목해변 하차 Address 강원도 강릉시 왕산면 왕산로 2171-19 Tel 070-8888-0077 Open 하절기 08:00~18:00, 동절기 08:00~17:30 Fee 어른 5000원, 청소년 · 어린이 4000원 Web cupper.kr

안목 해변을 가다 보면 안목거리에 유명한 커피점이 있다. 커피커퍼는 우리나라 최초로 상업용 커피를 직접 재배해 판매하는 곳으로, 커피커퍼에서 운영하는 농장은 산 중턱에 따로 있다. 커피농장에는 다양한 연령대의 커피나무들이 자라고 있으며, 커피커퍼에서는 직접 생산해서 볶고 로스팅한 커피를 선보여 맛이 깊고 신선한 것이 특징이다. 커피박물관에서는 전 세계 각국의 커피 그라인더와 다양한 커피 추출 유물들을 전시하고 있다. 커피의 역사는 물론 커피나무와 열매, 유물 등을 관람하고 커피의 맛과 향을 즐길 수 있어 커피를 좋아하는 사람들이라면 들러볼 만한 곳이다.

06 자연 속의 복합예술공간
하슬라 아트월드

Access 강릉역에서 462m 떨어진 동부시장에서 112번 승차, 하슬라아트월드 하차 Address 강원도 강릉시 강동면 율곡로 1441 Tel 033-644-9411~5 Open 하절기 08:00~18:00, 동절기 08:00~17:30 Fee 어른 7000원, 청소년 6000원, 어린이 5000원 Web haslla.kr

끝없이 펼쳐진 동해 바다를 바라보며 산 위에 자리 잡은 하슬라 아트월드는 복합문화 예술공간이다. '하슬라'는 고구려 신라 때 불리던 강릉의 옛 이름으로 강릉의 아름다운 자연환경과 예술작품이 조화를 이룬 예술정원이다. 자연훼손을 최소화하기 위하여 비탈면과 산의 높이를 그대로 이용해 손으로 직접 만들었으며 자연을 가장 아름답게 볼 수 있는 각도로 길을 내고 예술정원을 꾸몄다고 한다. 국내외 작가들과 함께 하는 예술 작업 및 공연 전시 축제가 1년 내내 끊이지 않고 열린다. 현대 미술 200여 점이 전시된 현대미술관과 유럽 각국에서 수집한 마리오네트와 피노키오 작품들이 전시된 '피노키오&마리오네트 미술관'이 있다.

강릉 맛집

● 정통 초당순두부의 맛 **원조초당순두부**

Address 강원도 강릉시 초당순두부길 77번길 9 Tel 033-652-2660 Open 09:00~20:00 Menu 순두부백반 7500원, 순두부전골 9000원

경포천에 가면 초당순두부마을이라는 팻말이 보이는데, 그곳에서 한참 더 들어가야 초당순두부마을이 나온다. 원조초당순두부는 초당순두부마을에서 가장 오래된 곳이다. 초당순두부가 유명한 이유는 간수가 아닌 동해의 깨끗한 바닷물로 만들어 더욱 부드럽고 고소한 맛이 나기 때문이다. 뜨끈한 순두부에 양념간장을 넣고 후루룩 먹으면 입맛이 살아난다. 순두부백반은 이 집의 대표 메뉴. 순두부는 특별한 양념을 하지 않아도 자체의 담백한 맛에 자꾸 손이 간다. 건강한 한 끼 식사로 제격이다.

● 감자로 만든 토종 음식 **강릉감자옹심이**

Address 강원도 강릉시 토성로 171 Tel 033-648-0340 Open 10:00~21:00 Menu 순감자옹심이 8000원, 감자옹심이칼국수 7000원, 감자송편 4000원

강릉역에서 강릉시장 가는 방향으로 5분 거리에 있는 강릉감자옹심이는 줄을 서서 먹을 정도로 인기가 좋다. 강릉에서 나는 감자는 전분이 많고 맛이 좋기로 유명하다. 감자옹심이는 강릉에서 생산한 감자를 갈아 새알심처럼 빚어서 칼국수처럼 끓여내는 음식이다. 쫄깃하면서도 사각사각 씹히는 감자 맛이 고소하다. 칼국수와 감자옹심이가 섞여 있는 메뉴와 감자옹심이만 들어 있는 메뉴도 있다. 감자옹심이가 몇 개 들어 있나 세어보면서 깍두기랑 같이 먹으면 더욱 맛있다.

》 에디터 추천 코스

① 임진각
② 평화누리공원
임진강역

400m
600m

임진강역 (경의선)

서울에서 신의주까지, 한때는 남북을 자유롭게 오가던 철길이었다. 남북분단이라는 현실 아래 철마도 멈춰선 경의선은 2000년 남북정상회담 이후 일부 노선이 복원됐고, 현재 남한에서 닿을 수 있는 역은 임진강역과 도라산역까지다. 두 역은 북녘 땅을 가장 가까이에서 볼 수 있는 곳이며 통일과 관련된 관광지들이 자리를 잡았다. 실향민의 애환을 담은 임진각과 화해와 통일을 상징하는 평화누리공원, 멀리 개성까지 보이는 도라전망대 등 분단 현실에 대한 생생한 체험이 가능하다. 관광지들이 모두 역에서 가깝고, 지하철과 기차로 쉽게 갈 수 있어 하루 코스의 근교 여행지로 좋다.

INFO

 임진각 주차장 내(031-953-4744)

 tour.paju.go.kr(파주 문화관광)

 임진강역에 가려면 서울역 또는 문산역에서 하루 2회 운행하는 DMZ-train을 탑승해야 한다. 매주 월요일과 주중 공휴일에는 운행하지 않는다.

서울역을 출발해 문산역, 임진강역을 거쳐 도라산역으로 향하는 DMZ-train은 관광열차로, 테마별로 꾸민 객실과 승객들을 위한 이벤트 등 다양한 볼거리가 가득하다.

01 북녘을 향한 그리움을 품다
임진각

+하루 추천 코스+

Access 임진강역에서 임진각 방면으로 약 600m Address 경기도 파주시 문산읍 임진각로 177 Web ggtour.or.kr

1972년 남북공동성명 이후 실향민들을 위해 만들어진 공간으로 기념품점, 전망대, 갤러리, 레스토랑, 카페 등이 있다. 특히 옥상에 자리한 전망대 하늘마루에선 임진각을 중심으로 멀리 민간인 통제구역 내 통일촌, 해마루촌까지 조망할 수 있어 국내외 관광객들도 즐겨 찾는다. 임진각 외에도 안보, 생태 등 다양한 주제의 전시를 볼 수 있는 경기평화센터(매주 월요일 휴관), 한국전쟁 포로 교환을 위해 가설된 자유의 다리, 경의선 증기기관차, 망배단, 평화의 종 등 통일에 대한 염원을 담은 의미 있는 볼거리들이 많다.

tip 임진각에선 또 다른 안보관광 투어를 시작할 수 있다. 임진각 관광안내소 옆, DMZ 안보관광 매표소에서 제3땅굴, 도라전망대, 통일촌, 허준 선생 묘 등을 둘러보는 두 가지 코스의 투어버스를 운행한다. DMZ-train을 이용하는 것도 좋은 방법. 임진강역에서 신분 확인 절차를 거친 후 일반관광과 안보관광 중 하나를 선택한다. 일반관광은 도라산역과 도라산평화공원을 둘러보는 코스이며, 안보관광은 연계버스로 제3땅굴과 도라전망대까지 다녀올 수 있다.

02 통일의 바람이 불어오는 곳
평화누리공원

Access 임진강역에서 평화누리공원 방면으로 약 800m
Address 경기도 파주시 문산읍 임진각로 148-40 Web ggtour.or.kr

약 10만㎡ 규모의 드넓은 잔디가 펼쳐지는 음악의 언덕, 3000여 개의 바람개비가 빙빙 도는 바람의 언덕, 그리고 수상 카페 안녕이 있는 곳. 2005년 세계평화축전을 계기로 만들어진 공원으로 피크닉을 즐기는 가족이나 연인들, 출사여행을 떠나온 이들로 늘 북적인다. 영화 상영, 야외 공연 등이 정기적으로 열리며 생명촛불 파빌리온 내 캔들 숍과 통일 기원 돌무지를 통해 유니세프 또는 북한 어린이를 돕는 기부 프로그램에도 참여할 수 있다.

진해역 (진해선)

경상남도 창원시의 창원역과 통해역을 연결하는 진해선. 화물운송만 하는 통해역을 제외하면 진해역은 진해선의 종착역이다. 1926년 지어진 규모 그대로인 아담한 진해역은 봄만 되면 심한 몸살을 앓는다. 4월 진해군항제를 보기 위해 전국 각지에서 사람들이 몰려들기 때문. 진해 벚꽃의 역사는 일제강점기로 거슬러 올라간다. 일제가 군사 목적으로 계획한 군항도시 진해. 여덟 갈래로 뻗은 중원로터리를 중심으로 구획된 방사형의 도시 곳곳에 벚꽃을 가로수로 심었다. 광복 후 일본 꽃이라 해서 모두 뽑아버렸으나 수종이 제주도산 왕벚나무라는 사실이 밝혀지면서 도리어 이전보다 더 많은 벚나무를 심기 시작했다. 도심은 물론 산과 강, 공원, 바닷가 어디를 가나 흐드러지게 핀 벚꽃은 바라보는 것만으로도 현기증을 느낄 정도다.

INFO

 진해루(055-548-2767)

 culture.changwon.go.kr(창원시 문화관광), gunhang.changwon.go.kr(진해군항제)

 진해역에서 대부분의 관광지가 그럭저럭 걸어 다닐 만한 거리에 있다. 창원시내 곳곳에 있는 무인 공영자전거 '누비자'를 이용하면 더욱 편리하다. 1일 이용권 1000원.

 꽃피는 4월, 상춘객들로 꽉 막힌 도로 사정을 생각한다면 기차가 정답. 진해군항제 기간 동안 진해행 직통 열차가 특별 운행된다. 단, 빠른 예매는 필수.

| 01 | 한 편의 영화 같은 로맨틱 로드
여좌천

+ 하루 추천 코스 +

Access 진해역 뒷길로 약 150m Address 경남 창원시 진해구 여좌천로 Open 내수면환경생태공원 3~5월 9~10월 06:00~18:00, 6~8월 06:00~19:00, 11~2월 07:00~17:00

여좌천 양옆으로 1.5km의 목조 데크를 따라 조성된 벚꽃터널은 진해군항제의 백미다. 보고 또 봐도 질리지 않는 벚꽃 덕에 걸음은 점점 더뎌진다. 드라마에 나와 유명해진 일명 '로망스다리'는 사진을 찍으려는 사람들로 북적인다. 여좌천 끝은 내수면환경생태공원과 맞닿는다. 일제 강점기 당시의 양어장이 광복 후 민물고기를 연구하는 '내수면연구소'로 바뀌고, 최근 생태공원이 조성되었다. 희귀 어종인 꼬치동자개, 황쏘가리가 서식하고 호수 주변엔 배롱나무, 물벚꽃, 수양버들이 드리워져 주민들도 즐겨 찾는 친환경 쉼터다.

| PLUS + | 벚꽃 열차가 달린다
경화역 |

Access 진해역 건너편에서 307·315·315-1·315-2·315-3번 버스 승차, 경화역 하차 Address 경남 창원시 진해대로 649

기차가 서지 않는 경화역. 2006년 여객사업을 중단하고 역사조차 없지만 벚꽃이 피는 계절이면 철로를 가득 메울 정도로 많은 사람들이 몰려든다. 진해 여기저기에 벚꽃이 넘쳐나지만 기차와 어우러진 이색적인 풍경을 보려면 경화역만 한 곳이 없기 때문이다. 기차가 들어오는 순간 사진을 찍으려는 사람들 때문에 간혹 위험한 상황이 연출되기도 하지만, 벚꽃의 황홀경이 이를 어느 정도 무마해준다.

02 진해의 랜드마크
제황산공원

Access 진해역에서 중원로터리 방면 약 500m Address 경남 창원시 진해구 중원동로 54 Tel 055-712-0442 Open 모노레일 3~10월 09:00~20:00, 11~2월 09:00~18:00 군항제 09:00~22:00 Fee 모노레일(왕복) 어른 3000원, 청소년 2000원, 어린이 1500원 Web monorail.cwsisul.or.kr

제황산은 야트막하다. 그래도 높은 건물이 많지 않은 진해에선 어디서나 보이는 랜드마크 같은 산이다. 제황산에 오르면 진해 전경과 그 앞바다를 조망할 수 있다. 정상에 오르는 방법에는 세 가지가 있다. 중원로터리 부근의 365개 계단, 일명 '1년 계단'을 오르거나 모노레일을 타는 방법, 그리고 중앙시장 쪽 200계단을 이용하는 것이다. 정상에 도착하면 28m의 진해탑을 또 올라가 더 높이 더 멀리 진해를 내려다볼 수 있다. 탑 내부에는 진해 역사를 알 수 있는 유물과 문화재를 전시하고 있으니 한번쯤 둘러볼 만하다.

tip 중원로터리에 지은 지 100년이 넘는 고풍스러운 우체국이 있다. 눈처럼 하얀 외관에 녹색빛이 도는 동판 지붕을 얹은 진해우체국. 우체국으로서의 임무는 2000년 끝이 났지만 진해의 역사를 간직한 상징적인 건축물이다. 기념촬영의 배경으로도 안성맞춤.

| 03 | 바닷바람 맞으며 라이딩
진해해변공원(진해루)

Access 진해역에서 여객터미널 방면 약 3km Address 경남 창원시 진해구 진희로 146

진해해변공원은 도심 속 가까이에서 바다를 느낄 수 있는 공원이다. 유람선과 고기잡이배가 정박해 있는 항구와 시원한 바다 풍경을 배경으로 2km 남짓 구간에 산책로와 자전거도로가 조성되어 있다. 진해루 주변에는 각종 놀이 및 휴게 시설이 마련되어 있어 가족 나들이객들이 많이 찾는다. 누각에 오르면 멀리 섬과 바다가 어우러진 풍경을 한눈에 볼 수 있다. 진해 곳곳에 설치되어 있는 공영자전거를 대여해 바닷바람을 온몸으로 맞으며 달려보는 기분이 나름 상쾌하다.

PLUS + 추억의 잡동사니 집합소
김씨박물관

Access 진해역 건너편에서 315·315-1·315-2·315-3번 버스 승차, 월남마을 하차 Address 경남 창원시 진해구 소사로 59번 나길 4 Tel 055-552-8608, 010-2047-5417 Open 09:00~18:00 Close 월요일 Fee 무료 Web kimc289.com.ne.kr/detail

소사마을은 진해 중심가에서 차로 30분 정도 떨어진 시골 동네다. 특별할 것 없는 일상 한가운데 하늘에서 뚝 떨어진 양 이질적인 박물관이 자리하고 있다. '부

산라디오', '태양카라멜' 등 빛바랜 간판을 단 허름한 건물이 옹기종기 모여 있는 모양새가 1970년대 거리를 연상케 하는 김씨박물관이다. 이곳엔 지금은 다 사라져버린 갖가지 물건들이 잔뜩 있다. 김현철 관장이 청계천 상가, 골동품 상점을 돌며 수십 년간 수집한 것들이다. 라디오, 만화책, 장난감, 생활가전 등 테마에 따라 나누어두었고 구경하는 내내 옛날 가요가 흘러나온다. 원두커피, 코코아, 사이다 등 모든 음료를 2000원에 판매하는 카페 '꽁트'에 앉아 있으면 큰 창 너머로 김달진 생가가 그림처럼 걸린다.

tip 시인이자 한학자, 승려인 월하 김달진 선생의 생가와 문학관도 둘러보자. 세속적인 관심을 멀리하고 순수한 무위자연을 노래한 선생의 아름다운 시 한 수 읊어보는 것도 의미 있겠다.

진해 맛집

● 바다내음 물씬 해초비빔밥 **진상**

Address 경남 창원시 진해구 충장로 468번길 8 Tel 055-547-1678 Open 10:30~21:30 Menu 해초비빔밥 1만원, 생대구탕 1만5000원

원래 생대구탕, 대구뽈찜이 유명한 집이지만 조금 색다른 맛을 원하는 이들에겐 해초비빔밥이 제격이다. 밥 위에 붉은빛과 푸른빛이 어우러진 여덟 가지 해초를 올리고 산야초 효소로 맛을 낸 장과 함께 비벼 먹는다. 은은한 바다향이 느껴지면서 새콤짭짤한 게 특색 있는 맛이다. 2003년 세계음식박람회에서 당당히 금메달을 차지하기도 했다.

● 분홍빛 벚꽃 크림 머금고 **진해제과**

Address 경남 창원시 진해구 중원로 43번길 4 Tel 055-546-3131 Open 07:30~23:00 Menu 벚꽃빵 600원

1947년 문을 연 진해제과. 참새가 방앗간 못 지나치듯 해군사관생도들이 자주 들르던 빵집이다. 외지인들에겐 벚꽃 모양의 앙금빵이 인기다. 어디서도 본 적 없는 분홍빛 앙금의 정체는 벚꽃 시럽. 한입 베어 물면 은은한 벚꽃향이 입 안 가득 퍼져나간다. 진하고 고소한 여러 종류의 치즈 크림빵도 추천.

〉〉〉 에디터 추천 코스

청주역 — 9.02km — ① 수암골 — 1.74km — ② 국립청주박물관 — 2.85km — ③ 상당산성 — 9.56km — ④ 무심천

청주역 (충북선)

충청북도의 중심인 청주는 인근에 오송역과 청주역이 나란히 있어 열차를 이용하기 편하다. KTX가 그냥 통과하는 오송역과 달리 청주역은 충북선을 중심으로 조치원, 대전 등을 연결하는 기차역이다. 충청북도 역사와 문화를 한눈에 볼 수 있는 상당산성을 비롯해 무심천, 우암산 등이 청주를 대표하는 관광 명소이다. 청주는 요즘 드라마 장소로도 주목받고 있다. 정감 어린 달동네 특유의 감성이 녹아있는 수암골은 드라마 촬영지로 자주 등장하며 이곳을 찾는 사람들이 점점 많아지고 있다. 작지만 볼 것 많은 청주는 당일치기 여행으로 다녀오기 좋은 곳이다.

INFO

 청주시 문화관광과(043-200-2114)

 tour.cjcity.net(청주시 문화관광)

 청주역에서 주요 관광지로 이동하려면 버스를 이용해야 한다. 청주역이나 청주시외버스터미널에서 버스를 타면 이동하기 편하다.

 청주는 주로 자가용이나 버스로 이동하기 때문에 평일에도 차가 많이 막히므로 이동 시간을 넉넉히 잡는 것이 좋다.

| 01 | 정감 어린 달동네의 추억
수암골

 하루
추천
코스

| 02 | 충북의 역사를 한눈에
국립청주박물관

Access 청주역에서 711번 버스 승차 후 우암초등학교에서 714번 버스 환승, 북부시장 하차 **Address** 충북 청주시 상당구 수암로 58

Access 청주역에서 711번 버스 승차 후 사직사거리에서 861번 버스 환승, 국립청주박물관 하차 **Address** 충북 청주시 상당구 명암로 143 **Tel** 043-229-6300 **Open** 09:00~18:00 **Close** 월요일 **Fee** 무료 **Web** cheongju.museum.go.kr

한국전쟁 이후 피란민들이 모여들어 정착하면서 형성된 달동네였으나 2007년 공공 미술 프로젝트로 진행된 벽화 작업으로 새롭게 재탄생했다. 곳곳에 그려진 소박한 그림이 동네와 잘 어우러져 드라마〈카인과 아벨〉,〈제빵왕 김탁구〉의 촬영지로 주목을 받았다. 최근에는〈영광의 재인〉에서 주인공이 살던 장소로 나와 또 한 번 유명세를 톡톡히 치르고 있다. 이제 청주에 오면 꼭 들러야 하는 관광지이다.〈카인과 아벨〉에 나왔던 유명한 피아노 계단, 제빵왕 김탁구가 일했던 빵집 등 드라마 속 그 장소를 찾아보는 재미가 있다. 수암골 끝자락에 가면 전망대가 있는데, 그곳에서는 청주시내의 전경을 한눈에 볼 수 있다. 365일 공개된 장소지만 사람들이 실제로 살고 있는 곳으로 21:00 이후에는 관람을 자제하자.

상당산성 올라가는 길에 자리 잡은 국립청주박물관은 충북 지역의 문화유산을 한눈에 볼 수 있는 곳이다. 박물관이 넓고 시설이 잘 되어 있어 구경할 만한 공간이 많다. 전시실에는 충청북도에서 출토된 선사시대로부터 조선 시대에 이르는 2300여 점의 유물이 시대별로 전시되어 있다. 특히 제3전시관은 통일신라와 고려 시대 유물전시관으로 국보 제106호로 지정되어 있는 '계유'가 새겨진 아미타불과 여러 보살상을 비롯해 여러 점의 불교조각품이 전시되어 있는 것이 특징.

03 청주를 둘러싸고 있는
상당산성

Access 청주역에서 711번 버스 승차 후 사직사거리에서 862번 버스 환승, 산성남문 하차 Address 충북 청주시 상당구 성내로 70 Tel 043-200-2227

04 휴식과 놀이의 장소
무심천

Access 청주역에서 611번 버스 승차 후 용두사지철당간에서 21번 버스 환승, 성무아파트 하차 Address 충북 청주시 청원군 낭성면 호정전 하우1길

천년고도의 위용을 드러내고 있는 상당산성은 청주를 상징하는 대표적인 건축물이다. 상당산 능선 따라 이어진 성벽은 둘레 4.2km, 높이 4~5m의 성곽으로 숙종 42년(1716년)에 네모나게 다듬은 화강암으로 석성을 쌓았다고 한다. 임진왜란 때 일부 고쳤으며 현재 성 안에는 연못과 사찰, 관청 건물, 창고 등이 있다. 상당산성에 올라가면 청주 시내를 한눈에 내려다볼 수 있다. 상당산은 벚꽃나무가 많아 봄에는 벚꽃 구경을, 가을에는 단풍 구경을 하기에 좋은 곳이다.

무심천은 동쪽에 우뚝 선 우암산과 함께 청주를 대표하는 곳으로 시내를 지나서 금강에 합류하고 서해에 이르는 길이가 꽤 긴 지방 하천이다. 물줄기를 따라 양옆으로 남석교를 비롯해 용화사 석불군, 정북토성 등 중요 유적들이 자리 잡고 있다. 무심천에는 자전거도로, 롤러스케이트장이 있어 여가를 즐기기에 안성맞춤. 겨울철에는 무료 썰매장으로 활용해 가족들이 즐겨 찾는 장소이다. 또한 봄에는 강가를 주변으로 벚꽃이 흐드러지게 피어 구경하는 사람들로 인파를 이룬다.

청주 맛집

● 손으로 빚은 순두부의 고소한 맛 **상당집**

Address 충북 청주시 상당구 산성동 388 Tel 043-252-3291 Open 11:00~21:00 Menu 비지장 6000원, 두부전골 2만5000원

상당산성을 올라가는 초입에는 순두부집이 많다. 그 중에서도 상당집은 손으로 직접 만든 순두두를 실컷 먹을 수 있는 곳이다. 주문을 하면 서비스로 순두부가 나오는데, 양념간장에 찍어 먹으면 고소한 맛이 일품이다. 보글보글 끓는 얼큰한 비지장은 양이 많아 한 그릇만 먹어도 배가 부를 정도. 계산대 한편에는 비닐봉지에 순두부를 담아두어 원하는 사람이 무료로 가져갈 수 있다.

》》 에디터 추천 코스

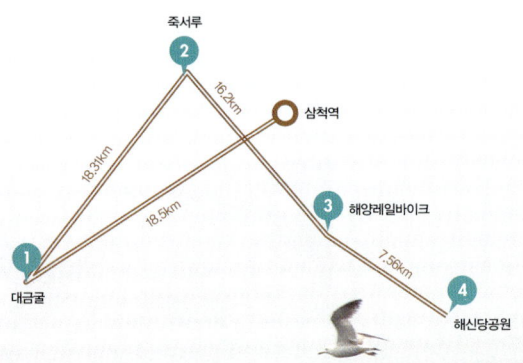

삼척역(삼척선)

동해 바다를 가로지르는 기차를 타고 쭉 가다 보면 삼척역이 나온다. 삼척역은 삼척선이 지나가는 기차역으로, 요즘에는 바다열차의 종착역으로 이곳을 찾는 사람들이 부쩍 많아졌다. 삼척항은 아직도 활발히 어업활동을 하는 항구이며 직접 잡은 싱싱한 생선의 도매시장도 볼 수 있다. 삼척에는 바다를 중심으로 한 관광지가 많은데, 그중 해양레일바이크가 인기가 좋다. 삼척에 가면 꼭 가봐야 할 곳은 바로 동굴. 대금굴과 환선굴은 그동안 알려지지 않은 깊은 동굴의 신비를 체험해볼 수 있는 관광 명소이다. 자연의 경이로움과 아름다움을 직접 보고 싶다면 삼척을 추천한다.

INFO

 삼척시청 관광정책과(033-570-3545, 3846)

 tour.samcheok.go.kr(삼척시 문화관광)

 삼척역에서 바로 대중교통을 이용하기는 힘들다. 택시를 타고 삼척버스터미널에 가서 시내버스를 타면 관광지로 이동할 수 있다.

 삼척역은 바다열차를 타고 가는 재미도 쏠쏠하다. 강릉역에서 바다열차를 타고 종점까지 가면 삼척역에 도착한다. 바다열차는 강릉역에서 티켓을 사서 원하는 역에 내리면 되는데 정동진역, 추암역 등을 지나간다.

삼척역에서 시내는 거리가 조금 있으므로 택시를 타고 시내로 나간 다음 관광지로 이동하는 것이 좋다. 묵호항으로 가는 버스와 대금굴에 가는 버스도 한 대씩 있으니 버스노선표의 시간을 잘 보고 탈 것.

01 신비로운 자연 동굴 탐사
대금굴

+ 하루 추천 코스 +

Access 삼척역에서 249m 떨어진 사직로터리에서 21번 버스 승차 후 성내치안센터에서 60번 버스 환승, 환선굴 하차 **Address** 강원도 삼척시 신기면 환선로 800 **Tel** 033-541-9266, 7600 **Fee** 어른 1만2000원, 청소년 8500원, 어린이 6500원 **Web** samcheok.mainticket.co.kr

천연기념물 제178호 대이리 동굴지대 내에 위치한 동굴로 지난 2006년 일반에 공개되었다. 이곳은 약 5억3000만 년 전의 하부 고생대 퇴적암류인 풍촌층과 대기층의 암석이 분포하고 있는 지역. 열대 심해의 바다 속에 퇴적된 산호초 등의 지형이 지각변동으로 인해 현재의 위치에 이르게 되었다. 오랜 세월 침식되어 동굴이 형성되었으며, 외부에 입구가 노출되어 있지 않았으나 인위적인 발굴 작업에 의해 발견되었다. 모노레일을 타고 들어가면 바닷물과도 같은 맑은 물빛과 오래된 종유석들이 눈에 들어온다. 가이드의 친절한 설명을 들으며 가파른 계단을 걸어 올라갈수록 신비로운 동굴의 세계가 눈앞에 펼쳐진다. 대금굴은 환선굴과 달리 사전 예약을 통해 하루에 정해진 인원만 들어갈 수 있으며, 예약은 홈페이지 또는 전화로 미리 해야 한다.

tip 동굴 입구에 들어서면 대금굴과 환선굴로 가는 길이 갈라진다. 또 하나의 동굴인 환선굴은 약 5억3000만 년 전에 생성된 석회암 동굴이다. 모노레일을 타고 들어가서 관람할 수 있다. 예약하지 않아도 볼 수 있으며 입장료는 어른 4000원, 청소년 3000원이다.

| 02 | 시 한 수가 저절로 읊어지는 경관
죽서루

Access 삼척역에서 249m 떨어진 사직로터리에서 24번 버스 승차, 성내치안센터 하차 Address 강원도 삼척시 죽서루길 37 Tel 033-570-3670 Open 3~10월 09:00~18:00, 11~2월 09:00~17:00 Fee 무료

관동팔경 가운데 유일하게 강가에 자리 잡은 죽서루는 깎아지른 듯한 절벽과 기암괴석, 그리고 오십천 연못의 맑은 물이 감싸고 있는 오래된 누각이다. 옛부터 죽서루에서 보는 자연경관이 워낙 아름다워 시인들의 발길이 끊이질 않았다고 한다. 접대와 휴식 등 향연을 주목적으로 하는 누각으로 주변 경관이 매우 아름다워 조선 중기 화가인 겸재 정선의 그림이나 고려 시대 이후 수많은 시인들의 작품에도 등장한다. 꽃이 피는 봄이나 낙엽이 물드는 가을에 더욱 아름다운 곳으로, 죽서루에 올라서서 한숨 돌리며 자연환경을 만끽해도 좋을 듯.

03 동해를 가르며 달리는
해양레일바이크

Access 삼척역에서 24번 버스 승차, 궁촌 하차 **Address** 강원도 삼척시 근덕면 공양왕길 2 **Tel** 033-576-0656~8, 033-576-0651 **Fee** 주간 2인승 2만원, 4인승 3만원, 야간 2인승 2만2000원, 4인승 3만3000원

기찻길을 따라 바이크를 타고 동해 바다의 경관을 감상할 수 있는 레일바이크. 경치 좋은 동해의 해안선을 따라 5.4km 복선으로 운행되고 있다. 끊임없이 펼쳐지는 동해 바다를 보면서 달리다 보면 루미나리에와 레이저 쇼가 연출되는 터널이 나온다. 신비로운 광경에 해저터널을 지나는 듯한 기분을 느낄 수 있다. 삼척의 새로운 관광상품으로 인기를 끌고 있는 레일바이크는 2인승, 4인승이 있어 친구나 연인, 가족과 함께 즐기기에 좋은 레저 시설이다. 중간에 정거장과 휴게소가 있어 바다를 보며 잠시 휴식을 취할 수 있다.

tip 레일바이크는 08:30부터 총 5회 주간 운행을 한다. 하루에 한 번 야간 운행을 하는데 궁촌역에서 18:10에 출발한다.

04 남근상을 볼 수 있는
해신당공원

Access 삼척역에서 24번 버스 승차. 신남 하차 Address 강원도 삼척시 원덕읍 삼척로 1852-6 Tel 033-570-3545, 3846 033-572-4429 Open 09:00~20:00 Fee 어른 3000원, 청소년 2000원, 어린이 1500원

남근 숭배 민속이 전해오는 해신당공원은 어촌민의 생활을 그대로 느낄 수 있는 곳. 애바위 전설에 따르면 처녀의 원혼 때문에 고기가 잡히지 않았는데 한 어부가 바다를 향해 오줌을 쌌더니 풍어를 이뤘다고 해서 그 뒤부터는 정월대보름이 되면 나무로 남근을 깎아 처녀의 원혼을 달랬다고 한다. 해신당공원에서는 재미있는 소재의 조각품을 만나볼 수 있으며 남근조각공원, 어촌민속전시관 등도 있다. 소나무가 가득한 산책로와 푸른 바다가 어우러져 산책하기에 더할 나위 없이 좋은 곳이다.

삼척 맛집

● 얼큰한 곰치국이 맛있는 **바다횟집**

Address 강원도 삼척시 정라항길 41 Tel 033-574-3543 Open 11:00~23:00 Menu 곰치국·물회 1만2000원

못생긴 생선 곰치는 흐물흐물하지만 보드라운 맛이 나서 강원도에서는 국으로 끓여 먹는다. 곰치국은 속초와 삼척에서 자주 먹는데, 요리하는 방법이 다르다. 속초는 곰치를 맑게 끓여서 먹고, 삼척은 신김치를 듬뿍 넣어 먹는다. 곰치국으로 유명한 바다횟집에서는 신김치가 가득 들어 있는 삼척식 곰치국을 맛볼 수 있다. 흐물흐물한 곰치살을 발라 김치와 같이 먹으면 새콤하면서 담백한 맛이 난다.

● 옛날 도넛 맛 그대로 **남양빵집**

Address 강원도 삼척시 진주로 12-21 Tel 033-572-8091 Open 09:00~22:00 Menu 찐빵·만두·도넛 1인분 2000원

삼척중앙시장 끝자락에 있는 분식점으로 찐빵과 만두, 꽈배기 등을 옛날 방식 그대로 판매한다. 찜통에 찐 찐빵을 반으로 가르면 팥이 가득 들어 있고, 만두피가 두툼한 만두는 간이 딱 맞아 간장을 찍지 않아도 맛있다. 설탕을 듬뿍 묻힌 꽈배기는 달지 않고 바삭한 맛에 자꾸 먹게 된다. 삼척 사람들이 자주 들르는 가게로 저렴한 가격에 배불리 먹을 수 있다.

정선역(정선선)

정선에 간다는 건 곧 에코여행을 떠나는 것을 의미한다. 한반도의 중추 태백산맥을 관통하는 정선은 그야말로 두메산골이다. 15년 전만 해도 물물교환이 이뤄졌던 5일장에서는 매달 끝자리 2일, 7일마다 고랭지 기후에서 자란 신토불이 산나물과 채소가 감질나게 비어져 나오고, 과학 교과서에서 사진으로만 보던 동굴 속 모습을 감상할 수도 있다. 게다가 전통가락을 들을 수 있는 축제까지 이어진다. 최근에는 동강의 물길을 따라 달리는 자전거 코스를 개발하고, 5일장이 서는 날이면 정선아리랑 관광열차인 '아리아리열차'를 타고 편하게 여행을 즐길 수도 있다. 아리리의 고장, 정선을 찾으면 문화와 자연, 신개념 레포츠가 어우러진 1석 3조의 즐거움으로 완벽한 에코여행을 경험할 수 있다.

INFO

 정선군 관광안내전화(1544-9053)

 ariaritour.com(정선여행)

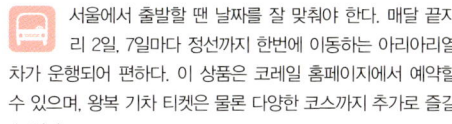 서울에서 출발할 땐 날짜를 잘 맞춰야 한다. 매달 끝자리 2일, 7일마다 정선까지 한번에 이동하는 아리아리열차가 운행되어 편하다. 이 상품은 코레일 홈페이지에서 예약할 수 있으며, 왕복 기차 티켓은 물론 다양한 코스까지 추가로 즐길 수 있다.

편리함은 차치하더라도 아리아리열차를 추천하는 이유가 한 가지 더 있다. 바로 이 열차가 운영되는 날에 정선5일장이 서기에 정선을 더욱 풍부하게 맛볼 수 있기 때문. 2일, 7일이 주말과 겹친다면 주저 말고 정선으로 향해야 한다.

| 01 | 국내 유일의 테마 동굴

화암동굴

하루 추천 코스

Access 정선역에서 700m 떨어진 농협 앞 봉양5리에서 풍촌행 버스 승차, 천포 하차
Address 강원도 정선군 화암면 억실길 30 **Tel** 033-560-2578 **Open** 09:00~17:00
Fee 화암동굴 어른 5000원, 청소년 3500원, 어린이 2000원 모노레일 어른 3000원, 청소년 2000원, 어린이 1500원 **Web** www.jsimc.or.kr

'금과 대자연의 만남'이란 주제로 꾸며놓은 국내 유일의 테마형 동굴이다. 동굴 내에는 수십 개의 천연 종유석과 폭포가 형성돼 있어 그야말로 장관을 이룬다. 화암동굴은 단순히 동굴생성물을 보고 즐기는 곳이 아니다. 생태 관찰은 물론 금 채취 및 제련 과정 등 다양한 체험을 즐길 수 있다. 유치원생과 초·중·고등학생들의 수학여행 행렬이 끊이지 않는 이유도 바로 여기에 있다. 동굴 입구까진 모노레일을 타고 가는데, 잔잔하게 흘러나오는 정선아리랑이 심장을 간질인다. 어른이 큰 보폭으로 관람해도 약 1시간에서 1시간 30분 정도 걸리니 계획을 잘 짜는 게 좋다.

tip 좀 더 다이내믹하게 동굴을 경험하고 싶다면 매년 7월 중순부터 8월 중순 사이 밤에 진행하는 '동굴 공포체험'을 눈여겨보면 좋다. 한여름 동굴만큼 좋은 피서지도 드문데, 여기에 동굴 곳곳에 귀신 분장을 한 직원까지 더해지면 겨울이 찾아온 듯 서늘함이 느껴질 터.

| 02 | 뱃사공아, 배 좀 건너주게
정선 아우라지

Access 정선역 앞 조양강 건너 조양강 버스정류장에서 임계행 버스 승차, 여량초등학교 하차 Address 강원도 정선군 여량면 아우라지길 24 Tel 033-563-3122

평창에서 흘러내린 송천과 삼척에서부터 흘러 들어온 골지천이 함께 어우러지는 곳이라 하여 아우라지라 불린다. 오래전 이곳은 목재를 운반하던 떼몰이꾼들의 아라리 소리가 끊이지 않았다고 한다. 우리가 흔히 알고 있는 정선아리랑의 시발점인 것. 정선아리랑 중에서도 애정편의 발상지로 유명하다. 강을 사이에 두고 사랑을 나누던 한 연인이 장마철에 아우라지 강물이 넘쳐 서로 만나지 못하게 되자, 처녀가 아우라지 언덕에서 임이 있는 마을을 바라보다가 지쳐서 물에 빠져 죽었다는 전설이 전해진다. 그후 아우라지에서 많은 사람이 물에 빠져 죽었는데 처녀의 원한을 풀어주기 위해 처녀상을 세우자 모두가 안전했다고 한다. 정선아리랑은 남녀의 한스러운 마음을 가사로 표현한 것으로 지금까지도 전해지고 있다. 누추산, 상원산, 옥갑산 등에 둘러싸인 고즈넉한 분위기를 만끽하려면 여름철 아우라지 뗏목축제 시즌에 찾는 게 가장 좋다.

tip 아우라지 뗏목축제는 가장 뜨거운 7월 마지막주의 여름날 진행된다. 기간은 이틀 정도로 짧지만 지역 고유의 전통을 표현한 전통 뗏목 제작 시연을 볼 수 있어 많은 사람들이 일부러 이 시기에 찾곤 한다.

| 03 | 시식만으로도 배부른 시장 |

정선5일장

Access 정선역에서 정선읍내까지 도보 약 10분. 정선5일장 관광열차인 아리아리열차를 타면 정선5일장까지 연계되는 셔틀버스 승차 가능 **Address** 강원도 정선군 정선읍 비봉로 58 **Open** 09:00~18:00

요즘 정선 지역에서 가장 각광받고 있는 곳은 '정선 5일 장터'이다. 매달 2·7·12·17·22·27일에 열리는 정선5일장은 도시에서 찾아볼 수 없는 여러 가지 재미와 정겨움을 맛볼 수 있는 공간이다. 호미, 쇠고랑 등 농기구를 비롯해 각종 물품들이 시장의 거리를 형성하고 곳곳에 노점 좌판들이 늘어선다. 이곳에서 가장 즐거운 것은 계절의 향기를 맡을 수 있다는 것. 정선의 자랑인 산나물이 계절마다 가장 먼저 올라오기 때문이다. 봄이면 달래, 씀바귀, 황기, 곰취, 참나물, 두릅 등 각종 산채가 장터를 점령하고 가을에는 고추, 더덕, 감자, 머루, 다래 등이 쏟아져 나온다. 주저 없이 덤을 얹어주는 시골 아낙네의 넉넉한 인심은 도시에서 찾아온 관광객들의 마음을 한순간에 사로잡는다. 장터에서 맛볼 수 있는 곤드레밥과 콧등치기국수, 올챙이묵, 산채정식 등 토속음식은 발품을 판 후 얻게 되는 또 하나의 선물. 매년 4~11월에는 장날마다 정선문화예술회관 공연장에서 정선아리랑 무료 공연이 펼쳐진다는 것도 기억해두면 좋다. 향긋한 산나물과 신나는 전통가락이 더해진 정선5일장 투어는 정선의 추억을 더욱 풍성하게 만든다.

tip 정선에서 가장 유명한 것은 정선5일장도 거쳐가는 레일바이크다. 구절리역에서 아우라지역을 잇는 구간을 달리는데, 최초로 폐철도를 관광자원으로 개발했다는 점에서 의미가 있다. 터널이 많아 다른 지역의 레일바이크보다 달리는 재미가 크다. 홈페이지(railbike.co.kr)에서 예약하면 기다리는 시간을 줄일 수 있다. 2인용 2만5000원, 4인용 3만5000원.

| 04 | 하늘에서 바라본 풍경 |

아리힐스

Access 정선시외버스터미널 근처 에코랜드 주차장에서 아리힐스 셔틀버스 승차 **Address** 강원도 정선군 정선읍 여탄길 221 **Tel** 033-563-4100 **Open** 09:00~18:00 **Close** 매달 첫째 주 월요일 **Fee** 스카이워크 전망대 어른 5000원, 청소년 3000원, 어린이 2000원 집 와이어 어른 40000원 **Web** ariihills.co.kr

에코랜드에서 동강의 비경을 즐기는 방법은 크게 두 가지이다. 스카이워크나 짚 와이어를 이용하는 것. 짚 와이어는 계곡과 계곡 사이를 쇠줄로 연결한 뒤 도르래를 이용해 활강하는 것으로 익스트림 스포츠를 즐기는 이들에게 좋다. 스카이워크는 해발 580m 절벽에 바닥을 강화유리로 마감한 U자형 거리를 산책하는 것으로 새로운 경험을 선호하는 이들에게 추천한다.

정선 맛집

● 정선의 토속음식이 한자리에 **아우라지 식당**

Address 강원도 정선군 정선읍 봉양리 **Tel** 033-562-0468 **Open** 11:00~22:00 **Menu** 곤드레정식 · 콧등치기국수 · 모둠전 5000원

정선5일장이 열리는 먹자골목 끝에 위치한 아우라지 식당. 이곳에서 정선의 맛을 골라 먹는 재미가 있다. 4~5월에 고랭지 농업지역에서만 수확할 수 있는 귀한 나물 곤드레로 지은 고소한 밥과 깔끔한 나물반찬이 나오는 곤드레정식, 메밀로 만든 국수를 입으로 빨아들일 때 딱딱한 면발이 콧등을 친다고 하여 붙인 콧등치기국수, 둘 중 메인 메뉴를 선택한 후 모둠전을 추가하면 된다. 정선의 밭은 흙이 곱고 차지기 때문에 수미감자가 유명한데, 삶으면 쫀득한 느낌이 나 식감 또한 차지다. 1만원짜리 한 장이면 여자 세 명이 푸짐하게 즐길 수 있을 정도.

광주역(광주선)
_광주송정역(호남선)

유럽 여행을 할 때 미술관, 박물관을 꼭 관람하는 것처럼 광주 여행에서는 예술이 빠질 수가 없다. 예술을 사랑한 도시이다. 예술가들의 흔적이 곳곳에 묻어 있는 대인시장은 마치 서울의 문래동을 연상케 하는데, 시장의 특성상 문래동보다 훨씬 역동적이고 사람 냄새가 난다. 광주의 중심지인 충장로에서는 길에서 쉽게 그래피티를 만날 수 있는데 예술이 얼마나 광주인의 삶 깊숙이 들어와 있는지 알 수 있다. 이는 1994년 광주비엔날레를 개최한 이후 예술이 살아 숨 쉬는 도시로 거듭나기 위해 부단한 노력을 기울인 결과이다. 광주광역시의 아트 프로젝트와 젊은 예술가들의 자발적 참여, 상인들의 적극적 협력이라는 삼박자가 고루 녹아들었기에 지금의 광주가 존재하는 것. 그래서 광주는 언제나 예술을 중심축으로 두고 여행해야 한다. 여행에는 많은 트렌드가 있지만 어떤 여행이든 문화가 빠져서는 안 된다. 광주에서는 문화예술을 제대로 만끽할 수 있다.

INFO

광주역(062-522-5147)

utour.gwangju.go.kr(광주 문화관광), tour.damyang.go.kr(담양 문화관광)

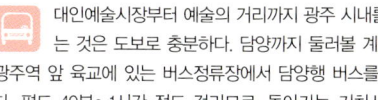

대인예술시장부터 예술의 거리까지 광주 시내를 둘러보는 것은 도보로 충분하다. 담양까지 둘러볼 계획이라면 광주역 앞 육교에 있는 버스정류장에서 담양행 버스를 타야 한다. 편도 40분~1시간 정도 걸리므로, 돌아가는 기차시간을 잘 체크해 일정을 짜야 한다.

광주 시내만 둘러보는 것보다 버스를 타고 이동해 맛의 고장 담양까지 여행하길 추천한다. 여행 기간이 아무리 길어도 볼거리, 먹을거리 많은 지역이니 지루할 새가 없다.

01 자연과 인간 사랑을 묵직하게 녹여낸 화가
의재미술관

Access 광주역 맞은편 노블정보통신 앞에서 송정98번 버스 승차 후 국립아시아문화전당에서 첨단09번 버스 환승, 증심사 하차 **Address** 광주시 동구 의재로 81-1 **Tel** 062-222-3040 **Open** 하절기 09:30~17:30, 동절기 09:30~17:00 **Close** 매주 월요일, 1월 1일, 설날, 추석 **Fee** 어른 2000원, 청소년 1000원, 어린이 무료 **Web** ujam.org

무등산 증심사 계곡을 건너 춘설헌과의 갈림길에서 더 작은 오솔길을 따라 오르면 단정한 봉분이 나온다. 한국화가 의재 허백련이 생전에 아끼던 것들 무등산, 차, 나무 그리고 사람들이 한눈에 들어오는 자리로 그의 묘소이다. 묘소 아래쪽 등산로가 훤히 내려다보이는 곳에 관풍대가 있는데 사람들을 위해 의재 선생이 마련한 만남의 장소이다. 그는 이곳에서 춘설차를 마시며 세상 돌아가는 이야기를 나누면서 모임을 가졌다고 한다. 의재미술관 맞은편에는 의재 선생이 30년 동안 기거하면서 화실로 사용한 작은 건물 춘설헌이 있다. 의재미술관 뒤로 돌아가는 길을 따라 10여 분 걸어가면 훤히 트인 녹차밭, 춘설다원이 나온다. 이곳의 춘설차는 여전히 그윽한 맛과 향을 자랑한다.

02 시장으로 떠나는 예술여행
대인예술시장

Access 광주역 맞은편 노블정보통신 앞에서 지원151번 버스 승차 후 대인시장 하차
Address 광주시 동구 제봉로194번길 7-1 Tel 062-233-1421

대인예술시장 프로젝트는 지역 미술가들이 꾸준히 고민한 후 얻은 답이다. 예술이 서민들에게 그림의 떡이 아니라 그들의 삶 속으로 뛰어들어야 한다는 것이 그들의 생각이었다. 지역 작가들은 머리를 맞대고 시장의 빈 점포를 찾아내 미술가, 기획가, 인문학자, 문화예술인의 작업실과 사무실을 열도록 도왔다. 한때 호남 최대의 재래시장이었지만 대기업 마트가 골목 상권까지 장악하고 도청과 버스터미널이 자리를 옮기면서 상인들이 떠나간 자리에 예술인들이 들어오기 시작한 것. 더불어 상인들이 참여하는 예술 프로그램이 확대되자 작가가 되는 상인도 생겨났다. 최근 카메라를 든 젊은이들이 지도를 보며 골목을 누비는 모습을 어렵지 않게 만날 수 있는데 이 프로젝트가 꽤 성공했다는 것을 알 수 있다. 대인예술시장에 도착하면 중심부에 자리 잡은 미나리 북카페에서 시장 여행의 필수품인 지도를 얻는다. 지도를 따라 골목골목 숨바꼭질하듯 걷다 보면 만나고, 보고, 먹고, 느끼고, 즐기는 대인예술시장 체험에 빠져들 것이다.

tip 광주비엔날레 기간에는 예술의 도시 광주가 더 화려해진다. 광주비엔날레는 매년 가을에 진행되는 전 세계 예술인의 축제로, 2012년에는 설치미술가 서도호가 틈새호텔이라는 작품을 선보여 화제가 되기도 했다. 광주비엔날레 일정과 프로그램은 홈페이지(gwangjubiennale.org) 참고.

03	광주의 몽파르나스

예술의 거리

Access 광주역 맞은편 노블정보통신 앞에서 지원151번 버스 승차 후 국립아시아문화전당 하차 **Address** 광주 동구 예술길 24 **Tel** 062-608-2221

프랑스 파리에 몽파르나스가 있다면 대한민국 광주에는 예술의 거리가 있다. 몽파르나스는 유명한 문인과 화가들이 모여 파리를 세계 문화의 중심지로 이끈 곳이다. 광주 예술의 거리 또한 문인들과 화가들의 작품을 통해 도심 속에서 전통문화의 향기를 느낄 수 있다. 예술의 거리는 광주 동부경찰서 앞에서 300m에 이르는데 어른 걸음으로 5분 남짓이면 걸을 수 있을 정도다. 이 짧은 거리에 갤러리와 화방, 화구점, 골동품점, 소극장, 전통찻집 등이 90여 개 모여 있다. 갤러리를 구경하는 것만으로도 예술의 거리를 찾은 보람이 있지만 운이 좋다면 종종 진행되는 경매 현장까지 관람할 수 있다. 의외로 많은 사람들이 구경하고 경매에 참여하는 모습이 광주 사람들의 예술 사랑을 가늠할 수 있게 한다. 1980년대 초부터 자리한 화랑을 구경하다 보면 광주의 과거와 현재, 미래가 눈앞에 펼쳐지는 듯한 감정이 일면서 차 한잔이 생각날지도 모른다. 그땐 중앙초등학교 후문 건너편에 있는 사운드 오브 뮤직을 찾아가면 된다. 이곳에서는 대지의 숨결처럼 생명력 넘치는 아날로그 LP 음악을 맘껏 감상할 수 있다.

| 04 | 서까래 아래 그 밤
죽향문화체험마을

Access 광주역육교 버스정류장에서 311번 버스 승차, 전남도립대학교 하차 Address 전남 담양군 담양읍 죽향문화로 378 Tel 061-380-2690 Web bamboo.namdominbak.go.kr

가사문학의 산실인 담양의 정자 문화를 한눈에 살펴볼 수 있는 곳이다. 예로부터 시인과 묵객의 고장이었던 담양은 정자가 많기로 유명했다. 바로 그 유명한 정자를 한데 모아 재현해놓은 곳이 바로 죽향문화체험마을이다. 덕분에 죽향문화체험마을에서는 발품 들이지 않고도 면앙정, 송강정, 광풍각, 명옥헌 등 담양을 대표하는 정자를 두루 살펴볼 수 있다. 이곳에서 TV 프로그램 1박2일이 촬영을 하면서 더 유명해졌고, 미리 예약하면 한옥 체험도 가능하다.

tip 유명 관광지인 죽녹원보다 이곳이 좋은 이유는 다양한 체험거리가 있기 때문이다. 가훈이 있다면 훈장님에게 가훈을 써주십사 부탁할 수도 있고, 부채 장인이 직접 만든 부채를 구입할 수도 있다.

05 가로수길 그늘 아래에서 보낸 한낮의 여유
메타세쿼이아 가로수길

Access 광주역육교 버스정류장에서 311번 버스 승차 후 담양군청에서 10-1번 버스 환승, 금월리 하차 Address 전남 담양군 담양읍 메타세쿼이아로 12 Tel 061-380-3150~3 Fee 어른 1000원, 청소년 700원, 어린이 500원

죽녹원에서 시작해 관방제림을 거쳐 메타세쿼이아 가로수길까지 이어지는 산책로는 담양에서 가장 유명한 거리이자 전국 제일의 가로수길로 알려진 곳이다. 줄지어 늘어선 나무들이 하나로 만나는 소실점까지 길 양쪽을 가득 메우고 있다. 침엽수에 속하는 메타세쿼이아는 무척 커다랗다. 동네에서 흔히 마주치는 가로수가 5~6m 정도인 것에 비해 이 나무들의 평균 신장은 35m에 이른다. 가지는 옆으로 퍼지고 잎은 두 줄로 돋아나 마치 그 생장 과정에 수학적 계산이라도 존재하는 듯 전신이 이등변삼각형을 이룬다. 메타세쿼이아 가로수길은 2002년 산림청과 생명의 숲 가꾸기 국민운동본부가 '가장 아름다운 거리 숲'으로 선정한 곳이다. 길가의 평상에 주저앉아 하릴없이 시간을 보내다 보면 시야에 들어오는 나무들의 풍경만으로도 그 이력에 고개가 끄덕여진다. 메타세쿼이아 가로수길에서는 자전거도 대여할 수 있다. 가로수길의 한쪽 끝 매점과 함께 있는 대여소에서 2인용, 4인용 자전거를 빌릴 수 있어 친구, 연인, 가족 등 누구와 함께라도 특별한 시간을 보낼 수 있다.

06 담양에서 대나무 없이도 인상적인 공간
아트센터 대담

Access 광주역육교 버스정류장에서 311번 버스 승차, 죽녹원 하차 Address 전남 담양군 담양읍 언골길 5-4 Tel 061-381-0081 Open 10:00~24:00 Web daedam.kr

갤러리와 카페를 갖춘 복합 문화 공간, 아트센터 대담. 담양의 대표적 관광지인 죽녹원과 관어공원 사이에 자리하고 있어 여행자가 부담 없이 찾을 수 있다. 이곳에 가면 국제 현대미술의 흐름을 파악할 수 있는 전시회가 이어지는데, 미술에 관심이 없는 사람들에게도 꼭 추천하고 싶은 장소이다. 우선 갤러리나 카페는 물론 전체를 구성하고 있는 건축물이 멋있기 때문. 창 하나, 나무 하나, 액자 하나까지 모든 것이 자연과 함께 할 수 있도록 만들었다. 이곳의 방점은 2층 프라이빗 공간이다. 2층 프라이빗 공간에 앉아 관방천을 바라보며 책을 읽거나, 음악을 듣거나, 사색을 할 수 있다. 조용히 담양의 전경을 바라보고 있노라면 다른 일정을 모두 취소하고 더 머무르고 싶을 정도이다.

광주 맛집

● 상에서 직접 요리하는 육전의 맛 **미미원**

Address 광주시 동구 동명동 138-5 Tel 062-228-3101 Open 10:00~22:00 Menu 육전 2만4000원, 해물전 2만2000원, 뚝배기 정식 추가 시 3000원

미리 예약하고 가지 않으면 맛보기 힘들다. 늘 만석인데다가 그날의 재료가 떨어지면 자동으로 그날 장사도 종료되기 때문이다. 식전에 나오는 단호박죽부터 쫄깃한 묵무침까지 밑반찬도 정갈하다. 육전은 손님상 위에서 바로 구워준다. 아롱사태를 부침가루와 달걀옷을 순서대로 입힌 후 구워내는데, 잠시만 놓쳐도 타기 때문에 전문가만이 맛있게 만들 수 있다. 맛있게 먹는 법까지 자세하게 알려주는 친절함도 잊지 않는다. 육전을 다 먹은 후에는 떡국과 밥을 추가 주문할 수 있는데 굴을 넣어 시원하게 끓인 떡국 또한 진미.

● 효심으로 완성한 떡갈비의 맛 **덕인관**

Address 전남 담양군 담양읍 담주리 85-2 Tel 061-381-2194 Open 10:30~22:00 Menu 떡갈비 2만7000원

이가 약한 부모님을 위해 부드러운 갈비를 대접하려던 것이 떡갈비의 명가 덕인관의 시작이었다. 고기를 먹기 좋게 자르고 갈비살 사이의 기름을 제거한 후 정성껏 잔칼질을 하고 양념은 두 번에 걸쳐 고르게 발라 풍미를 더욱 살렸다. 양념이 고루 밴 떡갈비의 노하우 덕분에 남도음식축제에서 여러 차례 수상한 전력도 있다. 맛있게 먹는 법은 다음과 같다. 반 정도 익혀 나온 갈비살을 뜯은 후 불 위에 다시 올려 구우면 갈빗대에 단단하게 붙은 부분까지 깔끔하게 먹을 수 있다.

테마별 추천 코스 컨설팅

나의 삼국유사 답사기

`익산 ⋯ 김천 ⋯ 신경주 ⋯ 울산`

찬란했던 백제와 신라의 흔적들이 걸음마다 발끝에 닿는다. 세월을 짐작하기도 어려운 장엄한 유적지가 눈앞에 펼쳐지고, 수 세기가 지나도 여전히 빛나는 아름다운 자태에 감탄사가 절로 나온다. 사계절 언제라도 좋은, 익산, 김천, 경주, 울산으로 이어지는 역사 탐방 로드. 흥망성쇠가 돌고 돌던 지난 역사를 되짚어가며, 선조들의 발자취를 따라 흘러간 삼국의 영화를 떠올려본다.

왕궁리유적지

1일차

08:20 용산역 출발
10:15 익산역 도착
11:20 미륵사지 p119
14:30 왕궁리유적지 p120
18:45 익산역 출발
20:10 신탄진역 환승
21:23 김천역 도착

미륵사지

2일차

09:00 직지문화공원 p332 / 직지사 p333
12:44 김천역 출발
14:26 동대구역 환승
14:43 신경주역 도착
15:30 대릉원 p78 / 월성지구 p78
/ 경주 교동 최씨 고택 p79
19:00 동궁과 월지 p81

동궁과 월지

월성지구

3일차

08:00 남산 p77
12:48 신경주역 출발
13:27 태화강역 도착
14:00 대왕암공원 p84
17:22 울산역 출발
19:43 서울역 도착

대왕암공원

근대 골목 도보여행

동대구 ···▶ 군산 ···▶ 강경 ···▶ 목포

자유여행패스 추천

걷기 좋은 봄가을이면 두 발이 근질거린다. 이럴 땐 지도 한 장과 카메라를 들고 구불구불 골목을 누비는 도보여행을 추천한다. 시간이 멈춘 듯한 오래된 풍경 속을 걷고 또 걷는 시간. 아프기도 하고, 가끔은 그립기도 한 1930년대의 감성이 골목 어귀마다 구구절절한 이야기를 풀어놓는다. 일제강점기 시절의 이국적인 건축물들을 마주하고, 근대 문화의 진수를 만날 수 있는 기회다.

1일차

진골목

청라언덕

09:00 서울역 출발
10:47 동대구역 도착
11:30 진골목 p69
14:30 청라언덕 p70
17:58 동대구역 출발
19:48 아산역 환승
21:52 군산역 도착

2일차

09:00 구 군산세관 p225
10:00 구 히로쓰 가옥 p225
11:30 동국사 p227
14:42 군산역 출발
15:16 익산역 환승
15:34 강경역 도착
16:00 강경역사문화원 p114
17:00 구 남일당 한약방 p113
19:19 강경역 출발
20:19 익산역 환승
21:43 목포역 도착

동국사

3일차

08:00 유달산 p142
10:30 목포근대역사관 1관 p143
11:00 목포근대역사관 2관 p143
13:00 갓바위 문화타운 p144
16:05 목포역 출발
19:27 용산역 도착

유달산

목포근대역사관 2관

399

기찻길 옆 미술관

서울 ⋯ 대전 ⋯ 대구

미술관 투어가 유럽에서만 가능한 일은 아니다. 도시 골목골목에서 예술의 향기를 머금고 있는 수많은 미술관과 박물관을 만날 수 있기 때문. 요즘의 전시는 미술 교과서만큼 식상하지 않다. 직접 보고 즐기고 체험할 수 있는 프로그램이 많기에 피카소의 그림을 보고 초등학생의 낙서라고 생각하는 이조차도 즐거움을 느낄 수 있다. 일단 미술관으로 향해보자.

1일차

N서울타워

08:20 서울역 출발
10:10 2호선 시청역 도착
10:30 서울시립미술관 p40
13:00 덕수궁 돌담길 p39
15:00 서촌 통인시장 p42
17:00 대림미술관 p42
19:00 N서울타워에서 야경 감상

대림미술관

서촌 통인시장

2일차

이응노 미술관

09:30 서울역 출발
10:20 대전역 도착
10:40 대흥동 문화거리 p56
14:30 이응노 미술관 p57
18:00 남간정사 p59

3일차

10:03 대전역 출발
10:59 동대구역 도착
11:30 이상화 · 서상돈 고택 p70
16:00 봉산문화거리 p72
18:14 동대구역 출발
19:57 서울역 도착

이상화 고택

남도 맛 기행

`남원 ⋯ 광주 ⋯ 나주`

맛있는 음식은 때로 여행지에서의 어떤 경험보다 훨씬 강력한 힘을 지닌다. 지역 음식은 그곳에서 구할 수 있는 재료를 가지고 그들만의 오랜 생활방식에 따라 조리한 '결정체'이기 때문이다. 시간이 없다고 대충 끼니를 때우면 안 되는 이유이기도 하다. 밥이란 단순히 맛있는 음식이 아닌 친구, 대화 그리고 인생에서 누려야 할 호사 중 하나임을 확인할 수 있는 남도 맛 기행을 소개한다.

새집추어탕

1일차

- 07:14 서울역 출발
- 09:38 천안역 환승
- 12:10 남원역 도착
- 13:30 천년돌솥밥 남도 한정식 p161
- 15:30 광한루원 p159
- 17:00 남원 만복사지 p158
- 18:00 새집추어탕 남원 추어탕 p161

천년돌솥밥

2일차

미미가육전

- 07:04 남원역 출발
- 08:14 익산역 환승
- 09:20 광주역 도착
- 10:00 예술의 거리 p392
- 11:30 미미가 육전 p395
- 14:00 죽향문화체험마을 p393 / 아트센터 대담 p395
- 18:00 덕인관 떡갈비 p395

덕인관 떡갈비

3일차

대승장어 장어구이

- 10:10 광주송정역 출발
- 10:19 나주역 도착
- 11:00 하얀집 나주곰탕 p133
- 12:30 나주영상테마파크 p130
- 14:00 불회사 p131 / 도래마을 p132
- 15:00 대승장어 장어구이 p133
- 16:27 나주역 출발
- 19:28 광명역 환승
- 19:43 서울역 도착

동해를 따라 달리는 바다열차

강릉 ⋯ 묵호 ⋯ 삼척

창밖으로 끝없이 펼쳐지는 바다를 보면서 추억에 잠기는 낭만적인 기차여행을 즐길 수 있는 코스. 깊고 푸른 동해의 해안선을 따라 달리는 바다열차는 강릉을 지나 정동진, 묵호, 삼척까지 이어지는 노선으로 동해 바다를 마음껏 느낄 수 있는 테마열차이다. 강릉 경포대해수욕장의 넓은 백사장과 묵호항, 삼척항의 어선이 있는 풍경도 볼 수 있다.

경포대해수욕장

1일차

09:10 청량리역 출발
14:42 강릉역 도착
15:30 경포대해수욕장 / 경포대 p358
16:30 참소리축음기박물관 p359
17:00 선교장 p359
17:30 오죽헌 p360
19:00 안목해변 / 커피커퍼 p360

오죽헌

2일차

08:00 강릉역 출발
08:34 묵호역 도착
09:00 묵호항 p354
10:00 논골담길 p355
11:00 묵호등대 p354
14:56 묵호역 출발
15:26 삼척역 도착
16:00 해양레일바이크 p380
17:30 해신당공원 p381

묵호항

3일차

09:00 대금굴 p378 / 환선굴
12:10 삼척역 출발
13:33 강릉역 환승
14:45 청량리역 도착

삼척항

남쪽으로 떠나는 봄맞이 여행

여수엑스포 … 하동 … 보성

꽃샘추위가 아직 기승을 부리는 3월 말에서 4월 초, 남도의 들녘은 이미 봄으로 가득하다. 짙푸른 남해 바다와 어우러진 붉디붉은 동백꽃을 만날 수 있는 여수, 반짝거리는 섬진강 옆 순백의 벚꽃이 흐드러진 하동은 이 계절 절대 놓칠 수 없는 코스. 여기에 이제 막 새순이 돋아나기 시작한 연둣빛의 광활한 보성 녹차밭이 더해지면 눈에 넣어도 아프지 않은 봄 여행 완성이다.

강골마을

1일차

05:20 용산역 출발
08:55 여수역 도착
10:30 오동도 p177
12:30 고소동 천사벽화골목 p178
14:00 여수여객터미널
15:05 상화도, 하화도 p181

2일차

오동도

십리벚꽃길

06:00 상화도, 하화도 p181
07:05 여수여객터미널
09:15 여수엑스포역 출발
10:00 순천역 환승
10:38 하동역 도착
12:20 쌍계사 p247 / 십리벚꽃길 p248
16:00 매암차문화박물관 p250 / 평사리 최참판댁 p248

3일차

09:20 하동역 출발
10:54 보성역 도착
11:20 대한다원 p258
13:40 율포해수욕장 p259
16:00 강골마을 p259
18:21 득량역 출발
19:57 광주송정역 환승
22:58 용산역 도착

대한다원

자유여행패스 추천

아날로그 감성충전 여행

전주 ⋯ 진주 ⋯ 부산

타박타박 걸음걸음마다 옛 추억이 아스라하게 부서진다. 기와지붕과 돌담이 정겨운 오래된 마을과 어릴 적 엄마 손잡고 갔던 작은 동물원, 이웃과 대문을 맞대고 사는 어여쁜 달동네도 있다. 바쁜 일상을 잠시 내려놓고 스스로에게 위로를 건네고픈 여행자에게 추천. 4~5월 전주국제영화제와 10월 진주유등축제·부산국제영화제와 함께 한다면 더욱 특별한 여행이 될 것이다.

1일차

08:35 용산역 출발
11:41 전주역 도착
12:10 전동성당 p151 / 경기전 p150
전주한옥마을 p152 / 남부시장 청년몰 p153

2일차

09:00 남고산성&산성벽화마을 p154
12:30 전주역 출발
14:20 순천역 환승
15:50 진주역 도착
16:30 진양호동물원 p242 / 진양호 전망대 p241
18:30 진주성(진주유등축제) p240

3일차

07:29 진주역 출발
09:54 해운대역 도착
10:10 해운대해수욕장 p106 / 문탠로드 p106
14:00 태종대 p102 / 감천동문화마을 p107
17:25 부산역 출발
22:41 서울역 도착

가을 풍경 속으로

장성 ⋯ 함평 ⋯ 순천

기차를 타고 가을의 한가운데 놓여 있는 곳으로 사색의 여행을 떠나보는 건 어떨까. 애기단풍이 곱게 물든 고즈넉한 장성의 백양사를 지나 꽃무릇이 붉게 물든 산에 오롯이 자리 잡은 함평 용천사에서 숨을 고른다. 바람에 몸을 맡기고 춤추고 있는 갈대와 그 위로 살포시 내려앉는 순천만의 낙조를 감상하며 가을이 전해주는 사색의 깊이에 빠져드는 낭만적인 가을 여행 코스이다.

백양사

1일차

축령산휴양림

07:50 용산역 출발
10:30 장성역 도착
11:30 백양사p124 / 필암서원p127
15:30 축령산휴양림p125
17:30 금곡영화마을p125

2일차

자연생태공원

10:58 장성역 출발
11:31 함평역 도착
12:30 함평엑스포공원p136 / 자연생태공원
15:00 용천사p138
17:00 함평 해수찜p138 / 돌머리해수욕장p139

3일차

순천만

순천드라마촬영장

09:43 함평역 출발
12:39 순천역 도착
13:30 낙안읍성p170
15:00 순천드라마촬영장p171
17:00 순천만, 자연생태공원p173
19:21 순천역 출발
22:36 용산역 도착

선조의 지혜를 배우는 전통건축 기행

삽교 ⋯▶ 밀양 ⋯▶ 안동

건축은 그 시대의 역사와 문화, 예술의 총체다. 수천 년간 내려온 삶의 방식이 구현된 결과물이기 때문이다. 자연에 순응하고 계절의 변화에 민감하게 대처한 선조들의 지혜를 좇아 예산과 밀양, 안동으로 향한다. 전통건축 답사여행의 고전이 된 〈나의 문화유산 답사기〉(유홍준 저)나 전통건축의 구조를 날카롭게 추적한 〈배흘림기둥의 고백〉(서현 저)을 읽고 가면 여행은 한층 더 풍성해질 것이다.

1일차

한국고건축박물관

추사고택

06:23 용산역 출발
08:19 삽교역 도착
09:30 한국고건축박물관 p198
11:30 수덕사 p199
15:00 추사고택 p200
17:26 예산역 출발
18:51 천안역 환승
22:17 밀양역 도착

수덕사

2일차

표충사

08:00 영남루 p92 / 밀양읍성 p92
11:30 표충사 p94
15:02 밀양역 출발
16:30 동대구역 환승
18:12 안동역 도착
20:00 지례예술촌 p291

3일차

하회마을

12:00 하회마을 p288
16:00 도산서원 p292
19:15 안동역 출발
22:42 청량리역 도착

겨울 포구 여행

서천 ⋯▶ 벌교 ⋯▶ 마산 ⋯▶ 포항

여름이라면 응당 백사장이 넓게 펼쳐진 해변이겠지만 겨울엔 통통배가 흔들거리는 포구가 제 맛이다. 쓸쓸함과 청승 그 사이 어디쯤에서 아련한 노스탤지어를 불러일으키는 겨울 포구의 낭만에 빠져보자. 서해의 갯벌과 일몰을 즐길 수 있는 마량포구, 꼬막이 제철 맞은 벌교, 남부 최대의 어시장인 마산어시장, 찬 겨울 바닷바람에 잘 마른 과메기의 고장 구룡포를 찾아가는 알찬 여정이다.

1일차

마량포구

홍원항 붉은낭만길

- 06:23 용산역 출발
- 09:34 서천역 도착
- 11:00 마량포구 p217
- 13:30 홍원항 붉은낭만길 p219
- 18:14 서천역 출발
- 19:41 익산역 환승
- 21:12 순천역 도착

2일차

벌교역 기찻길

마산어시장

- 07:25 순천역 출발
- 07:50 벌교역 도착
- 08:00 조정래태백산맥문학관 p254
- 10:30 보성여관 p255
- 12:15 벌교역 출발
- 14:54 마산역 도착
- 15:20 문신미술관 p234
- 17:10 돝섬해피랜드 p236
- 18:30 마산어시장 p235

3일차

구룡포

- 08:12 마산역 출발
- 12:13 포항역 도착
- 13:30 구룡포 근대문화역사거리 p308
- 17:20 포항역 출발
- 22:54 서울역 도착

찾아보기

N
N서울타워	38

ㄱ
갈산토기	207
감천동 문화마을	107
갓바위 문화타운	144
강경역사문화원	
(구 한일은행 강경지점)	114
강경포구	112
강골마을	259
강원감영	272
강원도립화목원	349
강원랜드 카지노	321
개화예술공원	211
경기전	150
경남수목원	242
경복궁	40
경암동 철길마을	228
경주 교동 최씨 고택	79
경포대	358
경화역	369
계족산 황톳길	58
고모산성	337
고소동 천사벽화골목	178
고수동굴	278
고씨굴	317
고원자생식물원	324
공세리성당	189
광안대교	105
광한루원	159
교도소세트장	119
구 군산세관	225
구 남일당 한약방	113
구인사	276
구포시장	98
구 히로쓰 가옥	225
국립경주박물관	80
국립진주박물관	241
국립청주박물관	374
국제시장	103
궁리포구	204
그림이 있는 정원	205
금강유원지	64
금강철새조망대	224
금곡영화마을	125
금오도	179
김룡사	338
김씨박물관	370
김유정문학촌	350
김좌진 생가	206
김천역	331

ㄴ
나주영상테마파크	130
나주천연염색문화관	131
낙동강 하구 생태길	98
낙안읍성	170
남간정사(우암사적공원)	59
남고산성&산성벽화마을	154
남당항	205
남부시장 청년몰	153
남산	77

남양주종합촬영소	266	
남원 만복사지	158	
남이섬	344	
남한강 자전거길	266	
논골담길	355	

ㄷ

다누리 아쿠아리움	279
당림미술관	187
대금굴	378
대룡마을	303
대릉원	78
대림미술관	42
대변항	302
대안공간 눈	48
대왕암공원	84
대인예술시장	391
대천해수욕장	212
대한다원	258
대흥동 문화거리	56
대흥슬로시티	194
덕수궁 돌담길	39
도담삼봉, 석문	278
도래마을	32
도산서원	292
독립기념관	52
돌머리해수욕장	139
동강사진박물관	316
동국사	227

동궁과 월지	81
돛섬 해피랜드	236
두물머리	265
둔주봉	63

ㄹ

리각미술관	53
리솜스파캐슬	201

ㅁ

마량리동백숲	217
마량포구	217
마산아트센터	236
마산어시장	235
만성리 검은 모래 해변	176
만해 한용운 생가	206
매봉산 풍력발전단지 (바람의 언덕)	324
매암차문화박물관	250
머드체험관	212
메타세쿼이아 가로수길	394
모평마을	137
목사내아	133
목포근대역사관 1관 (구 목포 일본영사관)	143
목포근대역사관 2관	143
무섬마을	284
무심천	375
묵호등대	354

묵호항	354
문경관광사격장	337
문경새재	336
문신미술관	234
문탠로드	106
미륵사지	119
밀양연극촌	93
밀양읍성	92

ㅂ

박경리문학공원	271
반구대암각화	86
방천시장	72
백남준아트센터	48
백양사	124
보령 석탄박물관	211
보석박물관	121
보성여관	255
보수동 책방골목	103
봉산문화거리	72
부석사	285
북옥감리교회	113
분황사	80
불회사	131
쁘띠프랑스	343

ㅅ

삼문동	91
상당산성	375

상장동 벽화마을	325	
상화도, 하화도	181	
서울시립미술관	40	
서촌 통인시장	42	
석탄역사체험관	320	
선교장	359	
선돌	315	
선암사	171	
섬진강기차마을	165	
섬진강기차마을 전통시장	164	
섬진강변 자전거길	166	
성주산	210	
세미원	264	
소수서원&선비촌	283	
소양강댐	348	
송광사	172	
송정해수욕장	298	
수덕사	199	
수암골	374	
수원화성	46	
수원화성박물관	47	
순천드라마촬영장	171	
순천만 자연생태공원	173	
신성리 갈대밭	221	
신천탕	191	
십리벚꽃길	247	
쌍계사	246	

ㅇ

아라리오갤러리	53
아리힐스	387
아침고요수목원	342
아트센터 대담	395
안동구시장	289
앞산공원	73
애니메이션박물관	350
양동마을	76
얼음골	95
여좌천	368
영남루	92
영화 〈밀양〉 세트장	90
영화의거리	154
영화의 전당	105
예당호 조각공원	195
예술의 거리	392
오동도	177
오륙도	104
오어사	307
오죽헌	360
온달관광지	277
온양전통시장	187
왈츠와 닥터만 커피박물관	267
왕궁리유적지	120
외암민속마을	186
외연도	213
요리골목	316
용천사	138

운달계곡	339
울산암각화박물관	86
월명공원	226
월성지구	78
월영교	290
월하성 갯벌체험장	216
유달산	142
율포해수욕장	259
은파호수공원	229
을숙도	99
의재미술관	390
의좋은형제공원	194
이상화 · 서상돈 고택	70
이육사문학관	293
이응노미술관	57
임진각	364

ㅈ

자라섬	345
자산공원	177
자산동 벽화마을	332
장계관광지	63
장등해수욕장	180
장릉	315
장생포 고래박물관	85
전동성당	151
전주한옥마을	152
전주향교	151
정선5일장	386

정선 아우라지	385	
정지용 생가	62	
제황산공원	369	
조정래태백산맥문학관	254	
죽도	302	
죽도공원	298	
죽령옛길	282	
죽림서원	115	
죽서루	379	
죽향문화체험마을	393	
중앙초등학교 강당, 강상고등학교 사택	114	
지례예술촌	291	
지앤아트스페이스	49	
직지문화공원	332	
직지사	333	
진골목	69	
진양호동물원	242	
진양호 전망대	241	
진주성	240	
진해해변공원(진해루)	370	

ㅊ

참소리축음기박물관	359
천전리각석	87
청라언덕	70
청령포	314
청평사	349
추사고택	200

축령산 휴양림	125
춘장대해수욕장	218
치악산국립공원	270

ㅋ

커피커퍼	360

ㅌ

태백석탄박물관	326
태백 철암역두 선탄 시설	327
태안사	167
태종대	102
태화강 대공원	85

ㅍ

팔공산 대구올레길	68
평사리 최참판댁	248
평화광장	145
평화누리공원	365
포스코역사관	306
표충사	94
푸른옷소매 미술관	160
피나클랜드	190
필암서원	127

ㅎ

하동송림공원	251
하슬라 아트월드	361
하이원리조트 스키장	321

하회마을	288
한국고건축박물관	198
한밭수목원 열대식물원	58
한산모시관	220
함라마을	118
함평엑스포공원	136
함평 해수찜	138
해동용궁사	299
해신당공원	381
해양레일바이크	380
해운대해수욕장	106
향일암	180
현충사	188
혼불문학관	161
홍길동테마파크	126
홍원항 붉은낙만길	219
화개장터	248
화성행궁	47
화암동굴	384
환호해맞이공원	307
후루사토야 (구룡포 근대문화역사거리)	308

411

똑똑한 기차여행을 위한
일일 코스의 모든 것

기차여행
컨설팅북

초판 1쇄 2013년 6월 7일
초판 2쇄 2014년 7월 7일

지은이 변지우 · 윤세은 · 이정선 · 조연정

발행인 양원석
편집장 고현진
담당편집 정은영
해외저작권 황지현, 지소연
제작 문태일, 김수진
영업마케팅 김경만, 정재만, 곽희은, 임충진, 장현기, 김민수, 임우열
송기현, 우지연, 정미진, 윤선미, 이선미, 최경민
사진 협조 강원도도립화목원, 구와우 해바라기 축제, 군산시청, 단양군청, 대구시청, 롯데마이비 이비카드, 리솜스파캐슬, 목포 춤추는 바다분수, 밀양시청, 보령시청, 서천군청, 수덕사, 여수시청, 영화진흥위원회 남양주종합촬영소, 익산시청, 자라섬 캠핑장, 정선군청, 청주시 문화관광과, 코레일 여행사업단, 태백군청, 하슬라 아트월드, 함평군청

펴낸곳 (주)알에이치코리아
주소 서울시 금천구 가산디지털2로 53 한라시그마밸리 20층
편집 문의 02-6443-8917 **구입 문의** 02-6443-8838
홈페이지 http://rhk.co.kr
등록 2004년 1월 15일 제2-3726호

© 변지우 · 윤세은 · 이정선 · 조연정 2013

ISBN 978-89-255-5062-6 13980

※이 책은 (주)알에이치코리아가 저작권자와의 계약에 따라 발행한 것이므로
본사의 서면 동의 없이는 책의 내용을 어떠한 형태나 수단으로도 이용하지 못합니다.
※잘못된 책은 구입하신 서점에서 바꾸어 드립니다.
※이 책의 정가는 뒤표지에 있습니다.

RHK 는 랜덤하우스코리아의 새 이름입니다.